LA RELIGION
DANS LES LIMITES
DE LA RAISON

LIBRAIRIE FÉLIX ALCAN

OUVRAGES DE KANT

Traduits en français.

Critique de la raison pure, traduction nouvelle avec introduction et notes par A. TREMESAYGUES et B. PACAUD. Préface de M. A. Hannequin, professeur à l'Université de Lyon. 3ᵉ édit. 1 vol., in-8. 12 fr. »

Critique de la raison pratique, traduction nouvelle avec introduction et notes par FRANÇOIS PICAVET, secrétaire du Collège de France, 3ᵉ édit., 1 vol. in-8 . . . . 6 fr.

Éclaircissements sur la Critique de la raison pure, traduction TISSOT. 1 vol. in-8. . . . . Épuisé.

Doctrine de la vertu, traduction BARNI. 1 vol. in-8 . . . . Épuisé.

Mélanges de logique, traduction TISSOT. 1 vol. in-8 . . . 6 fr. »

Prolégomènes à toute métaphysique future qui se présentera comme science, traduction TISSOT. 1 vol. in-8 . . . . Épuisé.

Anthropologie, suivie de divers *fragments relatifs aux rapports physiques et du moral de l'homme, et du commerce des esprits d'un monde à l'autre*, traduction TISSOT. 1 vol. in-8 . . . . Épuisé.

Traité de pédagogie, traduction J. BARNI; préface et notes par R. THAMIN, recteur de l'Académie de Bordeaux. 3ᵉ édit., 1 vol. in-16. 1 fr. 50

OUVRAGES SUR KANT

Kant, par TH. RUYSSEN, professeur à l'Université de Bordeaux. 2ᵉ édit., 1 vol. in-8. (*Couronné par l'Académie Française*.) . . . 7 fr. 50

La philosophie pratique de Kant, par V. DELBOS, membre de l'Institut, professeur adjoint à la Sorbonne, 1 vol. in-8 (*Couronné par l'Académie Française*.). . . . . 12 fr. 50

Critique de la doctrine de Kant, par CH. RENOUVIER, de l'Institut. 1 vol. in-8. . . . . 7 fr. 50

La morale de Kant, *Étude critique*, par ANDRÉ CRESSON, docteur ès lettres, professeur agrégé de philosophie au lycée de Lyon, ancien élève de l'École normale supérieure. (*Ouvrage couronné par l'Institut*.) 2ᵉ édit., 1 vol. in-16 . . . . 2 fr. 50

Le moralisme de Kant et l'amoralisme contemporain, par A. FOUILLÉE, de l'Institut. 1 vol. in-8. . . . . 7 fr. 50

Kant et Fichte et le problème de l'éducation, par PAUL DUPROIX, doyen de la Faculté des Lettres de l'Université de Genève. (*Ouvrage couronné par l'Académie Française*.) 2ᵉ édit., 1 vol. in-8 . . 5 fr. »

Essai critique sur l'Esthétique de Kant, par V. BASCH, maître de conférences à la Sorbonne, 1 vol. in-8 . . . . 10 fr. »

L'idée ou critique du Kantisme, par C. PIAT, docteur ès lettres, agrégé de l'Université. 2ᵉ édit., 1 vol. in-8 . . . . 6 fr. »

La Métaphysique de Herbart et la Critique de Kant, par M. MAUXION, professeur à la Faculté des lettres de Poitiers. 1 vol. in-8 . 7 fr. 50

L'espace et le temps chez Leibniz et chez Kant, par E. VAN BIÉMA, docteur ès lettres, professeur de philosophie au Lycée de Tours. 1 vol. in-8. . . . . 6 fr. »

LA RELIGION
DANS LES LIMITES
DE LA RAISON

PAR

EMMANUEL KANT

NOUVELLE TRADUCTION FRANÇAISE

AVEC NOTES ET AVANT-PROPOS

PAR

A. TREMESAYGUES
Licencié ès lettres

PARIS
LIBRAIRIE FÉLIX ALCAN
108, BOULEVARD SAINT-GERMAIN, 108
—
1913

Tous droits de reproduction réservés.

AVANT-PROPOS

On sait l'influence considérable qu'a eue sur la philosophie du dix-neuvième siècle la *Critique de la Raison pure* Mais on doit aussi reconnaître que, bien souvent, ce livre a été, peut-on dire, le seul qu'on acceptât de Kant, et même encore de façon fragmentaire. Tel s'arrêtait à la *Dialectique* et croyait y voir que l'auteur s'était donné uniquement pour but de démolir toute métaphysique ; tel autre s'installait, au contraire, dans l'*Esthétique*, où il croyait trouver un système métaphysique, un idéalisme transcendantal ; tel autre enfin, s'en tenant à l'*Analytique*, voyait seulement dans ce livre une théorie de l'expérience. Et tous ceux-là, qui laissaient de côté la partie la plus importante de cette œuvre considérable, ne s'apercevaient pas que cette *Critique*, pour Kant lui-même, est un « exercice préliminaire (1) », une « propédeutique (2) » au système de la Raison pure et qu'il s'y propose tout simplement de « déblayer et d'affermir le sol, afin d'y élever le majestueux édifice de la morale (3) ». Aussi étaient-ils incapables de saisir une liaison entre la *Critique de la Raison*

---

(1) *Critique de la Raison pure*, trad. PACAUD-TREMESAYGUES, p. 653.
(2) *Id.*, p. 36, p. 56, p. 653.
(3) *Id.*, p. 307.

pure et la *Critique de la Raison pratique.* Ils voyaient entre elles, au contraire, une opposition radicale, une manifeste contradiction et condamnaient l'illogisme du philosophe qui, après avoir démoli, par la raison spéculative, l'entier édifice du dogmatisme, prétendait maintenant le reconstruire, avec plus de solidité, grâce à une raison pratique. Comme si pour Kant la Raison était ainsi décomposable, et comme si la diversité même des deux usages qu'elle admet, suivant les objets qui l'occupent, n'impliquait pas l'unité absolue de la Raison, de la Pensée ! Cette première incompréhension nous rend la seconde plus explicable et nous n'avons pas à nous étonner de l'hostilité dédaigneuse que manifestent ces penseurs à l'égard de la *Religion dans les limites de la raison*. Précisément parce que cet ouvrage est la « conclusion (1) » de toute la pensée kantienne et qu'il se relie très étroitement à la *Critique de la Raison pratique*, comme celle-ci se rattache à la *Critique de la Raison pure*, ils ne pouvaient rien y comprendre et devaient, naturellement, accuser Kant de mettre sa philosophie aux gages de l'Église et de la superstition religieuse, et lui reprocher, avec Gœthe (2) « de s'être laissé prendre aux appâts des chrétiens et de baiser la bordure de leur manteau ».

C'est totalement méconnaître l'inspiration de la philosophie critique et fausser le sens du kantisme que de s'arrêter ainsi aux préliminaires, sans tenir aucun compte non seulement du système complet, mais de la pensée même antérieure au système et qui lui a donné naissance. L'auteur des *Critiques* a toujours été sincèrement et profondément religieux. Élevé par sa mère dans le piétisme le plus rigide et dans la plus pure moralité, il demeura toujours persuadé, ainsi que ses maîtres Schultz et Knutzen, de l'accord nécessaire entre les croyances religieuses et les vé-

---

(1) Expression de Kuno Fischer.
(2) Lettre à Herder, 7 juin 1793.

rités de raison, de la concordance absolue de la véritable philosophie avec le christianisme essentiel. L'existence de Dieu, l'immortalité de l'âme et la liberté, ces trois fondements de la religion, ont toujours fait l'objet de sa croyance et il professa constamment que la raison devait nécessairement conduire à ces thèses et en démontrer la valeur.

Les plus importantes de ces recherches lui paraissaient être au début celles qui ont Dieu pour objet, car une fois Dieu démontré, la nécessité de la vie morale et l'immortalité de l'âme suivaient par voie de conséquence. Or il croyait, dans ses premiers ouvrages, que la science prouve l'existence de Dieu par la contemplation des choses ; les théories mêmes de Démocrite, d'Épicure et de Lucrèce, auxquelles s'apparente son explication du monde, ne conduisent pas nécessairement à la négation de Dieu ; « il faut, au contraire, qu'il y ait un Dieu, puisque, même dans le Chaos, la nature ne peut agir que d'une façon régulière (1) ». La religion n'a donc rien à craindre de la science et elle est compatible avec toutes les hypothèses. Peut-être cependant serait-il convenable de séparer les deux domaines, car si la science admet Dieu comme créateur et conservateur, elle est tout entière soumise au plus rigoureux déterminisme mécanique et ne fait aucune place à la liberté (2). — Kant reconnut toutefois assez vite la faiblesse inhérente à l'argument téléologique, bon tout au plus à démontrer l'existence d'un démiurge, puisque rien ne nous autorise à donner à l'auteur du monde une perfection absolue que l'œuvre créée ne révèle pas. On ne pourra donc plus, au moyen des sciences, prouver l'existence de Dieu et l'on devra se contenter de connaître que Dieu existe par des preuves philosophiques, dépourvues, à

---

(1) *Allgemeine Naturgeschichte und Theorie des Himmels* (1755).
(2) *Loc. cit.*, édit Kirchmann, préface, pp. 3-14.

la vérité, d'évidence mathématique, mais suffisamment convaincantes. Seule subsistera la preuve ontologique, qui cependant n'est pas indispensable, « car s'il est nécessaire de croire qu'il y a un Dieu, d'être convaincu de son existence, il ne l'est pas également qu'on démontre cette existence (1) ». — Mais bientôt Kant cessa d'admettre la puissance démonstrative de l'argument ontologique. Il s'était aperçu que les jugements d'existence sont des jugements synthétiques, qui ajoutent au concept la réalité de la chose, et que l'on ne saurait conclure d'une idée à l'objet lui-même. La seule garantie de la réalité consiste pour nous dans l'expérience. Nous devons partir de la perception et n'admettre comme existant que ce qui constitue nos perceptions elles-mêmes, ou ce qui leur est lié par raisonnement. Donc la raison contemplative, en portant ses regards sur les choses du monde, ne saurait découvrir, dans la spéculation, les vérités d'ordre théologique, auxquelles cependant l'homme tient de toute son âme.

Mais si Dieu, l'immortalité et la liberté du vouloir échappent à la raison spéculative, faudra-t-il regarder ces objets nécessaires comme inaccessibles à la Raison et ne pourrons-nous pas les saisir, au contraire, par un autre usage de la raison ? Par delà les choses visibles l'ordre théorique atteint l'invisible, et les phénomènes postulent l'existence des choses en soi, dont nous savons simplement qu'elles sont, sans pouvoir connaître ce qu'elles sont, comme le dira la *Critique*. Il serait beau de pouvoir, en partant « d'une observation universellement admise (2) », conclure également qu'*il est* un monde intelligible, formé de substances spirituelles, monde dont nous ferions partie sous le gouvernement de Dieu, — ou d'arriver au moins à le supposer avec vraisemblance. Or, si nous tirons de l'expé-

---

(1) *Der einzig mögliche Beweisgrund zu einer Demonstration des Daseins Gottes* (1763).
(2) *Träume eines Geistersehers* (1766), éd. Kehrbach, p. 22.

rience les lois qui régissent les phénomènes et rendent compte de *ce qui se fait*, nous y trouvons aussi les lois de *ce qui veut être* par nous, de ce que nous sommes tenus de faire sous le rapport de la moralité. La raison pratique, agissante, nous révèle la loi morale, qui s'impose à tous comme l'expression d'une volonté générale, d'une Raison impersonnelle, puisqu'elle combat notre intérêt propre, notre égoïsme ; et cette loi qui suppose la liberté, suppose également la personnalité humaine, notre existence en tant qu'esprit, comme âme, existence « obtenue par voie de conclusion, sans jamais pouvoir, pour les hommes, être un objet d'évidence empirique (1) ». Ainsi les lois de la moralité nous font entrer dans le monde spirituel et libèrent notre existence des conditions de l'espace et du temps ; dès lors, rien ne s'oppose à l'immortalité de l'âme, et cette immortalité est même requise pour qu'il nous soit possible d'accomplir le devoir dans sa perfection absolue, puisque l'union de l'âme avec le corps nous empêche, dans cette vie, d'être adéquats à la moralité. Et, de cette manière, l'existence de Dieu est également postulée par notre espérance d'un autre monde, où notre conduite morale pourra trouver sa récompense, où le bonheur viendra se joindre à la vertu. Certes, la démonstration est d'un tout autre ordre que celle dont on fait usage dans le domaine des sciences ; mais elle est seule appropriée à l'état actuel de l'homme dont la connaissance est bornée au monde des choses visibles et qui ne peut atteindre qu'au moyen de la « foi morale » les choses invisibles et les êtres spirituels. Nous devons croire en Dieu, à l'immortalité et à la liberté, sans réclamer une certitude mathématique ni une vue claire de ces objets. La conviction s'impose à chacun de nous infailliblement : « jamais une âme vertueuse n'a pu supporter cette idée que tout finisse avec la mort, et ses nobles aspirations l'ont

---

(1) *Loc. cit.*, p. 27.
(2) *Id.*, pp. 23, 24.

toujours élevée à l'espoir d'un monde futur ». Aussi paraît-il plus conforme à l'humaine nature et à la pureté des mœurs « de fonder l'espoir du monde à venir sur les sensations d'une âme bien faite que de donner inversement pour base à notre conduite morale l'espérance d'un autre monde (1) ».

Nous assistons ainsi, dans les *Songes d'un visionnaire*, à ce changement de méthode qui va conduire Kant au système de la Raison pure : ce sont toujours les mêmes objets qui l'occupent, mais il suivra pour les atteindre une marche opposée à la marche traditionnelle, qui ne pouvait pas aboutir, espérant assurer à la métaphysique, qui jamais ne disparaîtra, une croissance fructueuse. Mais il savait que ses lecteurs seraient tout à fait désorientés par l'exposition de ces vues nouvelles et ne pourraient pas « les comprendre (2) » avant qu'il eût nettement séparé les domaines de la science des domaines de la croyance, renfermé la première dans ses véritables limites, qui sont celles de l'expérience, et rétabli la foi dans ses possessions éternelles : Dieu, la liberté et la vie future. La science ayant usurpé le domaine de la croyance pour y dogmatiser de façon arbitraire, il fallait jeter bas sa domination et réinstaller la foi à sa place, afin d'affranchir l'homme de tous les dogmatismes aussi préjudiciables qu'illégitimes (3). C'est la tâche préliminaire qu'eut pour but de mener à bien la *Critique de la Raison pure*.

« Que puis-je savoir ? » s'y demande Kant. Toute connaissance, pour nous, « commence avec l'expérience (4) » et provient de l'application des lois de notre entendement aux données de l'intuition. Elle ne peut donc trouver

---

(1) *Träume eines Geistersehers*, p. 67.
(2) *Träume eines Geistersehers*, Avertissement, p. 4.
(3) *Critique de la Raison pure*, 2ᵉ préface, *passim*.
(4) *Id.*, p. 39.

place que « dans le champ de l'expérience possible (1) » et « les lois de la nature matérielle sont les seules que nous puissions exactement connaître et déterminer (2) ». La science est le fruit de la raison spéculative, qui s'applique à élaborer l'élément représentatif de notre faculté sensible, et se limite aux phénomènes, aux apparences, qu'elle explique en les rattachant les uns aux autres dans une série indéfiniment extensible, suivant la loi de la causalité, sans jamais pouvoir s'arrêter à un terme vraiment premier, sous peine de tomber en contradiction avec elle-même. Ainsi sa méthode est déterministe et tout doit s'expliquer pour elle d'une façon tout à fait mécanique. Nos actes mêmes, en tant que phénomènes, admettent cette détermination, comme tous les phénomènes de la nature, et la connaissance contemplative ne peut rien nous faire connaître des commencements absolus, qui sont d'ordre transcendantal et dépassent donc la spéculation. — Mais la raison est cependant portée, dans sa régression sans fin vers les causes, à s'arrêter à un terme premier ; elle souhaiterait qu'il lui fût possible de prouver objectivement l'existence de Dieu et les autres thèses métaphysiques pour donner à nos connaissances une unité systématique, tant il est vrai que ces propositions ont « pour notre raison dans l'usage empirique un intérêt spéculatif (3) ». Nous devons pourtant reconnaître, toute notre connaissance étant immanente, c'est-à-dire enfermée dans le monde phénoménal, que la raison spéculative « est entièrement incapable d'établir, concernant l'existence de Dieu, la liberté, la vie future, des assertions affirmatives (4) » ; mais il nous faut également admettre que son impuissance est la même, si toutefois elle n'est pas plus

(1) *Loc. cit.*, p. 593.
(2) *Loc. cit.*, p. 588.
(3) *Loc. cit.*, p. 586.
(4) *Id.*, p. 593.

grande, à affirmer de ces mêmes objets quelque chose de négatif. — Si donc nous pouvons, par une autre voie, être amenés à accepter « ces propositions cardinales », nous n'aurons plus à redouter les attaques du dogmatisme, et la religion, désormais fondée sur des bases inébranlables, aura le droit de négliger les négations de l'incrédulité. — Or, dans son usage pratique, la raison se trouve contrainte de regarder comme nécessaires les thèses que supposait la spéculation. La liberté pratique, qui s'impose à nous « par l'expérience (1) », a pour corollaires indispensables l'existence de Dieu et l'immortalité de l'âme, et les hypothèses spéculatives se transforment en postulats. Ainsi, tournée vers la pratique, la Raison a le droit d'admettre ce que, spéculativement, elle ne pouvait que souhaiter. Sans doute, elle ne pourra pas se servir des thèses ainsi établies comme de principes d'explication relatifs au monde des phénomènes ; les assertions de la raison pratique n'auront pas d'usage spéculatif et nous devrons toujours expliquer par des lois physiques et par des causes naturelles, *comme si Dieu n'existait pas*, tout ce qui se passe dans la nature, et par suite aussi rendre compte suivant le plus pur mécanisme de nos actes dans la nature, *comme si nous n'étions pas libres;* mais dans le champ de la pratique, nous pourrons nous baser sur ces postulats essentiels, qui nous font saisir les noumènes, pour en tirer des conclusions sur la réalité cachée et nous voir placés « dans un monde de natures spirituelles », « dans un monde moral, intelligible », dont nous faisons partie avant de naître et où nous restons après notre mort (2), ce qui nous permet d'espérer le bonheur dans un autre monde dans la mesure où nous accomplissons, en obéissant à la loi morale, « ce qu'il faut pour en être dignes (3) ».

(1) *Loc. cit.*, p. 623.
(2) *Id.*, p. 610, p. 630.
(3) *Id.*, pp. 627-8.

Après avoir ainsi « déblayé le terrain » et esquissé le plan du « majestueux édifice » qu'on pourra construire sur un sol ferme, Kant aborde résolument, dans la *Critique de la Raison pratique*, le développement « des considérations » morales et métaphysiques qui sont en fait la véritable « gloire de la philosophie (1). » Dès qu'il se demande : « Que dois-je faire ? », l'homme voit aussitôt s'offrir à lui la loi morale, dont la conscience est immédiate, et la moralité, sans intermédiaires, le mène au concept de la liberté : Nous nous reconnaissons libres par le fait même que nous jugeons pouvoir accomplir le devoir. Ce concept de la liberté sert de clef de voûte à tout le système ; c'est de lui que part la morale et c'est encore lui qu'on trouve à l'origine comme au terme de la science, bien qu'il soit pour elle incompréhensible. C'est que Liberté et Raison sont une seule et même chose qui a besoin, pour être saisie avec netteté, de se montrer à l'état pur, dégagée du monde des phénomènes. La liberté suppose deux choses, en effet, une indépendance complète à l'égard de tout ce qui n'est pas elle et le pouvoir de se gouverner par ses propres lois. Dans la connaissance physique, la raison ne peut pas être absolument libre ; sans doute, elle a des principes qui lui sont propres, mais elle les applique aux données des sens dont elle est esclave et qui l'asservissent au mécanisme. Dans l'ordre moral, au contraire, la raison se trouve à la fois indépendante et autonome : elle ne collabore plus avec des données étrangères, elle crée à la fois sa forme et sa matière, elle est véritablement Raison pure. — La loi morale ainsi postule, d'après Kant, la liberté d'une cause efficiente et nous fait placer dans la raison pure le principe déterminant de l'homme en tant qu'être sensible (2). Le devoir a son origine dans « la personnalité », c'est-à-dire

---

(1) *Critique de la Raison pure*, p. 307.
(2) *Critique de la Raison pratique*, trad. Picavet, p. 84.

dans « la liberté et l'indépendance à l'égard du mécanisme de la nature entière ». A cette personnalité, nouménale et intelligible, est soumise notre personne qui fait partie du monde sensible et phénoménal (1). En tant que sujet de la liberté, l'homme devient une chose en soi, un noumène, c'est-à-dire un objet du monde intelligible et d'une nature suprasensible. La nature du monde sensible (pour ce qui est des êtres raisonnables), se rattache ainsi, par la loi morale, à une nature suprasensible qui doit lui servir d'archétype. Nous pouvons donc regarder le monde sensible comme la copie imparfaite du monde intelligible et conclure du fait que tous les phénomènes se conforment dans le premier à la loi de causalité physique, que dans le second tous les êtres moraux doivent nécessairement se régler sur la causalité par liberté. — Mais comment peut-on dire que l'action d'un homme soit libre, si, dans le temps, quand elle s'accomplit, elle doit obéir à la nécessité physique. Ce n'est pas, répond Kant, comme phénomène que l'homme est libre ; se déroulant dans le monde phénoménal, son action est soumise aux conditions de l'espace et du temps, par conséquent au mécanisme. Mais en tant que noumène, l'homme échappe à ces conditions et son acte est tout à fait libre, parce qu'il n'est déterminé que par les lois de la volonté pure. Or l'homme-noumène a-t-il bien cette indépendance absolue ? Sorti des mains du Créateur, n'est-il pas gouverné par Lui et la liberté que nous lui donnons ne serait-elle pas simplement illusoire comme celle qu'un automate pourrait s'attribuer à tort ? « Il semble qu'aussitôt que l'on admet Dieu comme cause première universelle, on doive aussi accorder que nos actions ont leur principe déterminant dans ce qui est entièrement hors de notre pouvoir, à savoir dans la causalité d'un être suprême distinct de nous, duquel dé-

---

(1) *Loc. cit.*, p. 156.

pend tout à fait notre existence et toute la détermination de notre causalité (1). » En fait, si les actes de l'homme, en tant qu'appartenant à ses déterminations dans le temps, « étaient des déterminations de l'homme comme chose en soi, la liberté ne pourrait être sauvée ». Mais puisque ces actes se rangent dans la classe des phénomènes, bien qu'il soit l'auteur du noumène, Dieu ne peut en être la cause, car il serait contradictoire de dire que Dieu, comme créateur, est la cause des phénomènes, puisque son action ne s'exerce que dans le monde nouménal (2). Kant reconnaît que cette solution offre beaucoup de difficultés et d'obscurités ; mais il ne croit pas qu'on puisse en donner une de plus claire et de plus facile. Le problème en effet n'est autre que le vieux problème si débattu de la *prémotion physique*, qui peut au fond se ramener aux rapports de la grâce et de la liberté. Nous touchons ici au mystère, et si, spéculativement, nous devrions opter pour la grâce, pratiquement, c'est sur la liberté que se portera notre choix, parce qu'*il nous faut être libres* pour accomplir la loi morale et devenir ainsi dignes d'obtenir le souverain bien. — L'homme est cependant incapable de se conformer intégralement à la loi de la moralité que lui dicte la Raison pure ; sa nature d'être sensible constitue à sa perfection un obstacle que rien ne peut jamais lever ; la sainteté n'est donc qu'un idéal inaccessible à toute créature, mais elle doit rester constamment le modèle « dont nous devons nous efforcer de nous rapprocher par un progrès ininterrompu », sans limites (3). Un tel progrès allant à l'infini, nous force, au nom de la vertu, à postuler l'immortalité de notre âme. Or si, comme être raisonnable, l'homme est voué à la vertu, sa nature d'être sensible lui fait désirer le bonheur, et le souverain bien ne peut consister pour lui que dans l'union de la vertu et du

(1) *Loc. cit.*, p. 182.
(2) *Id.*, p. 185.
(3) *Id.*, p. 149

bonheur. Mais cette union n'est pas de celles que l'on connaît analytiquement, car bonheur et vertu sont des choses hétérogènes et ne peuvent être liés, d'une manière synthétique, comme l'effet est uni à la cause, que grâce à l'intermédiaire « de l'auteur intelligible de la nature » et dans un monde intelligible (1). Ainsi le concept du souverain bien, « objet et but final de la raison pratique » nous fait postuler l'existence d'un Dieu qui sera rémunérateur et proportionnera le bonheur au mérite. — La morale, par conséquent, nous conduit à la religion, en nous enseignant la manière de « nous rendre dignes du bonheur », et c'est uniquement quand à sa doctrine s'ajoute la religion « qu'entre en nous l'espérance de participer au bonheur dans la mesure où nous aurons essayé de n'en être pas indignes (2). Or, c'est dans le Christianisme que se présente à nous, dans sa pureté absolue, non seulement la doctrine morale, mais encore un concept du royaume de Dieu, c'est-à-dire du souverain bien, seul capable de satisfaire aux « exigences les plus rigoureuses de la raison pratique (3) ». « On peut, sans hypocrisie, répéter en toute vérité de la doctrine de l'Évangile, qu'elle a la première, par la pureté du principe moral, mais en même temps par sa convenance avec les limites des êtres finis, soumis toute la conduite de l'homme à la discipline du devoir (4) » qui se ramène tout entier à ces deux préceptes immortels : « Vous aimerez Dieu et votre prochain. »

La morale et la religion ne sauraient donc avoir un objet différent. Dès qu'il agit moralement, l'homme agit aussi religieusement, s'il se regarde, en accomplissant son devoir, comme obéissant aux ordres de Dieu, et la religion,

(1) *Loc. cit.*, pp. 204-10.
(2) *Id.*, p. 236.
(3) *Id.*, p. 233.
(4) *Id.*, p. 154.

comme la morale, vise à nous conduire à la sainteté. Ce qui appartient en propre à la religion, c'est l'espoir de la récompense, la croyance qu'à cette vie succédera une vie éternelle dans laquelle nous recevrons, conformément à nos mérites, le bonheur, objet de nos vœux. Aussi la *Religion dans les limites de la raison* répond-elle à cette question : « Qu'avons-nous le droit d'espérer ? », afin de mener à sa conclusion le système de la raison pure. Nous ne trouvons pas dans ce livre, comme on l'a souvent prétendu, qu'il soit introduit des concepts nouveaux, et nous y voyons, avec Kuno Fischer, l'approfondissement de la pensée kantienne et une délimitation précise entre la religion philosophique et la philosophie morale. L'homme est porté au bien par sa raison, au mal par ses inclinations sensibles : il est tout ensemble bon et mauvais. Comment devra-t-il donc s'y prendre pour devenir radicalement bon ? Qu'il accepte dans sa maxime l'intention morale pure et qu'il soit fermement décidé à s'y maintenir. Cependant la nature humaine, dont nous connaissons la fragilité, est impuissante à persévérer dans le bien : elle est portée, par son impureté, à mêler à la loi morale d'autres mobiles non moraux et, par sa corruption, à donner le pas à de tels mobiles sur ceux de la moralité. Ainsi non seulement l'homme ne peut pas être saint, mais il tombe encore dans le mal. Il ne peut donc, par suite, espérer le souverain bien qu'en admettant que Dieu pardonnera ses fautes, en considération des mérites qu'il s'est acquis, et suppléera à son imperfection, en donnant à son intention d'être absolument vertueux, la valeur que peut seul avoir le fait d'une bonne conduite. C'est seulement dans la mesure où nous ferons tout ce qui dépendra de nous pour devenir meilleurs que Dieu suppléera aux imperfections de notre conduite morale et viendra compléter notre œuvre (1). Nous sommes ainsi amenés à

---

(1) *La Religion dans les limites de la raison*, p. 61.

regarder comme nécessaires la grâce, la satisfaction et la rédemption, sans cependant pouvoir faire de ces idées des connaissances susceptibles ni d'un usage théorique, ni d'une utilité pratique. « La vraie religion, en effet, n'est pas de connaître ou de professer ce que Dieu fait ou a fait pour notre sanctification, mais d'accomplir ce que nous devons faire pour nous en rendre dignes (1). » Or, nous savons cela, par la morale, avec une certitude absolue. — Toutefois la morale étant du ressort de la raison pure, ne peut être qu'œuvre individuelle : nul ne peut trouver qu'en lui-même les lois de la moralité. La religion, pour qui tous nos devoirs sont en même temps des ordres divins, nous oblige à nous regarder comme soumis à une loi commune, comme faisant partie d'une république morale, ayant Dieu pour législateur ; ce règne de Dieu a pour citoyens les justes dont la réunion constitue l'Église invisible qui fait partie du monde intelligible. Mais nous devons travailler de toutes nos forces à l'avènement du règne de Dieu et, dans ce but, entrer dans l'Église visible, schème de l'Église invisible, qui réunira tous les hommes désireux du souverain bien et n'épargnant rien pour s'en rendre dignes. Mettant en commun leurs aspirations et leurs espérances et s'exhortant mutuellement à bien vivre, ils pourront ainsi par l'Église vivifier leur intention morale et amener le triomphe du bon principe. Toutefois, il ne faudrait pas confondre l'Église et la Religion ; il n'y a qu'une religion et nous voyons plusieurs Églises qui cherchent à donner un support sensible aux concepts rationnels, moraux et religieux. L'Église est un moyen et la Religion est le but. L'Église vraie sera celle dont la doctrine ne fera qu'un avec la croyance pure, religieuse et morale, essence de la véritable religion.

Parvenus maintenant au terme du système, il nous est

---

(1) *Loc. cit.*, p. 159.

facile d'apercevoir la parfaite unité de la pensée de Kant. Nous l'avons vu, dès ses premiers ouvrages, s'occuper surtout de métaphysique, et, convaincu de l'accord nécessaire entre la raison et la foi, chercher à prouver dogmatiquement les vérités religieuses fondamentales. Quand, sous l'influence de Hume, il dut reconnaître notre impuissance à démontrer spéculativement les thèses par lesquelles sont affirmées l'existence de Dieu, la liberté et l'immortalité, au lieu de tomber dans le scepticisme, il se mit en quête d'une autre voie qui pût le conduire aux mêmes objets dont la réalité ne faisait pour lui aucun doute. Dans les *Songes d'un visionnaire*, il entrevoit déjà la méthode nouvelle et il nous donne en raccourci ce que ses ouvrages ultérieurs auront pour but d'exposer en détail. Raison théorique et raison pratique, monde sensible et monde intelligible, rapports du bonheur et de la vertu, tout se trouve en germe en ces quelques pages. Désormais sa vie tout entière sera vouée à l'établissement de la véritable métaphysique et à la justification de la suffisance de la Raison. Kant est en effet un rationaliste pour qui la raison doit suffire à tout, parce que la raison est, sinon tout l'homme, du moins sa partie essentielle. Si nous étions de purs esprits, nous pourrions voir par intuition la substance même des choses. Malheureusement, dans ce monde, notre raison est prisonnière et doit compter avec le corps. Pour connaître ce qui existe, elle a besoin de consulter les sens et d'organiser leurs données ; l'élément représentatif de la sensation lui fournit la matière de la science, et elle ne peut rien connaître qu'en partant de l'intuition. Et comme notre intuition se limite au monde des phénomènes, en tant qu'elle collabore avec elle, la raison de l'homme ne pourra pas franchir les limites du phénomène. Il n'y aura donc de science que du monde phénoménal, et, dans l'usage théorique, toujours asservi aux données sensibles, la raison devra s'abstenir de rien affirmer ou de rien nier de ce qui échappe aux prises des sens : tout au plus a-t-elle le droit de hasarder des hypothèses, quand elle y croit trouver son avantage. Mais la raison n'a pas uniquement à considérer ce qui est ; son véritable office est, au contraire, de nous servir de guide en déterminant ce qui devra être ; en allant au fond on verrait que même la spéculation a pour condition un besoin pratique. Or, dans cette tâche nouvelle, rien ne gêne plus la raison qui peut se fier à ses propres forces et s'élever jusqu'au transcendant. Elle se saisit d'abord elle-même pour atteindre ensuite son Créateur, l'Être parfait, qui voit tout, qui peut tout, qui est éternel et présent partout. Sa certitude au sujet de cet Être est aussi absolue qu'au sujet d'elle-même : Quoique d'un autre ordre, elle égale et même dépasse celle où nous menait la science. Il faut cependant reconnaître qu'elle ne saurait se communiquer, puisque c'est au fond de lui-même que tout homme doit la chercher, tandis que la connaissance est communicable au moyen de l'intuition. Mais conviction subjective n'est pas conviction arbitraire et l'on peut penser que tout homme doit y arriver infailliblement, s'il la recherche avec sincérité. Le fait même que la science, dont l'intuition n'est qu'un élément, doit être commune à tous les esprits, nous indique que la Raison se trouve identique dans tous les hommes et doit mener aux mêmes conclusions dans son usage pur pratique. Bien que subjective dans son essence, la foi morale est ainsi susceptible d'être envisagée objectivement, ce qui nous conduit à la religion. Or, ce qui distingue de la morale la doctrine religieuse, c'est, d'une part, la considération de la loi subjective comme hypostasiée en Dieu, et, d'autre part, la satisfaction accordée, grâce à l'intermédiaire de Dieu, à l'autre élément de la sensation, au côté affectif de notre nature complexe, qui réclame un bonheur parfait. La raison ici cesse d'agir seule, et la fière doctrine qui, dans la pratique, lui faisait dire : on doit accomplir le devoir sans espoir de la récompense, devient et moins âpre et plus consolante par le fait seul que cette récompense est comme soudée au devoir, par des considérations théoriques. —Comme on le voit, c'est bien un plan d'ensemble, ainsi que Kant l'écrivait à Stäudlin (1), que développent les *Critiques* et le traité de la *Religion*, dans l'unité la plus parfaite de la pure philosophie. C'est pour cela qu'il nous a paru nécessaire de donner de ce dernier livre une traduction nouvelle où nous avons consciencieusement travaillé à rendre la pensée de Kant avec précision et clarté. Nous souhaitons que sa lecture aide les « hommes de science » à mieux pénétrer le kantisme et montre aux « hommes de croyance » qu'une philosophie qui fonde la Religion sur la Raison est, comme l'a dit Hannequin, « une alliée, et non une ennemie ».

Dun (Ariège), 10 août 1912.

A. Tremesaygues.

(1) Lettre du 4 mai 1798.

AVERTISSEMENT

I. Les suppléments ajoutés dans la deuxième édition sont mis entre crochets [....] et souvent même indiqués par des notes.

II. Les mots et les membres de phrase supprimés dans la deuxième édition sont enfermés dans les signes <....> et quelquefois indiqués par des notes.

III. Les additions au texte de la deuxième édition, corrections indiquées par Kant ou des contemporains de Kant, sont données entre doubles parenthèses ((....)).

IV. Nous avons enfin supprimé le second titre de l'ouvrage : « Doctrine de la religion philosophique », que les éditions allemandes gardent comme titre courant dans la division de l'ouvrage.

PRÉFACE DE LA PREMIÈRE ÉDITION (1793)

Fondée sur le concept de l'homme, qui est celui d'un être libre et se soumettant de lui-même à des lois inconditionnées, la morale n'a pas besoin de l'Idée d'un autre Être supérieur à l'homme pour que l'homme connaisse son devoir, ni d'un autre mobile que la loi même pour qu'il l'accomplisse. C'est du moins la faute de l'homme, s'il trouve en lui un besoin de ce genre, auquel dès lors il ne peut plus remédier par rien ; car ce qui ne provient pas de lui-même et de sa liberté ne saurait lui servir à compenser ce qu'il lui manque de moralité (*den Mangel seiner Moralität*). — Elle n'a donc aucunement besoin (pas plus objectivement, en ce qui regarde le vouloir [*das Wollen*], que subjectivement, en ce qui concerne le pouvoir [*das Können*]) de s'appuyer sur la religion ; mais, en vertu de la raison pure pratique, elle se suffit pleinement à elle-même. — Puisque, en effet, ses lois obligent par la simple forme de l'universelle conformité à la loi qu'il faut donner aux maximes que l'on en tire, condition suprême (elle-même inconditionnée) de toutes les fins, elle n'a nullement besoin d'un motif matériel de détermination du libre arbitre (1), c'est-à-dire d'une fin, ni pour connaître

(1) Ceux à qui le principe de détermination simplement formel (celui de la conformité à la loi) en général ne semble pas suffisant

le devoir, ni pour exciter l'homme à l'accomplir : elle peut même et elle doit, quand il est question du devoir, faire abstraction de toutes fins. Ainsi pour savoir, par exemple, si, quand on me cite en justice, je dois témoigner véridiquement, ou si je dois (ou même si je peux), quand on me réclame le bien d'autrui qui m'a été confié en dépôt, me comporter loyalement, point n'est besoin que je demande, outre ma déclaration, une fin que je pourrais me proposer de réaliser, car peu importe cette fin ; par le seul fait qu'il trouve nécessaire de chercher une fin, quand légitimement on lui demande des aveux, l'homme est déjà un misérable.

Mais, bien que la morale n'ait pas besoin de s'appuyer sur une représentation de fin qui précède la détermination de la volonté, il peut se faire cependant qu'elle ait un rapport nécessaire avec une fin de ce genre considérée non comme le principe, mais comme la conséquence nécessaire des maximes adoptées conformément aux lois. — Faute d'un rapport analogue, il n'y aurait pas, en effet, pour

comme principe de détermination relativement au devoir, avouent cependant dans ce cas que le principe du devoir ne peut pas se trouver dans *l'amour de soi* ayant pour objet le *bien-être* individuel. Mais alors il ne reste que deux principes de détermination, l'un rationnel, c'est la perfection personnelle, l'autre empirique, à savoir, le bonheur d'autrui. Or, si la perfection que ceux-là ont en vue n'est pas déjà la perfection morale, qui jamais ne peut être que d'une seule espèce (soumission inconditionnelle de la volonté à la loi), — et ils commettraient un cercle vicieux en ayant en vue cette perfection, — ils devraient par ce mot entendre la perfection physique humaine susceptible d'augmentation et pouvant admettre beaucoup d'espèces (habileté dans les arts et dans les sciences, goût, souplesse du corps, etc.). Mais ces qualités ne sont jamais bonnes que d'une manière conditionnée, c'est-à-dire à la condition que l'usage qu'on en fera ne soit pas contraire à la loi morale (qui seule commande inconditionnellement) ; donc, cette perfection, dont on fait une fin, ne peut pas être le principe des concepts de devoir. On peut en dire autant de la fin qui a pour objet le bonheur des autres hommes. Car une action doit tout d'abord être jugée en elle-même, d'après la loi morale, avant que le bonheur d'autrui lui soit donné pour terme. La réalisation (*Beförderung*) du bonheur des autres n'est donc que conditionnellement un devoir et ne saurait servir de principe suprême aux maximes morales.

l'homme de détermination volontaire possible, parce qu'elle ne peut pas exister sans effet et qu'on doit pouvoir regarder la représentation de cet effet sinon comme un principe déterminant du libre arbitre ou comme une fin servant de prémisse à l'intention que l'on forme, du moins comme une conséquence de la détermination, par la loi, du libre arbitre à une fin (*finis in consequentiam veniens*); sans quoi un libre arbitre qui à l'action visée par lui n'ajouterait point, pour la compléter, l'idée d'un objet objectivement ou subjectivement déterminé (que cette action doit ou devrait atteindre), connaissant bien comment il doit agir, mais ne sachant pas dans quel but, ne pourrait pas se suffire à lui-même. Ainsi pour la morale point n'est besoin de fin pour bien agir, et à elle seule la loi suffit qui contient la condition formelle de l'usage de la liberté en général. Mais de la morale découle pourtant une fin; car il est impossible que la raison demeure indifférente à la solution de cette question : quo résultera-t-il de notre bonne conduite et quel but pouvons-nous, même s'il n'est pas tout à fait en notre puissance, assigner comme fin à notre activité, pour être d'accord au moins sur ce point? Ce ne pourra être, sans doute, que l'Idée d'un objet réunissant en lui la condition formelle de toutes les fins que nous devons poursuivre (le devoir) en même temps que tout le conditionné adéquat à ces fins que nous poursuivons (le bonheur que comporte l'observation du devoir), c'est-à-dire l'Idée d'un souverain bien dans le monde qui, pour être possible, exige qu'on suppose un Être suprême moral, très saint et tout-puissant, seul capable d'en réunir les deux parties constitutives ; or cette Idée (considérée pratiquement) n'est pas vide de contenu ; car elle remédie au besoin naturel que nous avons de concevoir pour notre conduite dans son ensemble un but final que la raison puisse justifier, besoin qui serait sans cela un obstacle à la résolution morale. Or, et c'est ici le point principal, cette idée dérive de la morale et n'en est pas le fondement ; le fait de se donner une fin de ce genre présuppose déjà des principes moraux. Ce ne peut pas être, par conséquent, chose indifférente pour la morale que de se faire ou non le concept d'une fin dernière de toutes choses (l'accord de la morale avec un tel concept n'augmente pas le nombre des devoirs, tout en leur procurant un point particulier où toutes les fins convergent et s'unissent) ; car c'est là l'unique moyen de donner à la connexion pour nous indispensable de la finalité par liberté et de la finalité naturelle une réalité objectivement pratique. Supposez un homme plein de respect pour la loi morale, à qui l'idée vient de se demander (ce qui est presque inévitable) quel monde il créerait sous la direction de la loi morale, s'il en avait la faculté et s'il devait lui-même en faire partie comme membre ; non seulement il le choisirait exactement tel, si seulement on lui laissait le choix, que l'exige l'idée morale du souverain bien, mais il voudrait même qu'un monde, n'importe lequel, existât, parce que la loi morale réclame que soit réalisé le plus grand bien dont nous sommes capables ; et il le voudrait, malgré le danger où il se verrait exposé, d'après cette idée elle-même, d'y perdre beaucoup personnellement en félicité, parce qu'il pourra peut-être n'être pas adéquat aux conditions requises pour le bonheur ; il se sentirait de la sorte contraint par sa raison de prendre cette décision d'une manière tout à fait impartiale et de faire sien, peut-on dire, le jugement que porterait un étranger ; et cela montre bien l'origine morale de ce besoin qu'a l'homme de concevoir, outre ses devoirs et pour eux, une fin dernière qui en soit la conséquence.

 La morale conduit donc nécessairement à la religion et s'élève ainsi à l'idée d'un législateur moral tout-puissant, en dehors de l'humanité (1), et dans la volonté duquel réside

---

(1) Si la proposition qu'il y a un Dieu, que par suite il y a un sou-

cette fin dernière (de la création du monde), qui peut et qui doit être en même temps la fin dernière de l'homme.

*
* *

Si la morale reconnaît dans la sainteté de sa loi un objet du plus grand respect, elle représente sur le seuil de la verain bien dans le monde, doit (comme article de foi) simplement dériver de la morale, c'est une proposition synthétique *a priori*, qui, bien que seulement admise sous le rapport pratique, dépasse cependant le concept du devoir que contient la morale (et qui ne suppose aucune matière du libre arbitre, mais simplement ses lois formelles) et ne peut donc pas en sortir analytiquement. *Mais comment une telle proposition a priori est-elle possible ?* L'accord avec la simple idée d'un législateur moral de tous les hommes est identique, il est vrai, avec le concept moral de devoir en général, et jusqu'ici cette proposition qui ordonne cet accord serait analytique. Mais admettre l'existence d'un tel objet, c'est plus que d'en admettre la simple possibilité. Je ne puis ici qu'indiquer, sans entrer dans aucun détail, la clef qui peut donner la solution de ce problème, autant que je crois le saisir.

La *fin* est toujours l'objet d'une *inclination*, c'est-à-dire d'un désir immédiat d'obtenir la possession d'une chose par l'acte que l'on accomplit ; de même, la *loi* (qui ordonne pratiquement) est un objet du *respect*. Une fin objective (c'est-à-dire celle que nous devons avoir) est celle qui nous est proposée comme telle par la simple raison. La fin qui renferme la condition nécessaire et en même temps suffisante de toutes les autres est la *fin dernière*. Le bonheur personnel est la fin dernière subjective des êtres raisonnables du monde (chacun d'eux *a* cette fin en vertu de sa nature dépendante d'objets sensibles, et il serait absurde, en parlant d'elle, de dire que l'on *doit* l'avoir), et toutes les propositions pratiques, qui ont cette fin dernière pour fondement, sont synthétiques, et en même temps empiriques. Mais que chacun doive prendre pour *fin dernière* le plus grand *bien* possible dans le monde, c'est là une proposition pratique synthétique *a priori*, même objectivement pratique, proposée par la raison pure, parce que c'est une proposition qui dépasse le concept des devoirs dans le monde et ajoute aux devoirs une conséquence (un effet), une proposition qui n'est point contenue dans les lois morales et ne peut donc pas en être tirée analytiquement. Ces lois ordonnent en effet absolument, quelle que puisse en être la conséquence ; bien plus, elles nous contraignent même à faire abstraction de leur conséquence, s'il s'agit d'une action particulière, et elles font ainsi du devoir l'objet du plus grand respect, sans nous présenter ni nous proposer une fin (et une fin dernière) qui dût en quelque sorte leur servir de recommandation et constituer le mobile de l'accomplissement de notre devoir. Et c'est aussi ce qui pourrait suffire à tous les hommes, si (comme ils le devraient) ils s'en tenaient simplement aux prescrip-

religion, dans la Cause suprême qui promulgue ces lois, un objet d'adoration, et elle apparait dans sa majesté. Mais tout, même ce qu'il y a de plus sublime, se rapetisse entre les mains des hommes, quand ils en appliquent l'idée à leur usage. Ce qui ne peut être honoré véritablement qu'autant que le respect qu'on lui porte est libre, est forcé de s'accommoder à des formes telles qu'on ne peut leur don-

tions que la raison pure leur fait dans la loi. Quel besoin ont-ils de connaître ce qui résultera de leur conduite, l'issue que le cours du monde lui donnera ? Il leur suffit de faire leur devoir, même si tout finit avec la vie terrestre, et même si dans cette vie le bonheur et le mérite ne se rencontrent peut-être jamais. Or, c'est une des limitations inévitables de l'homme et du pouvoir de raison pratique qui est le sien (peut-être même de celui qu'ont tous les autres êtres de ce monde) que de se préoccuper, à propos de toutes ses actions, du résultat qu'elles auront, pour trouver dans ce résultat quelque chose qui puisse lui servir de fin et qui puisse aussi démontrer la pureté de l'intention ; et bien que ce résultat ait le dernier rang dans l'exécution (*nexu effectivo*), il vient en première ligne dans la représentation et dans l'intention (*nexu finali*). Or, bien que cette fin lui soit proposée par la simple raison, l'homme cherche en elle quelque chose qu'il puisse *aimer ;* la loi morale, qui lui inspire simplement du *respect*, bien que ne reconnaissant pas cela comme un besoin, consent pourtant, à l'effet de lui être utile, à admettre la fin dernière morale de la raison au nombre des principes de détermination de l'homme. C'est dire que la proposition : Fais du plus grand bien possible dans le monde ta fin dernière, est une proposition synthétique *a priori* qu'introduit la loi morale elle-même, et par laquelle néanmoins la raison pratique s'étend au delà de la loi morale ; ce qui est possible par cela même que la loi morale se rapporte à la propriété naturelle qu'a l'homme d'être obligé de concevoir, outre la loi, une fin pour toutes ses actions (propriété qui fait de lui un objet de l'expérience), mais n'est possible (comme c'est le cas des propositions théorétiques et de plus synthétiques *a priori*) qu'à la condition que la proposition dont il s'agit renferme le principe (*das Princip*) *a priori* de la connaissance des principes de détermination d'un libre arbitre dans l'expérience en général, en tant que cette expérience, qui montre les effets de la moralité dans ses fins, procure au concept de la moralité (*Sittlichkeit*), comme causalité dans le monde, une réalité objective, quoique seulement pratique. Or, si la plus rigoureuse observation des lois morales doit être conçue comme cause de la réalisation du souverain bien (en tant que fin), il faut, parce que le pouvoir de l'homme ne suffit pas à faire que le bonheur s'accorde dans le monde avec le mérite d'être heureux, admettre un Etre moral tout-puissant comme Seigneur du monde, à qui revient le soin d'établir cet accord, c'est-à-dire que la morale conduit nécessairement à la religion.

ner de l'autorité qu'au moyen de lois de contrainte ; et ce qui se présente de soi-même à la critique ouverte (*öffentliche*) de chacun doit se soumettre à une critique armée de la force, c'est-à-dire à une censure.

Toutefois, comme le commandement qui ordonne d'obéir à l'autorité est lui aussi moral, et que son observation, comme celle de tous les devoirs, peut être rapportée à la religion, il convient à un ouvrage consacré au concept précis de la religion de donner lui-même un exemple de cette obéissance dont le vrai témoignage exige non pas simplement qu'on soit attentif à la loi d'un seul ordre dans l'État en étant aveugle pour tous les autres, mais bien que l'on ait un respect égal envers tous les ordres ensemble. Or le théologien chargé d'examiner les livres peut avoir pour fonction soit de veiller simplement au salut des âmes, soit de se préoccuper en même temps du salut des sciences ; dans le premier cas, on ne l'a fait juge que parce qu'il est ecclésiastique, dans le second, parce qu'il est en même temps savant. Comme membre d'une institution publique qui (sous le nom d'Université) a la charge de cultiver toutes les sciences et de les préserver de toute atteinte, le savant doit restreindre les prétentions de l'ecclésiastique et imposer à sa censure la condition de ne causer aucun dommage dans le champ des sciences ; et si les deux censeurs sont des théologiens bibliques, c'est au savant, en tant que membre de l'Université et de la Faculté qui a pour objet la théologie, qu'appartient le droit de censure supérieur, car en ce qui touche la première tâche (le salut des âmes), tous deux ont une mission identique, et en ce qui regarde la seconde (le salut des sciences), le théologien, comme savant attaché à l'Université, a, en outre, une fonction spéciale à remplir. Si l'on s'écarte de cette règle, il arrivera à la fin ce qui est déjà arrivé autrefois (au temps de GALILÉE, par exemple) ; le théologien biblique, pour abaisser la fierté des sciences et s'épargner la peine qu'elles donnent, pourrait se risquer à partir en guerre contre l'astronomie ou les autres sciences, l'histoire ancienne de la terre, par exemple, et, semblable à ces peuples qui, ne se trouvant ni assez puissants, ni assez sérieux pour se défendre contre des attaques périlleuses, transforment tout en désert autour d'eux, frapper d'arrêt toutes les tentatives de l'entendement humain.

Mais à la théologie biblique correspond, dans le domaine des sciences, une théologie philosophique, qui a pour dépositaire une autre Faculté. Pourvu qu'elle reste dans les limites de la simple raison et que, tout en utilisant, pour confirmer ou pour expliquer ses propositions, l'histoire, les langues, les livres de tous les peuples, même la Bible, seulement pour son propre usage, elle ne veuille pas faire entrer ses propositions dans la théologie biblique, ni changer quelque chose aux doctrines officielles de cette dernière, privilège des ecclésiastiques, il faut laisser à la théologie philosophique la liberté complète de s'étendre aussi loin que comporte sa science ; et si, lorsqu'il est établi qu'elle a vraiment franchi ses bornes et fait des incursions dans la théologie biblique, le droit de censure ne peut pas être dénié au théologien (considéré simplement comme ecclésiastique), dès qu'un doute s'élève et que se pose donc la question de savoir si un tel écart a été commis dans un livre écrit par un philosophe ou dans un de ses cours publics, le droit supérieur de censure ne peut pourtant être accordé qu'au théologien biblique en tant que membre de la Faculté de théologie, parce que celui-ci a de plus que l'autre la garde du second intérêt de l'État qui est de protéger la fleur des sciences, tout en ayant été nommé censeur au même titre que lui.

En pareil cas, il faut le reconnaître, c'est à la Faculté de théologie et non à la Faculté de philosophie qu'appartient la première censure, parce que cette Faculté a seule le monopole de certains enseignements, les doctrines de la seconde Faculté étant au contraire soumises au régime de la libre concurrence, et que seule elle peut conséquemment se plaindre de voir porter atteinte à ses droits exclusifs. Mais, sans parler du voisinage étroit de ces deux doctrines dans leur ensemble, ni du souci qu'a la théologie philosophique de ne pas franchir ses limites, il est aisé de dissiper un doute portant sur ces empiétements ; on n'a qu'à remarquer pour cela qu'un pareil abus ne se produit pas du seul fait que le philosophe fait des emprunts à la théologie biblique pour les employer à ses fins (car cette théologie elle-même devra reconnaître que bien des points lui sont communs avec les doctrines de la simple raison et qu'il se trouve en elle bien des choses qui appartiennent à l'histoire, à la linguistique ou à la critique de ces sciences), en supposant même qu'il les emploie dans un sens conforme à la simple raison et qui ne plaît pas peut-être à la théologie biblique, mais qu'il ne peut être répréhensible que dans le cas où, par ses additions à cette théologie, il veut la diriger vers une fin différente de celle que lui assigne son institution. Ainsi, par exemple, on ne peut pas dire que le professeur de droit naturel, qui emprunte au Code romain plusieurs expressions et plusieurs formules classiques pour son enseignement philosophique du droit, commet des empiétements sur le droit romain, même si, comme c'est le cas fréquemment, il ne donne pas à ces expressions et à ces formules exactement le même sens que leur donneraient les commentateurs de ce droit, pourvu qu'il ne prétende pas obliger les véritables juristes et les tribunaux à les employer, eux aussi, dans le sens qu'il leur attribue. Si le philosophe, en effet, n'avait pas le droit d'en user ainsi, il pourrait, à son tour, accuser le théologien biblique ou le professeur de droit positif de commettre d'innombrables empiétements dans le domaine de la philosophie, car incapables l'un et l'autre de se passer de la raison, même de la philosophie, sitôt qu'il s'agit de science, ils doivent très souvent lui faire des emprunts, bien que ce ne soit, il est vrai, que pour leur utilité personnelle. Et s'il devait être interdit au théologien biblique d'avoir jamais recours, si c'est possible, à la raison dans les choses de la religion, on peut facilement prévoir de quel côté serait la perte; car une religion qui déclare témérairement la guerre à la raison ne saurait longtemps résister contre elle. J'oserai même faire cette proposition : ne serait-il pas convenable de donner comme conclusion à l'enseignement académique de la théologie biblique des leçons qui auraient pour objet spécial la doctrine philosophique pure de la religion (où l'on tire parti de tout, même de la Bible) et qui prendraient le présent ouvrage pour guide (ou un autre même, si l'on en trouve quelqu'un de meilleur en ce genre) ? Est-ce que ce procédé n'est pas indispensable pour achever d'armer de pied en cap les candidats ? — Le seul moyen de faire avancer les sciences est, en effet, de bien les séparer, de les prendre d'abord chacune à part, comme constituant un tout, et de n'essayer qu'ensuite de les considérer dans leur réunion. Que le théologien biblique se croie d'accord avec le philosophe ou qu'il estime devoir le contredire, cela nous importe fort peu, pourvu seulement qu'il l'écoute. Car ce n'est qu'ainsi qu'il peut être armé d'avance contre toutes les difficultés que le philosophe pourrait lui créer. Dissimuler ces difficultés, les traiter même d'impiétés pour jeter sur elles le discrédit, c'est un misérable expédient dépourvu de toute valeur; mêler ensemble les deux procédés et ne jeter que des regards rapides et fugitifs sur ces difficultés, c'est, de la part du théologien biblique, un manque de profondeur qui fait que nul, à la fin, ne sait bien ce qu'il faut penser de la théorie religieuse dans son ensemble.

Le présent ouvrage se compose de quatre parties, dans lesquelles, à l'effet de mettre en lumière le rapport de la religion avec la nature humaine affectée de bonnes et de mauvaises dispositions, je représente la relation des bons et des mauvais principes comme celle de deux causes efficientes qui agissent sur l'homme et subsistent par elles-mêmes ; la première partie a déjà été publiée dans le numéro d'avril de la *Berlinische Monatschrift*, mais je ne pouvais pas me dispenser de la redonner dans ce livre, en vue de l'enchaînement précis des matières, car les trois autres qui la suivent n'en sont que le développement et le complément (1).

(1) Ici venait cette remarque dans la première édition : « Le lecteur voudra bien, dans les premières feuilles, excuser l'orthographe qui s'écarte de la mienne, en raison des différents copistes qu'il m'a fallu employer et du peu de temps que j'ai eu pour revoir les épreuves. » Cette remarque fut supprimée dans la réimpression de la préface, lors de la deuxième édition.

PRÉFACE DE LA DEUXIÈME ÉDITION (1794)

Cette édition ne contient aucun changement. On a seulement corrigé les fautes d'impression et remplacé quelques expressions par d'autres meilleures. Les additions qu'elle renferme sont marquées d'une croix (†) et placées au-dessous du texte.

Au sujet du titre de cet ouvrage (car on est allé jusqu'à se préoccuper de l'intention cachée sous ce titre), j'ajouterai cette remarque. La révélation peut au moins comprendre en soi la *religion de la raison* pure, mais cette religion ne peut pas réciproquement contenir en soi l'élément historique de la révélation ; je pourrai donc considérer cette dernière comme une sphère de croyance plus *vaste* et la religion de la raison pure comme une sphère plus *restreinte* incluse dans l'autre (non point comme deux cercles extérieurs l'un à l'autre, mais bien comme deux cercles concentriques ; en tant que professeur de raison pure (*als reiner Vernunftlehrer*) (procédant par simples concepts *a priori*), le philosophe doit se tenir dans les limites de la dernière sphère et conséquemment y faire abstraction de toute expérience. Me plaçant à ce point de vue, je puis donc tenter un second essai, je veux dire partir d'une révélation admise et, faisant abstraction de la religion de la raison pure (en tant qu'elle constitue un système indépendant), considérer la révélation, en tant que système historique, d'une façon seulement fragmentaire, n'en retenir que les concepts moraux et voir si de cette manière je ne serai pas ramené au même *système rationnel pur* de religion, système qui, sans doute, au point de vue spéculatif (où doit rentrer aussi le point de vue techniquement pratique, celui de la méthode d'enseignement, qui est une *technologie*), ne pourrait pas être autonome, mais le serait au point de vue moralement pratique et suffirait pour la religion proprement dite, laquelle, en tant que concept rationnel *a priori* (qui demeure, une fois disparus tous les éléments empiriques), existe seulement à cette condition. Si l'essai tenté réussit, on aura le droit d'affirmer qu'il y a non seulement compatibilité, mais union entre la raison et l'Écriture, de sorte que l'homme qui suivra l'une (sous la direction des concepts moraux) devra se rencontrer immanquablement avec l'autre. Mais si le contraire se produisait, on aurait, dans une personne, ou deux religions, ce qui est absurde, ou une *religion* et un *culte*; et dans ce dernier cas, le culte n'étant pas (comme la religion) une fin en lui-même et n'ayant de valeur qu'à titre de moyen, il faudrait fréquemment les battre ensemble pour arriver à les voir s'unir quelques instants et se séparer tout de suite après, comme l'huile et l'eau, l'élément moral pur (la religion de la raison) continuant à surnager.

Le penseur qui s'occupe de philosophie religieuse trouve dans ses attributions le droit complet de faire cette union ou d'essayer de la réaliser, et ce n'est pas là un empiétement sur les droits exclusifs du théologien biblique : je l'ai fait remarquer dans la première préface. Depuis, j'ai trouvé la même assertion dans la *Morale* de feu MICHAELIS (1ʳᵉ partie, pp. 5-11), homme également versé dans les deux matières; et il ne l'a pas seulement émise, mais s'y est conformé dans tout son ouvrage, sans que la Faculté supérieure ait regardé cela comme préjudiciable à ses droits.

Quant aux jugements portés sur ce livre par des hommes honorables, connus et inconnus, je n'ai pas pu en tenir compte dans cette seconde édition, car (comme tout ce qui se publie à l'étranger) ils sont arrivés tard dans nos contrées. Je l'aurais cependant bien désiré, surtout en ce qui regarde les *Annotationes quædam theologicæ*, etc., du célèbre docteur STORR, de Tubingue, qui a mis à l'examen de mon ouvrage toute sa pénétration ordinaire en même temps qu'une application et une équité dignes des remerciements les plus grands. J'ai l'intention de lui rendre sa politesse, mais je n'ose pas me le promettre, en raison des difficultés que la vieillesse oppose surtout à l'élaboration des idées abstraites. — Il est une appréciation que je puis réfuter en aussi peu de mots que l'auteur en a employés pour la faire sur mon livre : c'est celle qui se trouve dans le n° 29 des *Neue kritischen Nachrichten* de Greifswald. D'après cet article, mon livre aurait simplement en vue de répondre à la question suivante, que je me serais posée à moi-même : « Comment le système ecclésiastique de la dogmatique est-il possible, dans ses concepts et dans ses propositions, selon la raison (spéculative et pratique) pure ? » Et il conclut : « Ce livre n'offre donc aucun intérêt pour ceux qui ne connaissent pas et ne comprennent pas le système de KANT, pas plus qu'ils ne désirent le connaître, et par suite il peut être considéré par eux comme non avenu. » — A cela je réponds : « Il n'est besoin, pour comprendre ce livre dans son contenu essentiel, que de la morale commune, et l'on n'a pas à s'embarquer dans la *Critique de la raison pratique*, pas plus que dans celle *de la raison pure;* si, par exemple, en tant qu'*adresse* à conformer ses actes au devoir (sous le rapport de sa légalité), la vertu y est dite *virtus phænomenon*, alors qu'envisagée comme *intention* constante d'accomplir par *devoir* des actions de ce genre (sous le rapport de sa moralité), elle y est nommée *virtus noumenon*, il n'y a en cela que les termes qui soient d'école, mais la chose elle-même, bien qu'exprimée par des mots différents, se trouve contenue dans les instructions qu'on fait aux enfants et dans les sermons les plus populaires, et elle est aisément intelligible. Je voudrais bien qu'on pût en dire autant des mystères qui font partie de la doctrine religieuse et qui ont pour objet la nature divine, mystères que l'on a introduits dans les catéchismes, comme s'ils étaient tout à fait populaires, et que l'on devra transformer plus tard en concepts moraux pour qu'ils puissent enfin être intelligibles pour tous les hommes.

Königsberg, le 26 janvier 1794.

LA RELIGION DANS LES LIMITES DE LA RAISON

PREMIÈRE PARTIE

DE LA COEXISTENCE DU MAUVAIS PRINCIPE AVEC LE BON, OU DU MAL RADICAL DANS LA NATURE HUMAINE

Le monde va de mal en pire : telle est la plainte qui s'élève de toute part, aussi vieille que l'histoire, aussi vieille même que la poésie antérieure à l'histoire, aussi vieille enfin que la plus vieille de toutes les légendes poétiques, la religion des prêtres. Toutes ces légendes pourtant font commencer le monde par le bien : elles parlent d'un âge d'or, de la vie dans le paradis, ou d'une vie encore plus heureuse dans la société des êtres célestes. Mais ce bonheur, elles le font bientôt évanouir comme un songe et ont hâte de nous dépeindre la chute dans le mal (le mal moral, avec lequel marche toujours de pair le mal physique) où le monde s'enfonce, à notre grand dépit, d'un mouvement accéléré (1); si bien que maintenant (et c'est un *maintenant* aussi vieux que l'histoire) nous vivons dans les temps suprêmes, le dernier jour et la fin du monde sont à nos

---

(1)   Ætas parentum, pejor avis, tulit
        Nos nequiores, mox daturos
        Progeniem vitiosiorem.   (HORACE.)

portes, et, dans certaines contrées de l'Hindoustan, le Dieu qui doit juger et détruire le monde, Ruttren (appelé encore Siba ou Siwen), est déjà adoré comme le Dieu qui est maintenant le plus fort, depuis que Wischnou, le conservateur du monde, fatigué de la charge que lui avait donnée Brahma, le créateur du monde, s'en est démis, il y a déjà plusieurs siècles.

A cette idée s'oppose une opinion plus moderne, opinion héroïque qui est beaucoup moins répandue et n'a trouvé crédit qu'auprès des philosophes et, de nos jours surtout, auprès des pédagogues : c'est l'idée que le monde marche précisément en sens inverse et qu'il va constamment du pire au mieux (bien que d'un pas à peine perceptible), ou qu'il se trouve au moins dans la nature humaine une prédisposition à un tel progrès. Or, cette opinion, on peut être sûr que ses partisans ne l'ont point tirée de l'expérience, s'ils veulent qu'on l'entende (non de la civilisation) mais du bien et du mal moral; car l'histoire de tous les temps lui donne de trop éclatants démentis; elle n'est vraisemblablement qu'une hypothèse généreuse de la part des moralistes, depuis Sénèque jusqu'à Rousseau, ayant pour but de nous encourager à cultiver avec persévérance le germe de bien qui peut être en nous, si l'on peut compter seulement qu'il se trouve dans l'homme un fonds naturel pour cette culture. Ajoutez à cela que, puisqu'il faut admettre que l'homme, par nature (c'est-à-dire tel qu'il naît ordinairement), est sain de corps, aucune raison ne s'oppose à ce que l'on admette aussi qu'il est également, par nature, doté d'une âme saine et bonne. La nature elle-même doit par conséquent nous aider à développer cette prédisposition morale que nous avons au bien. *Sanabilibus ægrotamus malis, nosque in rectum genitos, natura, si sanari velimus, adjuvat* : dit Sénèque.

Mais il se pourrait bien que l'on se fût trompé dans ces deux opinions soi-disant basées sur l'expérience; et alors se pose cette question : n'y a-t-il pas au moins un moyen terme ? N'est-il pas possible que l'homme, considéré dans son espèce, ne soit ni bon, ni mauvais ? en tout cas, ne peut-il pas être et bon et mauvais tout ensemble, bon sous un aspect, mauvais sous un autre ? — Pour dire d'un homme qu'il est mauvais, ce n'est pas assez qu'il commette des actes qui le sont (des actes contraires à la loi), il faut encore que ces actes présentent un tel caractère que l'on puisse conclure d'eux à des maximes mauvaises en lui. Or on peut, il est vrai, constater, par l'expérience, des actes contraires à la loi, constater aussi (du moins en soi-même) qu'ils sont consciemment contraires à la loi ; mais les maximes ne sont pas accessibles à l'observation, pas même à l'observation intérieure, et par suite on ne peut jamais sûrement fonder sur l'expérience ce jugement que l'auteur de ces actes est un homme mauvais. Pour dire d'un homme qu'il est mauvais, il faudrait que l'on pût conclure *à priori* de quelques actions mauvaises, et même d'une seule, consciemment commises, à une maxime mauvaise qui en serait le fondement, et, de cette maxime, à un principe général de toutes les maximes particulières moralement mauvaises, principe qui aurait sa demeure dans le sujet et serait à son tour lui-même une maxime.

Mais le terme *nature* pourrait être, dès le début, une pierre d'achoppement, car, entendu (dans le sens qu'il a d'ordinaire) comme désignant le contraire du principe des actes ayant la *liberté* pour origine, il serait en contradiction formelle avec les prédicats de *moralement* bon ou de *moralement* mauvais ; pour éviter cela, il faut donc remarquer qu'ici, par ces mots « nature de l'homme », on doit entendre uniquement, d'une manière générale, le principe subjectif de l'usage humain de la liberté (sous des lois morales objectives), principe qui est antérieur à tout fait tombant sous les sens ; peu importe d'ailleurs la demeure de ce principe. Mais, en revanche, il faut toujours que ce principe subjectif soit un acte de liberté (car autrement on ne pourrait pas le rendre responsable de l'usage ou de l'abus que fait l'homme du libre arbitre par rapport à la loi morale, ni appeler moral le bien — ou le mal — contenu en lui. Par conséquent, le principe du mal ne peut pas se trouver dans un objet déterminant le libre arbitre par inclination, ni dans un instinct naturel, mais seulement dans une règle que le libre arbitre se fait à lui-même pour l'usage de sa liberté, c'est-à-dire dans une maxime. Il faut s'arrêter à cette maxime sans vouloir encore se demander quel principe subjectif pousse l'homme à accepter plutôt l'une que l'autre des deux maximes opposées. Car si ce principe, en définitive, se trouvait ne plus être lui-même une maxime, mais un simple instinct naturel, l'usage de la liberté pourrait entièrement se ramener à une détermination par des causes physiques : ce qui implique une contradiction. Aussi, quand nous disons de l'homme qu'il est naturellement bon ou qu'il est mauvais par nature, voulons-nous simplement signifier par là qu'il renferme un principe (1) absolument premier (et qui nous est impénétrable), en vertu duquel il adopte de bonnes maximes ou de mauvaises (qui sont opposées à la loi); et cela doit s'entendre de l'homme pris universellement qui exprime ainsi, grâce à ces maximes, avec son caractère, celui de toute son espèce.

Nous dirons donc de chacun de ces caractères (qui sont

---

(1) Que le principe subjectif premier de l'acceptation des maximes morales soit impénétrable, c'est une chose dont il est aisé de se rendre compte. En effet, puisque cette acceptation est libre, le principe (en vertu duquel, par exemple, j'ai adopté plutôt une mauvaise qu'une bonne maxime) ne doit pas en être cherché dans un mobile naturel, mais toujours encore dans une maxime; et comme il faut que celle-ci ait également son principe et que l'on ne peut ni ne doit, hormis la maxime, mettre en avant un principe de détermination du libre arbitre, on se verra contraint d'aller toujours plus loin et de remonter jusqu'à l'infini dans la série des principes subjectifs de détermination, sans pouvoir arriver au principe premier.

les marques distinctives des humains par rapport à
d'autres êtres raisonnables possibles) qu'il nous est *inné*,
mais toujours en reconnaissant humblement que (si l'homme
est mauvais, tout comme s'il est bon) la nature ne doit
ni en porter la faute, ni en recueillir le mérite, et que le
caractère est l'œuvre propre de chacun. Or le principe
ultime de l'adoption de nos maximes, devant lui-même avoir,
en fin de compte, le libre arbitre pour demeure, ne saurait
être un fait qui puisse être donné dans l'expérience ; et par
conséquent le bien ou le mal dans l'homme (à titre de principes subjectifs premiers de l'adoption de telle ou de telle
maxime par rapport à la loi morale) sont dits innés simplement en *ce* sens qu'ils sont foncièrement posés dans
l'homme antérieurement à tout usage de la liberté dans le
champ de l'expérience (en remontant aux toutes premières
années et même jusqu'à la naissance) et qu'on les représente ainsi comme étant dans l'homme dès sa naissance,
sans que pour cela la naissance en soit la cause.

Remarque.

Le conflit des deux hypothèses sus-énoncées repose sur
la proposition disjonctive suivante : *l'homme est* (de sa
nature) *ou moralement bon ou moralement mauvais*. Mais
l'idée vient naturellement à chacun de demander si cette
disjonction est bien exacte, et si l'on ne peut pas soutenir
une de ces deux autres thèses : ou que l'homme, de sa
nature, n'est ni bon ni mauvais, ou qu'il est bon et mauvais tout ensemble, c'est-à-dire bon par certains côtés,
mauvais par d'autres. L'expérience semble même confirmer ce moyen terme entre les deux extrêmes.

Or, il se trouve que la théorie des mœurs, d'une manière
générale, a tout intérêt à n'admettre, tant que cela lui est
possible, aucun milieu dans les choses morales, qu'il s'agisse
des actes (*adiaphora*) ou des caractères humains ; parce

que, avec une telle équivoque, toutes les maximes courent le risque de perdre toute précision et toute fixité. On nomme communément ceux qui sont attachés à cette sévère façon de voir (d'un nom qui est censé contenir un blâme, mais qui en réalité est un éloge) des *Rigoristes ;* et l'on peut nommer *Latitudinaires* ceux qui en sont les antipodes. Il y a deux espèces de latitudinaires, que l'on peut nommer *Indifférentistes*, s'ils admettent que l'homme n'est ni bon ni mauvais (*Latitudinarier der Neutralität*), ou *Syncrétistes*, s'ils admettent qu'il est à la fois bon et mauvais (*Latitudinarier der Coalition*) (1).

La réponse qu'on donne à la question posée, suivant la méthode de solution qui est celle des rigoristes (2) se base

---

(1) Si le bien est $= a$, son opposé contradictoire est le non-bien. Or le non-bien est la conséquence ou d'une simple privation d'un principe du bien $= 0$, ou d'un principe positif de ce qui est le contraire du bien $= -a$; dans ce dernier cas, le non-bien peut aussi être appelé le mal positif. (Dans la question du plaisir et de la douleur, on trouve un milieu de ce genre : le plaisir est $= a$; la douleur est $= b$ et l'état où ne se rencontrent ni l'un ni l'autre, l'indifférence, est $= 0$). Si la loi morale n'était pas en nous un mobile du libre arbitre, le bien moral (l'accord du libre arbitre avec la loi) serait $= a$, le non-bien $= 0$, et ce dernier serait la simple conséquence de la privation d'un mobile moral $= a \times 0$. Or il y a en nous un mobile $= a$; donc le manque d'accord du libre arbitre avec ce mobile (manque qui $= 0$) n'est possible qu'en qualité de conséquence d'une détermination effectivement contraire du libre arbitre, c'est-à-dire d'une *résistance effective* de cet arbitre, résistance $= -a$, et ne peut donc avoir pour cause qu'un mauvais libre arbitre ; entre une bonne et une mauvaise intention (principe intérieur des maximes), de laquelle il faut que dépende d'ailleurs la moralité de l'action, il n'y a donc pas de milieu.

[Une action moralement indifférente (*adiaphoron morale*) serait une action résultant simplement de lois physiques ; et cette action, par suite, n'a aucun rapport avec la morale, étant donné qu'elle n'est point un fait (*ein Factum*) et qu'il ne saurait être ni possible ni nécessaire qu'elle soit l'objet d'un *commandement*, d'une *défense* ou d'une *permission* (d'une *autorisation* légale)].

(2) [M. le professeur SCHILLER, dans sa magistrale dissertation (*Thalia*, 1793, 3ᵉ partie) sur la *grâce* et la *dignité* en morale, désapprouve cette façon de se représenter l'obligation, estimant qu'elle implique un tempérament de chartreux ; mais je peux bien, étant d'accord avec cet écrivain sur les plus importants principes, être encore sur ce point de son avis, à la condition seulement de nous bien expliquer l'un l'autre. J'avouerai volontiers qu'il ne m'est pas possible de don-

sur l'observation, importante pour la morale, que le libre arbitre est doué d'une liberté d'un caractère tout à fait particulier, laquelle ne peut être déterminée à un acte par un mobile *qu'autant que l'homme a fait de ce mobile sa maxime* (l'a pris pour règle générale suivant laquelle il veut se comporter); c'est ainsi seulement qu'un mobile quelconque peut subsister conjointement avec l'absolue spontanéité du libre arbitre (avec la liberté). Mais la loi

ner la *grâce* comme compagne au *concept du devoir*, précisément à cause de sa dignité. Ce concept renferme en effet une contrainte inconditionnée avec laquelle la grâce est absolument en contradiction. La majesté de la loi (analogue à celle du Sinaï = *gleich dem auf Sinaï*) inspire un profond respect (au lieu d'être accompagnée d'une crainte qui repousse ou d'une séduction qui invite à la familiarité confiante); et ce respect éveille la *considération* que le serviteur témoigne à son maître, et, dans le cas présent, comme ce maître est en nous-même, il suscite le *sentiment de la sublimité* de notre propre destinée, lequel nous ravit plus que toute beauté. — Mais la *vertu*, c'est-à-dire l'intention fermement arrêtée de remplir fidèlement son devoir, est *bienfaisante* dans ses conséquences, plus que ne sauraient l'être toutes les productions de la nature ou de l'art dans le monde ; et le portrait superbe de l'humanité représentée sous la forme de la vertu s'accommode fort bien de l'accompagnement des *grâces*, qui, tant qu'il n'est question que du devoir, se tiennent à une distance respectueuse. Si l'on porte les yeux sur les conséquences heureuses que la vertu, si elle avait accès partout, répandrait dans le monde, alors la raison moralement dirigée, entraîne (par la force de l'imagination) la sensibilité dans son jeu. C'est seulement après avoir dompté les monstres qu'Hercule devient *Musagète*, car les Muses, ces bonnes sœurs, reculent d'effroi devant ce labeur. Ces compagnes de Vénus-Uranie sont des sœurs courtisanes, qui font cortège à Vénus-Diane dès qu'elles veulent s'immiscer dans les affaires qui ont trait à la détermination du devoir et en indiquer les mobiles. Si maintenant on nous demande quel est le caractère *esthétique*, pour ainsi dire le *tempérament de la vertu*, s'il est courageux et par suite *gai*, ou timidement affaissé et morne, à peine est-il besoin d'une réponse. La dernière manière d'être est celle d'une âme d'esclave et ne peut jamais exister sans une *haine* cachée de la loi, tandis que la gaîté du cœur dans l'*accomplissement* de son devoir (et non pas l'aise qu'on éprouve à le *reconnaître*) est un indice de la pureté de l'intention vertueuse, même dans la *piété*, qui ne consiste pas dans les mortifications que s'impose un pécheur repentant (mortifications très équivoques et qui ne sont communément qu'un reproche intérieur d'avoir manqué aux règles de prudence), mais bien dans le ferme propos de faire mieux à l'avenir, qui, stimulé par le succès, doit provoquer une humeur joyeuse de l'âme, sans quoi l'on n'est jamais certain d'avoir *pris goût* au bien, c'est-à-dire de l'avoir pris comme maxime.]

morale est par elle-même un mobile, au jugement de la raison ; et la prendre pour maxime, c'est être bon *moralement*. Or lorsque, à l'égard d'une action qui est du ressort de la loi, le libre arbitre d'un agent n'est pourtant déterminé par elle, il faut que ce libre arbitre subisse l'influence d'un mobile opposé à la loi ; et comme, d'après l'hypothèse, cela ne peut être possible qu'à la condition pour l'homme d'admettre ce mobile dans sa maxime (et conséquemment de prendre pour règle d'aller contre la loi morale), ce qui fait de lui un homme mauvais, l'intention de l'agent par rapport à la loi morale n'est donc jamais indifférente (et ne peut jamais être ni bonne ni mauvaise).

D'autre part, l'homme ne peut pas être non plus moralement bon sous certains rapports et à la fois mauvais sous d'autres. Car s'il est bon sous un rapport, c'est qu'il a pris la loi morale pour maxime ; s'il devait donc en même temps être mauvais sous un autre rapport, comme la loi morale portant sur le devoir qu'il faut accomplir en entier (*überhaupt*) est unique et universelle, la maxime basée sur elle serait tout à la fois maxime universelle et maxime particulière : ce qui est contradictoire (1).

Dire de l'une ou de l'autre intention qu'elle est une ma-

---

(1) Les moralistes anciens, qui ont à peu près épuisé tout ce qui peut être dit sur la vertu, n'ont pas laissé de toucher aussi aux deux précédentes questions. Ils formulaient la première en ces termes : Est-ce que la vertu peut être enseignée (l'homme, par suite, est-il indifférent entre la vertu et le vice par sa nature ?) La seconde était celle-ci : Est-ce qu'il y a plus d'une vertu (et se peut-il en quelque sorte que l'homme soit ainsi bon sous certains rapports et vicieux sous d'autres) ? A chacune de ces questions ils répondirent négativement, avec une netteté toute rigoriste, et fort justement, parce que ce qu'ils considéraient c'était la vertu *en soi* dans l'idée de la raison (l'homme tel qu'il doit être). Mais si l'on veut juger moralement, *dans le monde des phénomènes*, l'être moral qu'est l'homme, tel que l'expérience nous le donne à connaître, à chacune des deux questions on peut répondre affirmativement ; parce que l'homme alors n'est pas jugé sur la balance de la raison pure (devant un tribunal divin), mais d'après une mesure empirique (par un juge humain). Nous aurons à parler de cela dans la suite.

nière d'être innée que l'homme tient de sa nature, ce n'est pas non plus ici dire qu'elle n'est pas acquise par l'homme en qui elle réside, car l'homme alors n'en serait pas l'auteur, mais seulement qu'elle n'est pas acquise dans le temps (que l'homme *est pour toujours* tel ou tel *depuis sa jeunesse*). L'intention, entendez par là le principe subjectif ultime de l'acceptation des maximes, ne peut être qu'unique en nous et porte universellement sur l'usage entier de la liberté. Mais il faut qu'elle ait elle-même été acceptée par le libre arbitre, car autrement elle ne pourrait pas être imputée. Pour ce qui est de cette acceptation, nous ne pouvons plus en connaître le principe subjectif ou la cause (bien que nous soyons fatalement portés à cette recherche; car dans le cas contraire, il nous faudrait toujours alléguer une autre maxime où serait admise cette intention et cette maxime à son tour devrait, elle aussi, avoir un principe). Or, ne trouvant point dans le temps d'acte premier du libre arbitre d'où nous puissions déduire cette intention, ou plutôt son principe, nous la nommons une manière d'être du libre arbitre, et (quoique, dans le fait, elle soit fondée dans la liberté) nous la disons venir de la nature. Quand nous disons que l'homme est, de sa nature, bon ou mauvais, nous n'avons pas en vue tel individu pris à part (car alors on pourrait admettre que l'un est bon et l'autre mauvais par nature), mais bien toute l'espèce humaine. Que nous ayons le droit d'entendre ainsi ce mot, c'est ce qui sera prouvé dans la suite, s'il ressort de l'étude anthropologique que les motifs qui nous autorisent à attribuer à un homme, comme inné, l'un des deux caractères, sont de telle nature qu'il n'y a aucune raison d'en excepter un seul individu et que, par conséquent, ce qui est dit de l'homme s'applique à son espèce.

I. DE LA DISPOSITION ORIGINAIRE AU BIEN DANS LA NATURE HUMAINE.

Relativement à sa fin, nous l'envisageons, comme il est juste, dans trois classes, éléments de la destinée de l'homme :

1. La disposition de l'homme à l'*animalité* en tant qu'être *vivant;*

2. Sa disposition à l'*humanité*, en tant qu'être vivant et tout ensemble *raisonnable;*

3. Sa disposition à la *personnalité*, en tant qu'être raisonnable et *susceptible* en même temps d'*imputation* (1).

1. La disposition à l'*animalité* dans l'homme peut être rangée sous le titre général de l'amour de soi *physique* et *simplement mécanique*, c'est-à-dire tel qu'il n'implique pas de la raison. Elle comporte trois espèces qui nous portent, *premièrement*, à notre conservation personnelle;

(1) On ne peut pas regarder la personnalité comme déjà contenue dans le concept de l'humanité ; il faut au contraire l'envisager comme une disposition particulière. En effet, de ce qu'un être est doué de raison, il ne s'ensuit pas que cette raison contienne un pouvoir de déterminer inconditionnellement le libre arbitre par la simple représentation de la qualification, inhérente à ses maximes, d'être une législation universelle, ni par conséquent que cette raison soit pratique par elle-même : autant du moins que nous puissions le voir. L'être le plus raisonnable du monde pourrait toujours avoir besoin, malgré tout, de certains mobiles tirés des objets de l'inclination pour déterminer son libre arbitre ; il pourrait consacrer autant de raison qu'on voudra (*die vernünftigste Ueberlegung...anwenden*) à réfléchir aussi bien sur ce qui regarde la très grande somme des mobiles que sur les moyens d'atteindre la fin déterminée par ces mobiles, sans même pressentir la possibilité de quelque chose comme la loi morale, loi qui commande absolument et qui se proclame elle-même et, à la vérité, en tant que mobile suprême. Si cette loi ne se trouvait pas donnée en nous, nulle raison ne serait assez fine pour nous la faire découvrir en cette qualité ou pour décider le libre arbitre à l'adopter ; et pourtant cette loi est la seule qui nous donne la conscience de l'indépendance où est notre libre arbitre relativement à la détermination par tous les autres mobiles (la conscience de notre liberté) en même temps que celle de l'imputabilité de tous nos actes.

deuxièmement, à la propagation de notre espèce, par l'instinct sexuel, et à la conservation de ce que procrée le rapprochement des sexes ; *troisièmement*, à l'entretien de relations avec les autres hommes, ce qui est l'instinct social.
— Sur cette disposition peuvent être greffés des vices de tout genre (mais ils n'en proviennent pas comme d'une racine dont ils seraient les rejetons). On peut les appeler des vices de la *grossièreté* de la nature, et, quand ils s'écartent au plus haut point de la fin naturelle, on leur donne le nom de *vices bestiaux*; ce sont : l'*intempérance*, la *luxure*, le *mépris sauvage des lois* (dans les relations avec les autres hommes).

2. Les dispositions à l'*humanité* peuvent être rangées sous le titre général de l'amour de soi physique, il est vrai, mais pourtant *comparé* (ce qui requiert de la raison); puisque c'est seulement comparativement à d'autres que l'on se juge heureux ou malheureux. De cet amour de soi dérive le penchant de l'homme à *se ménager une valeur dans l'opinion d'autrui;* originairement, sans doute, l'homme veut simplement l'*égalité*, satisfait de ne concéder à personne la suprématie sur lui-même, mais constamment préoccupé que les autres puissent y tendre ; et cette crainte peu à peu donne naissance à l'injuste désir d'acquérir la suprématie sur les autres. Sur ce penchant, je veux dire sur la *jalousie* et sur la *rivalité*, peuvent être greffés les vices les plus grands, des inimitiés secrètes et publiques contre tous ceux que nous considérons comme nous étant étrangers ; pourtant, à proprement parler, la jalousie et la rivalité ne proviennent pas de la nature comme d'une racine dont elles seraient les rejetons, mais, en raison de la crainte où nous sommes que d'autres acquièrent sur nous une supériorité que nous haïssons, elles sont des penchants qui, pour notre sécurité, nous portent à nous ménager, comme moyen de précaution, cette prépondérance sur autrui ; alors que la nature voulait seulement employer comme

mobile ayant la civilisation pour fin l'idée d'une pareille émulation (laquelle n'exclut point l'amour réciproque des hommes). Les vices qui se greffent sur ce penchant peuvent conséquemment être appelés des vices de la *civilisation*, et quand ils atteignent le degré de méchanceté le plus élevé (n'étant alors simplement que l'idée d'un maximum du mal, chose qui dépasse l'humanité), comme c'est le cas, par exemple, dans l'*envie*, dans l'*ingratitude*, dans la *joie des maux d'autrui*, etc., ils reçoivent le nom de *vices sataniques*.

3. La disposition à la *personnalité* est la capacité d'éprouver pour la loi morale un respect *qui soit un mobile suffisant par lui-même du libre arbitre*. Cette capacité d'éprouver simplement du respect (*Empfänglichkeit der blossen Achtung*) pour la loi morale en nous, serait le sentiment moral qui, par lui-même, ne constitue pas une fin de la disposition de la nature, mais qui a besoin, pour le devenir, d'être un mobile du libre arbitre. Or, la seule chose qui puisse lui donner cette qualité, c'est qu'il soit accepté par le libre arbitre dans sa maxime; et l'essence du libre arbitre qui prend pour mobile ce sentiment, est d'avoir la bonté pour caractère; ce caractère bon, comme en général tous les caractères du libre arbitre, est une chose qui peut seulement être acquise, mais qui a besoin pour être possible de trouver dans notre nature une disposition sur laquelle ne peut être greffé absolument rien de mauvais. Sans doute, l'idée de la loi morale, en y comprenant le respect qu'on ne saurait en séparer, ne peut pas justement être appelée une *disposition* à la *personnalité*; elle est la personnalité même (l'idée de l'humanité considérée d'une manière tout à fait intellectuelle). Mais, dans le fait que nous acceptons ce respect pour mobile dans nos maximes, intervient le principe subjectif, qui paraît être une addition faite à la personnalité et mériter conséquemment le nom d'une disposition sur laquelle s'appuie la personnalité.

Si nous considérons ces trois dispositions sous le rapport des conditions de leur possibilité, nous trouvons que la *première* n'a aucune raison pour base, que la *deuxième* est sans doute un produit de la raison pratique, mais d'une raison mise au service d'autres mobiles, tandis que la *troisième* seule a pour racine la raison pratique par elle-même, c'est-à-dire édictant des lois inconditionnellement. Toutes ces dispositions dans l'homme ne sont pas seulement (négativement) *bonnes* (en ce sens qu'elles ne sont pas en opposition avec la loi morale), mais elles sont même encore des dispositions *au bien* (en ce sens qu'elles encouragent à l'accomplir). Elles sont *originelles*, car elles tiennent à la possibilité de la nature humaine. L'homme peut détourner les deux premières de leurs fins et en faire un mauvais usage, mais il ne saurait en détruire aucune. Par les dispositions d'un être nous entendons non seulement les parties essentielles qui doivent le constituer, mais encore les formes suivant lesquelles l'union de ces parties s'opère, pour que l'être en question existe. Ces dispositions sont *originelles*, si elles sont nécessairement impliquées dans la possibilité de cet être; et *contingentes* si, même sans elles, l'être était possible en soi. Il faut encore remarquer qu'il n'est question d'aucune autre disposition que de celles qui se rapportent immédiatement à l'appétition (*Begehrungsvermögen*) et à l'usage du libre arbitre.

II. — Du penchant au mal dans la nature humaine.

Par penchant (*propensio*) j'entends le principe subjectif de la possibilité d'une inclination (d'un désir habituel [*concupiscentia*]), en tant que cette inclination est contingente pour l'humanité en général (1). Le penchant se dis-

(1) [A proprement parler, un *penchant* n'est que la *prédisposition* à convoiter une jouissance, et il engendre l'*inclination*, quand le sujet a fait l'expérience de la jouissance en question. Ainsi tous les hommes

tingue d'une disposition foncière (*Anlage*) en ce que, s'il peut être inné, il ne *doit* pas pourtant être représenté comme tel ; il peut au contraire être conçu (s'il est bon) comme *acquis*, ou (s'il est mauvais) comme *contracté* par l'homme lui-même. — Mais il n'est question ici que du penchant à ce qui est le mal à proprement parler, c'est-à-dire le mal moral ; lequel n'étant possible qu'en qualité de détermination du libre arbitre, et ce libre arbitre ne pouvant être jugé bon ou mauvais que d'après ses maximes, doit consister dans le principe subjectif où se fonde la possibilité d'avoir des maximes opposées à la loi morale, et, si l'on a le droit d'admettre ce penchant comme inhérent universellement à l'homme (par conséquent au caractère de l'espèce), pourra être appelé un penchant *naturel* de l'homme au mal. — On peut encore ajouter que la capacité du libre arbitre à adopter la loi morale pour maxime, ou son incapacité à l'admettre ainsi, ayant toutes les deux pour cause un penchant naturel, sont appelées le *bon cœur* ou le *mauvais cœur*.

On peut, dans le penchant au mal, distinguer trois degrés : c'est, *en premier lieu*, la faiblesse du cœur humain impuissant à mettre en pratique les maximes adoptées, d'une manière générale, ou la *fragilité* de la nature humaine ; c'est, *en second lieu*, le penchant à mêler des mo-

grossiers ont un penchant pour les choses enivrantes ; car, bien que beaucoup d'entre eux ne connaissent pas l'ivresse et que par conséquent ils n'aient aucun désir des substances qui la produisent, il suffit de leur faire goûter une seule fois à ces choses pour faire naître en eux un désir d'en user que l'on peut dire inextinguible. Entre le penchant et l'inclination, qui suppose connaissance faite avec l'objet de la convoitise, il y encore l'*instinct*, qui est le besoin qu'on éprouve de faire quelque chose ou de jouir de quelque chose dont on n'a pas encore de concept (tels l'instinct industrieux chez les animaux, ou l'instinct sexuel). Après l'inclination vient encore un dernier degré du pouvoir d'appétition, la *passion* (*Leidenschaft*), et non l'*affection* (der *Affekt*), car cette dernière appartient au sentiment de plaisir et de peine, laquelle est une inclination qui exclut tout empire sur soi-même.]

biles immoraux aux mobiles moraux (même quand ce serait dans une bonne intention et en vertu de maximes du bien), c'est-à-dire l'*impureté* du cœur humain ou de la nature humaine; c'est, *enfin*, le penchant à l'adoption de maximes mauvaises, c'est-à-dire la *méchanceté* de la nature humaine ou du cœur humain.

En premier lieu, la *fragilité* (*fragilitas*) de la nature humaine est même exprimée dans la plainte d'un Apôtre : « J'ai bien la volonté, mais l'exécution fait défaut » ; ce qui revient à dire : Je prends le bien (la loi) pour maxime de mon libre arbitre, mais ce bien qui est objectivement, dans l'idée (*in thesi*), un mobile invincible, est, subjectivement (*in hypothesi*), quand il faut suivre la maxime, dans la pratique, le plus faible mobile (comparé à l'inclination).

En second lieu, l'*impureté* (*impuritas, improbitas*) du cœur humain consiste en ce que la maxime, tout en étant bonne quant à l'objet (quant à l'intention que l'on a de mettre la loi en pratique), et peut-être même assez puissante pour qu'on passe à l'acte, n'est pas cependant moralement pure, c'est-à-dire n'a pas, comme ce devrait être, admis en elle la loi morale *seule* comme mobile *suffisant*, mais a encore besoin le plus souvent (peut-être toujours) que d'autres mobiles se joignent à celui-ci pour déterminer le libre arbitre à ce qu'exige le devoir. Autrement dit, l'impureté consiste en ce que des actions conformes au devoir ne sont pas accomplies purement par devoir.

Enfin, la méchanceté (*vitiositas, pravitas*) ou, si l'on aime mieux, la *corruption* (*corruptio*) du cœur humain est le penchant du libre arbitre à des maximes qui subordonnent les mobiles tirés de la loi morale à d'autres mobiles (qui ne sont pas moraux). Elle peut encore s'appeler la *perversité* (*perversitas*) du cœur humain, parce qu'elle pervertit l'ordre moral relativement aux mobiles d'un *libre* arbitre, et si malgré cela des actions (légales), bonnes au regard de la loi (*gesetzlich gute*), peuvent toujours être faisables, il n'en est pas moins vrai que la manière de penser est ainsi corrompue dans sa racine (pour ce qui est de l'intention morale) et que l'homme est par là marqué comme méchant.

Notez que le penchant au mal (en ce qui regarde les actes) est ici présenté comme inhérent à l'homme, même au meilleur d'entre les hommes, et que cela est nécessaire pour qu'on puisse prouver l'universalité du penchant au mal chez les hommes, ou démontrer, ce qui revient au même, qu'il est intimement lié à la nature humaine.

Entre un homme de bonnes mœurs (*bene moratus*) et un homme moralement bon (*moraliter bonus*), pour ce qui est de l'accord des actes avec la loi il n'y a pas de différence (il ne doit pas du moins y en avoir) ; seulement ces actes chez l'un ont rarement la loi, si même ils l'ont jamais, pour mobile unique et suprême, tandis qu'ils l'ont toujours chez l'autre. On peut dire du premier qu'il observe la loi quant à la lettre (c'est-à-dire pour ce qui est de l'acte que cette loi commande), et du second qu'il l'observe quant à l'esprit (et l'esprit de la loi morale veut que cette loi seule soit un mobile suffisant). *Tout ce qui ne vient pas de cette loi est péché* (sous le rapport de la manière de penser). Car si, pour déterminer le libre arbitre à des actions *conformes à la loi*, d'autres mobiles que la loi même sont requis (par exemple, le désir de l'honneur, l'amour de soi en général, ou même un instinct de bonté, du genre de la compassion), c'est simplement d'une manière contingente qu'ils s'accordent avec la loi, car ils pourraient tout aussi bien pousser l'homme à la transgresser. La maxime, dont la bonté doit servir à apprécier toute la valeur morale de la personne, n'en est pas moins opposée à la loi et, malgré des actions qui seraient toutes bonnes (*bei lauter guten Handlungen*), l'homme cependant est mauvais.

L'explication suivante est encore nécessaire pour déterminer le concept du penchant au mal. Tout penchant est physique ou moral ; il est physique s'il appartient au libre arbitre de l'homme en tant qu'être de la nature ; il est moral s'il appartient au libre arbitre de l'homme en tant qu'être moral. — Il n'existe point de penchant physique au mal moral ; car il faut que le mal moral provienne de la liberté ; et un penchant physique (qui est fondé sur une impulsion sensible) à faire de la liberté un usage quelconque, soit pour le bien, soit pour le mal, est une contradiction. Un penchant au mal ne peut donc affecter que le pouvoir moral du libre arbitre (*dem moralischen Vermögen der Willkühr ankleben*). Or il n'y a de mal moral (c'est-à-dire de mal susceptible d'imputation) que celui qui est notre propre *fait*. On entend au contraire par le concept d'un penchant un principe subjectif de détermination du libre arbitre, et ce principe, étant *antérieur à tout fait*, n'est donc pas encore lui-même un fait. Il y aurait par conséquent une contradiction dans le concept d'un simple penchant au mal, si le mot *fait* n'était pas susceptible d'être en quelque façon pris dans deux sens différents, mais qui tous les deux cependant peuvent être conciliés avec le concept de la liberté. Or le mot *fait* en général peut tout aussi bien s'appliquer à cet usage de la liberté d'où résulte l'adoption dans le libre arbitre de la maxime souveraine (conforme au contraire à la loi) qu'à cet autre usage d'où sortent les actions elles-mêmes (considérées dans ce qui en est la matière, c'est-à-dire sous le rapport d'objets du libre arbitre [*die Objecte der Willkühr betreffend*]) exécutées conformément à la maxime admise. Le penchant au mal est un fait, dans le premier sens donné à ce mot (*peccatum originarium*), et c'est en même temps le principe formel de tout fait, entendu dans le second sens, qui est opposé à la loi, avec laquelle il est en contradiction sous le rapport de la matière, ce qui le fait appeler vice (*peccatum derivativum*) ; et, de ces péchés, le premier demeure, alors même que le second (provenant de mobiles qui ne consistent pas dans la loi même) pourrait être évité de plusieurs manières. Le premier est un fait intelligible, qui n'est connaissable que par la raison, sans aucune condition de temps ; le second est un fait sensible, empirique, donné dans le temps (*factum phænomenon*). C'est surtout par comparaison avec le second que le premier de ces péchés est appelé simple penchant ; et il est dit inné parce qu'il ne peut pas être extirpé (car pour cela la maxime suprême devrait être celle du bien, tandis que, dans ce penchant même, a été adoptée la maxime mauvaise), et surtout parce que nous ne pouvons pas expliquer pourquoi le mal en nous a précisément corrompu la maxime suprême, bien que pourtant ce mal soit notre propre fait, pas plus que nous ne pouvons indiquer la cause d'une propriété fondamentale inhérente à notre nature. — Les explications qui précèdent font voir pour quel motif, au début du présent article, nous cherchions les trois sources du mal moral uniquement dans celui qui affecte, suivant des lois de liberté, le principe suprême qui nous fait adopter ou suivre nos maximes, et non dans celui qui affecte la sensibilité (en tant que réceptivité).

III. — L'HOMME EST MAUVAIS PAR NATURE.

Vitiis nemo sine nascitur.
(HORAT.)

Cette proposition : l'homme est *mauvais*, ne peut, d'après ce qui précède, vouloir dire autre chose que ceci : l'homme a conscience de la loi morale, et il a cependant adopté pour maxime de s'écarter (occasionnellement) de cette loi. Dire qu'il est mauvais *par nature*, c'est regarder ce qui vient d'être dit comme s'appliquant à toute l'espèce humaine : ce qui ne veut pas dire que la méchanceté soit une qualité qui puisse être déduite du concept de l'espèce humaine (du concept d'homme en général), car elle serait alors nécessaire, mais que, tel qu'on le connaît par l'expérience, l'homme ne peut pas être jugé différemment, ou qu'on peut supposer le penchant au mal chez tout homme, même chez le meilleur, comme subjectivement nécessaire. Or, comme ce penchant doit être lui-même considéré comme moralement mauvais et que, par suite, on doit y voir non pas une disposition physique, mais quelque chose qui puisse être imputé à l'homme ; comme il doit consister conséquemment dans des maximes du libre arbitre contraires à la loi, et que, d'autre part, ces maximes, en raison de la liberté, doivent être tenues pour contingentes en elles-mêmes — ce qui, de son côté, ne saurait s'accorder avec l'universalité de ce mal, à moins que le principe suprême subjectif de toutes les maximes ne soit, peu importe comment, étroitement uni avec l'humanité et comme enraciné dans elle — nous pourrons nommer ce penchant un penchant naturel au mal, et puisque il faut toujours pourtant que ce penchant lui-même soit coupable, nous pourrons l'appeler dans la nature humaine un *mal radical* et inné (dont nous sommes nous-mêmes la cause néanmoins).

Qu'il y ait, enraciné dans l'homme, un penchant dépravé de cette espèce, nous pouvons bien nous dispenser d'en faire la démonstration formelle, étant donnée la multitude d'exemples frappants que l'expérience étale devant nos yeux dans les *faits et gestes* des hommes. Veut-on emprunter ces exemples à l'état dans lequel plusieurs philosophes espéraient rencontrer par excellence la bonté naturelle de la nature humaine et qu'on a nommé l'*état de nature ?* Il suffit, en ce cas, de comparer avec l'hypothèse en question les scènes de froide cruauté qu'offrent les carnages de *Tofoa*, de la *Nouvelle-Zélande*, des *Iles des Navigateurs*, et aussi les massacres incessants qui se commettent dans les vastes déserts du nord-ouest de l'Amérique (comme ils sont rapportés par le capitaine Hearne), sans que nul homme en tire le plus mince avantage (1), pour se convaincre que dans l'état de nature règnent plus de vices de barbarie qu'il n'en faut pour détruire l'opinion de ces philosophes. Est-on au contraire d'avis que la nature humaine se fait mieux connaître dans l'état civilisé (où les dispositions de l'homme peuvent se développer plus complètement) ; il faudra, dans ce cas, prêter l'oreille à la longue et mélancolique litanie des plaintes de l'humanité, qui récrimine contre la secrète fausseté s'insinuant même dans l'amitié la plus intime, si bien que les meilleurs amis regardent la modération de la confiance dans leurs épanchements réciproques comme une maxime universelle de prudence dans les relations ; contre un penchant qui pousse l'obligé à ressentir à l'égard de son bienfaiteur une haine à laquelle ce dernier doit toujours s'attendre ; contre une bienveillance cordiale qui donne pourtant lieu à cette observation « qu'il y a dans le malheur de nos meilleurs amis quelque chose qui ne nous déplaît pas entièrement » ; et contre beaucoup d'autres vices qui se dissimulent encore sous l'apparence de la vertu, sans parler de ceux qui ne prennent pas de déguisement, parce que c'est déjà pour nous être un homme de bien que d'être *un mauvais homme*

---

(1) [Ainsi la guerre permanente entre les Indiens de l'Athabasca et ceux du grand lac des Esclaves a simplement pour fin le besoin de tuer. La valeur guerrière, à leur sens, est la vertu suprême des sauvages. Même chez les peuples civilisés, elle est un objet d'admiration et un motif du respect particulier qu'exige la profession dont elle est l'unique mérite ; et ce n'est pas sans fondement dans la raison. Car le fait pour un homme de pouvoir posséder et se donner pour but une chose qu'il place encore plus haut que sa vie (l'honneur) et à laquelle il sacrifie tout intérêt personnel, dénote bien une certaine sublimité dans sa disposition. Mais le plaisir qu'éprouvent les vainqueurs à chanter leurs exploits (coups de sabres et coups d'épées qui tuent sans faire de quartier, etc.) fait pourtant voir que seules leur supériorité et la destruction qu'ils ont pu opérer, sans avoir pour but autre chose, sont ce dont ils se font proprement un mérite.]

de la classe générale ; et l'on trouvera assez de vices de *culture* et de civilisation (les plus humiliants de tous) pour aimer mieux détourner ses regards des relations qu'entretiennent les hommes que de tomber soi-même dans un autre vice, celui de la misanthropie. Si l'on n'est pas encore satisfait, il suffit de considérer l'état merveilleusement composé par la juxtaposition des deux autres, je veux parler de l'état international, où les nations civilisées vivent les unes par rapport aux autres dans les termes du grossier état de nature (sur le pied de guerre perpétuelle) dont elles ont même pris la ferme résolution de ne jamais se départir, pour voir que les principes fondamentaux des grandes sociétés, appelées États (1), sont en contradiction directe avec les prétentions publiques, que cependant ils sont indispensables, et qu'aucun philosophe n'a pu encore mettre ces principes d'accord avec la morale, ni même (qui pis est) en proposer de meilleurs qui se puissent concilier avec la nature humaine, de sorte que le *chiliasme philosophique*, qui espère un état de paix perpétuelle fondé sur l'union des peuples en une ré-

(1) [Si l'on considère l'histoire de ces Etats simplement comme le phénomène des dispositions internes, en grande partie cachées, de l'humanité, on peut apercevoir une certaine voie qui suit mécaniquement la nature selon des fins qui ne sont point celles des peuples, mais celles de la nature. Tant qu'il a pour voisin un autre Etat qu'il peut espérer de réduire à bout, chaque Etat vise à s'agrandir par la soumission du pays limitrophe, et tend par conséquent à une monarchie universelle, à une constitution dans laquelle il faudrait que toute liberté s'évanouît et où devraient disparaître avec elle (ce qui en est la conséquence) la vertu, le goût et la science. Mais cet Etat monstrueux (dans lequel peu à peu les lois perdent leur force) après avoir englouti tous les Etats avoisinants, se disloque à la fin de lui-même et se démembre, par suite de révoltes et de discordes, en une foule de petits Etats, qui, au lieu d'aspirer à une confédération d'Etats (république de peuples libres confédérés), recommencent à leur tour chacun le même jeu pour faire durer à jamais la guerre (ce fléau du genre humain) qui, tout en n'étant pas aussi incurablement mauvaise que le tombeau qu'est la monarchie universelle (ou même qu'une ligue de nations ayant pour but de ne laisser le despotisme disparaître d'aucun Etat), n'en fait pas moins, comme le disait un ancien, plus d'hommes méchants qu'elle n'en enlève.]

publique mondiale, mérite, tout autant que le *chiliasme théologique*, qui s'attend à l'achèvement pour le genre humain tout entier de l'amélioration morale, d'être tourné en ridicule en qualité d'extravagance.

Le principe de ce mal ne peut pas : 1° se trouver, comme on le prétend communément, *dans la sensibilité* de l'homme, ni dans les inclinations naturelles qui ont la sensibilité pour base. Ces inclinations, en effet, n'ont pas de rapport immédiat avec le mal (elles donnent plutôt à la vertu, manifestation de la force particulière à l'intention morale, l'occasion de se produire) ; nous ne sommes pas non plus responsables de leur existence (nous ne pouvons même pas l'être, parce qu'elles existent en nous naturellement et sans nous avoir pour auteurs), tandis que le penchant au mal engage notre responsabilité, puisque, affectant la moralité du sujet et se trouvant par suite en lui comme en un être libre dans ses actes, il doit pouvoir lui être imputé comme une faute dont il s'est lui-même rendu coupable, et cela nonobstant les profondes racines qu'a ce mal dans le libre arbitre, où il est tellement ancré que l'on est obligé de le dire inhérent par nature à l'homme. — Le principe de ce mal ne peut pas non plus : 2° consister dans *une perversion* de la raison moralement législatrice ; ce qui supposerait que la raison pourrait elle-même détruire en soi l'autorité de la loi et renier l'obligation qui en découle : chose absolument impossible. Se considérer comme un être libre dans ses actes et se figurer cependant que l'on est affranchi de la loi qui régit les êtres de ce genre (de la loi morale) reviendrait à vouloir concevoir une cause agissant sans aucune loi (car la détermination résultant de lois physiques ne peut pas avoir lieu à cause de la liberté) : ce qui est contradictoire. — Conséquemment, pour fournir le principe du mal moral dans l'homme, la *sensibilité* contient trop peu ; car elle fait de l'homme, en éliminant les mobiles qui peuvent sortir de la liberté, un être purement *animal* (*bloss thierischen*) ; une raison affranchie de la loi morale et pour ainsi dire *perverse* (une volonté absolument mauvaise) contient trop au contraire, parce qu'elle érige en mobile l'opposition contre la loi même (le libre arbitre ne pouvant se déterminer sans mobiles) et qu'elle ferait ainsi du sujet un être *diabolique*. — Or, l'homme n'est ni bête, ni démon.

Mais, quoique l'existence de ce penchant au mal dans la nature humaine puisse être mise sous les yeux par des preuves d'expérience montrant l'opposition réelle que fait, dans le temps, à la loi le libre arbitre humain, ces preuves cependant ne nous apprennent pas le vrai caractère de ce penchant, ni le principe de cette opposition; puisque ce caractère concerne une relation du libre arbitre (arbitre dont, par conséquent, le concept n'est pas empirique) à la loi morale considérée comme un mobile (ce dont le concept est de même purement intellectuel), il faut au contraire qu'il puisse être connu *a priori*, comme découlant du concept du mal, en tant que ce mal est possible en vertu des lois de la liberté (de l'obligation et de l'imputabilité). Ce qui suit est le développement de ce concept.

Nul homme, même le plus pervers, et quelles que soient ses maximes, ne viole la loi morale dans un pur esprit de révolte (en lui opposant un refus d'obéissance). Elle s'impose à nous irrésistiblement, au contraire, en vertu de notre disposition morale ; et si d'autres mobiles ne venaient la combattre en lui, l'homme l'accepterait dans sa maxime suprême, comme principe suffisant de détermination du libre arbitre, c'est-à-dire qu'il serait moralement bon. Mais il dépend encore, en vertu de sa disposition naturelle, également innocente, des mobiles de la sensibilité, et il les adopte aussi dans sa maxime (selon le principe subjectif de l'amour de soi). Et s'il les adoptait dans sa maxime comme *suffisants par eux seuls* à la détermination du libre arbitre, sans se soucier de la loi morale (que cependant il porte en lui), l'homme serait moralement mauvais. Mais comme, naturellement, il accepte dans sa maxime ces deux mobiles différents, et comme, d'autre part, il trouverait chacun d'eux, pris tout seul, suffisant à déterminer sa volonté; si la différence des maximes ne dépendait que de la différence des mobiles (qui sont la matière des maximes), c'est-à-dire si la loi ou l'impulsion sensible constituaient une maxime, il serait à la fois moralement bon et moralement mauvais ; ce qui (d'après notre Introduction) est contradictoire. Il faut donc que la différence entre un homme bon et un homme mauvais ne consiste pas dans la différence des mobiles qu'il accepte dans ses maximes (ou dans la matière de ces maximes), mais dans la *subordination* de ces mobiles (dans la forme des maximes) : il s'agit de savoir *quel est celui des deux mobiles dont l'homme fait la condition de l'autre*. Par conséquent, chez l'homme (même chez le meilleur), le mal ne vient que du renversement, dans la maxime, de l'ordre moral des mobiles; nous adoptons dans notre maxime et la loi morale et l'amour de soi, mais remarquant qu'ils ne sauraient subsister côte à côte et que l'un des deux au contraire doit être subordonné à l'autre comme à sa condition suprême, nous faisons du mobile de l'amour de soi et des inclinations qui en découlent la condition de l'accomplissement de la loi morale, quand au contraire celle-ci, en qualité de *condition suprême* de la satisfaction de nos inclinations sensibles, devrait être acceptée comme unique mobile dans la maxime universelle du libre arbitre.

Malgré ce renversement des mobiles, contraire à l'ordre moral, dans la maxime adoptée par un homme, il peut se faire néanmoins que les actions soient extérieurement aussi conformes à la loi que si elles avaient leur source dans les principes les plus purs; c'est ce qui se produit quand la raison recourt à l'unité des maximes en général, qui est propre à la loi morale, simplement en vue d'introduire dans les mobiles de l'inclination, sous le nom de *bonheur*, une unité des maximes qu'ils ne pourraient pas obtenir autrement (la véracité, par exemple, si nous la prenons pour principe, nous affranchit de l'anxiété à laquelle donnent naissance l'obligation où l'on est de mettre d'accord ses mensonges et la crainte que l'on éprouve de se perdre dans leurs replis sinueux); en pareil cas, le caractère empirique est bon, mais le caractère intelligible demeure toujours mauvais.

Or, s'il y a, dans la nature humaine, un penchant qui la pousse à procéder ainsi, c'est qu'il y a dans l'homme un penchant naturel au mal; et ce penchant lui-même est moralement mauvais, puisque, en définitive, c'est dans un libre arbitre qu'il doit être cherché, puisque, par suite, il peut être imputé. C'est un mal *radical*, parce qu'il pervertit le principe de toutes les maximes et que, d'autre part, en tant que penchant naturel, il ne peut pas être *détruit* par les forces humaines, pour cette raison que sa destruction ne pourrait qu'être l'œuvre de bonnes maximes et qu'elle est impossible si le principe subjectif suprême de toutes les maximes est présupposé corrompu; et néanmoins il faut que ce penchant puisse être *surmonté*, puisque l'homme, en qui il se trouve, est un être libre dans ses actions.

La méchanceté (*Bösartigkeit*) de la nature humaine n'est donc pas une véritable *méchanceté* (*Bosheit*), si l'on prend ce mot dans sa signification rigoureuse où il désigne une intention (*principe* subjectif des maximes) d'accepter le mal *comme tel* pour mobile dans sa maxime (car cette intention est diabolique); on doit plutôt dire qu'elle est une *perversité* du cœur, et ce cœur est aussi, par voie de conséquence, nommé un *mauvais cœur*. Cette perversité peut coexister avec une volonté généralement bonne; elle provient de la fragilité de la nature humaine, qui n'est pas assez forte pour mettre en pratique les principes qu'elle a faits siens, jointe à l'impureté qui l'empêche de séparer les uns d'avec les autres, d'après une règle morale, les mobiles (même des actes où la fin que l'on vise est bonne), et qui, par suite, tout au plus, lui fait seulement regarder si ces actions sont conformes à la loi, et non si elles en découlent, c'est-à-dire si elles l'ont pour unique mobile. Sans doute, il n'en résulte pas toujours d'action contraire à la loi, ni de penchant à en commettre, penchant que l'on nomme le *vice;* mais c'est à tort que l'on verrait dans la seule absence du vice la preuve de la conformité de l'*intention* avec la loi du devoir (l'équivalent de la *vertu*), (puisque, en pareil cas, l'attention ne se porte pas sur les mobiles dans la maxime, mais seulement sur l'accomplissement littéral de la loi); cette manière de penser doit déjà elle-même être appelée une perversité radicale du cœur humain.

Cette faute (*reatus*) *innée*, — ainsi appelée parce qu'elle se fait remarquer à l'instant même où l'usage de la liberté se manifeste dans l'homme, ce qui cependant ne l'empêche pas de découler nécessairement de la liberté et de pouvoir, conséquemment, être imputée, — peut être estimée non-préméditée (*culpa*) dans ses deux premiers degrés (qui sont la fragilité et l'impureté), tandis que, dans son troisième degré, on doit la qualifier de faute préméditée (*dolus*); et elle a pour caractère une certaine *perfidie* du cœur humain (*dolus malus*), qui porte l'homme à se tromper soi-même relativement à ses bonnes ou à ses mauvaises intentions, et, pourvu que ses actes n'aient pas le mal pour conséquence, — ce qui pourrait fort bien se faire d'après les maximes qu'ils suivent, — à ne pas se mettre en peine au sujet de son intention, mais à se tenir plutôt pour justifié aux yeux de la loi. De là vient que tant d'hommes (qui se croient consciencieux) ont la conscience tranquille, pourvu que, au milieu d'actions pour lesquelles la loi n'a pas été consultée, ou du moins dans lesquelles son avis n'a pas eu la part prépondérante, ils échappent heureusement aux mauvaises conséquences, et vont même jusqu'à se faire un mérite de ne pas se sentir coupables des fautes dont ils voient les autres chargés, et cela sans examiner si le mérite n'en revient pas simplement au hasard, ni si la façon de penser qu'ils pourraient bien, s'ils le voulaient, découvrir en eux-mêmes, ne les aurait pas fait tomber dans des vices égaux, au cas où l'impuissance, le tempérament, l'éducation, les circonstances de temps et de lieu qui induisent en tentation (toutes choses qui ne peuvent pas nous être imputées), ne les en auraient pas tenus éloignés. Cette déloyauté avec laquelle on s'aveugle soi-même, et qui fait obstacle à l'établissement de la véritable intention morale en nous, se traduit en outre extérieurement en hypocrisie et en tromperie à l'égard d'autrui; et si ce n'est pas là ce que l'on doit nommer méchanceté, elle n'en mérite pas moins d'être appelée indignité; elle a son fondement dans le mal radical de la nature humaine, qui (empêchant le jugement moral de savoir au juste quelle opinion on doit avoir d'un homme et rendant l'imputation tout à fait incertaine intérieurement et extérieurement), est la tache impure de notre espèce, dont la présence, aussi longtemps que nous restons sans nous en défaire, empêche le germe du bien de se développer comme il ne manquerait pas de le faire sans elle.

Un membre du Parlement anglais a proclamé, dans le feu d'une discussion, que tout homme a son prix, pour lequel il se livre. Si cette opinion est vraie (et il appartient à chacun de le décider en lui-même); si toute vertu, quelle qu'elle soit, doit céder immanquablement à un degré de tentation qui ait la force de l'abattre; si pour nous décider à suivre le parti du mauvais ou du bon esprit, tout dépend de savoir quel est celui des deux qui offre davantage et qui paie le plus promptement, il se pourrait que la parole de l'Apôtre fût vraie de l'homme en général : « Il n'y a pas ici de différence, tous sont également pécheurs ; — il n'y en a pas un qui fasse le bien (selon l'esprit de la loi), non, pas un (1). »

IV. — DE L'ORIGINE DU MAL DANS LA NATURE HUMAINE.

L'origine (première) est le fait par lequel un effet dérive de sa cause première, c'est-à-dire d'une cause telle qu'elle n'est pas à son tour un effet dérivant d'une autre cause du même genre. On peut l'envisager sous deux aspects : comme *origine rationnelle* ou comme *origine temporelle;* l'une ne considère que l'*existence* de l'effet, et l'autre en concerne le *devenir* et par suite prend cet effet comme un événement qu'elle rapporte à ce qui en est la *cause dans le temps*. Lorsque l'effet est rapporté à une cause, à laquelle en effet il se rattache selon des lois de liberté, comme c'est le cas dans le mal moral, la détermination du libre arbitre à le produire n'est pas alors conçue comme liée à ce qui, dans le temps, est pour l'effet le principe déterminant, mais simplement à ce qui l'est dans la re-

---

(1) La preuve proprement dite de cette sentence de condamnation portée par la raison morale n'est pas dans la section présente, mais dans celle qui la précède ; nous ne donnons ici que la confirmation de ce jugement par l'expérience qui ne peut jamais découvrir la racine du mal dans la maxime souveraine du libre arbitre par rapport à la loi, car en sa qualité de *fait intelligible* cette raison précède toute expérience. Par suite, étant donné que l'unité de la maxime souveraine est nécessaire outre l'unité de la loi à laquelle elle se rapporte, on peut voir aisément pourquoi le jugement intellectuel pur de l'homme doit avoir pour fondement le principe de l'exclusion de tout milieu entre le bien et le mal, tandis qu'on peut donner pour base au jugement empirique qui porte sur le *fait sensible* (l'action ou l'omission réelles) le principe suivant : il existe un milieu entre ces deux extrêmes, et ce milieu est, d'une part, quelque chose de négatif, le milieu de l'indifférence, qui précède toute culture, et d'autre part quelque chose de positif, le milieu du mélange par lequel on est moitié bon et moitié mauvais. Mais le jugement empirique n'est que le jugement de la moralité de l'homme dans le phénomène et il est subordonné au jugement intellectuel dans le jugement final.

présentation rationnelle, et elle ne peut pas en dériver comme d'un état *antérieur;* ce qui, au contraire, doit avoir lieu toutes les fois que l'action mauvaise, comme événement dans le monde, est rapportée à sa cause physique. C'est donc une contradiction que de chercher aux actes libres, en tant que tels, une origine temporelle (exactement comme aux effets d'ordre physique); et par suite aussi de chercher l'origine temporelle du caractère (*Beschaffenheit*) moral de l'homme, en tant que ce caractère est considéré comme contingent, parce qu'il est le fondement de l'*usage* de la liberté et qu'un tel principe doit être (de même que le principe déterminant du libre arbitre en général) uniquement cherché dans des représentations rationnelles.

Quelle que soit d'ailleurs l'origine du mal moral dans l'homme, on peut cependant soutenir que parmi les façons d'envisager la diffusion du mal et sa propagation à travers tous les membres de notre espèce et dans toutes les générations, la plus maladroite consiste à se représenter le mal comme une chose qui nous vient par *héritage* de nos premiers parents; car on peut dire du mal moral ce qu'a dit du bien le poète :

> ...Genus, et proavos, et *quæ non fecimus ipsi,*
> Vix ea nostra puto (1).

(1) Chacune des trois Facultés appelées supérieures (dans les hautes Etudes) s'expliquerait cet héritage à sa manière, c'est-à-dire en le regardant ou comme une *maladie héréditaire :* ou comme une *dette héréditaire*, ou comme un *péché héréditaire :* 1° La *Faculté de médecine* se ferait du mal héréditaire une idée analogue en quelque sorte à celle du ver solitaire, au sujet duquel, je n'invente pas (*wirklich*), certains naturalistes pensent que ne se trouvant pas ailleurs, ni dans un élément extérieur à l'homme, ni dans un autre animal, quel qu'il soit (sous la forme qu'il prend chez nous [*in derselben Art*]), il devait se trouver déjà dans nos premiers parents ; 2° La *Faculté de droit* le considérerait comme la conséquence légitime de l'acceptation d'un *héritage* que nous ont laissé nos premiers parents et qui est chargé d'un lourd passif (naître en effet, ce n'est pas autre chose qu'hériter de l'usage des biens de la terre, en tant que ces biens sont indispensables à notre durée). Nous devons donc payer ces dettes (expier) pour être en fin de compte dé-

Il faut encore remarquer que, quand nous recherchons l'origine du mal, ce que nous mettons en première ligne, ce n'est pas le penchant au mal (comme *peccatum in potentia*), mais seulement le mal reel d'actions données, et ce mal nous l'envisageons dans sa possibilité intrinsèque, tout en considérant ce qui doit concourir en outre, dans le libre arbitre, à l'accomplissement de pareilles actions.

Toute action mauvaise, quand on en cherche l'origine rationnelle, doit être envisagée comme le fait d'un homme en état d'innocence immédiatement avant de la commettre. En effet, quelle qu'ait été sa conduite antérieure et quelles que soient au surplus les causes naturelles dont il subit l'influence, qu'elles se trouvent en lui ou hors de lui, il n'en reste pas moins que l'action de cet homme est libre, qu'elle n'est déterminée par aucune de ces causes et qu'elle peut et doit toujours conséquemment passer pour un usage *originel* du libre arbitre de cet homme. Il aurait dû se refuser à l'accomplir dans quelques circonstances, dans quelques conditions qu'il ait pu se trouver ; car par aucune cause au monde il ne peut cesser d'être un être agissant librement. On dit avec raison que l'homme est responsable même des *conséquences* résultant des actions contraires à la loi qu'il a autrefois librement commises ; par quoi l'on veut seulement dire que l'on n'a pas besoin de chercher une échappatoire et de se demander si ces conséquences sont libres ou non, parce qu'il y a déjà dans l'ac-

---

pouillés (par la mort) de cette possession. O justice des voies légales ! 3° La *Faculté de théologie* envisagerait ce mal comme la participation personnelle de nos premiers parents à la *désertion* d'un factieux réprouvé ; si bien que de deux choses l'une : ou nous avons nous-mêmes (sans en avoir maintenant conscience) coopéré alors à cette faute, ou notre seule faute, à nous qui sommes nés sous la domination de ce révolté (qui est le prince de ce monde), est maintenant de préférer les biens de la terre à l'ordre supérieur du Maître céleste et de ne pas avoir assez de fidélité pour nous dégager de l'empire de Satan, dont plus tard aussi nous devons partager le sort.

tion que l'on assure libre un motif suffisant d'imputation. Et quelque mauvais qu'ait été un homme jusqu'au moment où il est sur le point d'accomplir une action libre (même si l'habitude de mal faire était devenue pour lui une seconde nature), non seulement il est constant qu'il a eu pour devoir de s'améliorer, mais il est clair encore que maintenant aussi il est de son devoir de s'améliorer : par conséquent il doit pouvoir agir moralement, et, s'il ne le fait pas, il est aussi coupable et passible d'imputation dans le moment de l'action que si, doué de la disposition naturelle au bien (inséparable de la liberté), il était passé de l'état d'innocence au mal. — Nous ne pouvons donc pas chercher l'origine temporelle de ce fait, nous devons au contraire nous borner à en rechercher l'origine rationnelle, pour déterminer, d'après elle, et pour expliquer, autant que possible, le penchant, c'est-à-dire le principe universel subjectif qui nous porte à admettre une transgression dans notre maxime.

Là-dessus nous sommes tout à fait d'accord avec la méthode employée par l'Écriture pour nous représenter l'origine du mal comme un *commencement* du mal, car, dans le récit qu'elle en fait, ce qui est rationnellement premier au point de vue de la nature de la chose (sans s'occuper des conditions de temps), apparaît aussi comme tel au point de vue du temps. D'après l'Écriture, le mal ne tire pas son commencement d'un penchant qui lui servirait de principe (car alors ce commencement ne proviendrait pas de la liberté), mais bien du *péché* (c'est-à-dire de la transgression de la loi morale conçue comme *précepte divin*); et l'état de l'homme, avant tout penchant au *mal*, s'appelle l'état d'*innocence*. L'homme, dans cet état, devait se soumettre à la loi morale, qui s'imposait à lui sous forme de *défense* (1. Moïse, II, 16, 17), ainsi que l'exige sa condition, car il n'est pas un être pur, mais au contraire un être tenté par des inclinations. Or, au lieu de suivre exactement cette loi en la considérant comme un mobile suffisant (comme le seul qui soit inconditionnellement bon, ce qui lève tous les scrupules), l'homme s'est encore cherché d'autres mobiles (III, 6), qui ne peuvent être bons que conditionnellement (c'est-à-dire en tant qu'ils ne causent aucun préjudice à la loi), et a pris pour maxime, dans les actes accomplis consciemment et qui proviennent de la liberté, de suivre la loi du devoir non par devoir, mais toujours aussi par d'autres considérations. Il a donc commencé par mettre en doute la rigueur du commandement moral qui exclut l'influence de tout autre mobile, puis, grâce à des raisonnements subtils, il a fait de l'obéissance à ce commandement un moyen simplement conditionné (au service du principe de l'amour de soi) (1) ; ce qui enfin l'a conduit à donner la prépondérance aux impulsions sensibles sur le mobile de la loi dans la maxime de ses actes et à consommer ainsi le péché (III, 6). *Mutato nomine de te fabula narratur.* C'est là ce que nous faisons tous les jours ; on peut donc voir, d'après ce qui précède, que « nous avons tous péché en Adam » et que nous continuons de pécher ; la seule différence qui existe entre les deux fautes, c'est qu'un penchant inné nous porte déjà à la transgression, alors que rien de tel ne se rencontrait dans le premier homme en qui l'innocence est présupposée, quant au temps, et dont la transgression par suite s'appelle une *chute dans le péché*, tandis que chez nous cette transgression est repré-

---

(1) Toutes les protestations de respect qu'on adresse à la loi morale, sans lui accorder cependant, à titre de mobile suffisant par lui-même, la prépondérance dans sa maxime sur tous les autres principes de détermination du libre arbitre, sont une hypocrisie, et le penchant qui y pousse les hommes est une hypocrisie interne, c'est-à-dire un penchant à vouloir se tromper au préjudice de la loi morale dans l'interprétation de cette loi (III, 5) ; c'est aussi pour cela que la Bible (portion chrétienne) nomme menteur dès le commencement l'auteur du mal (qui réside en nous-mêmes), par quoi elle caractérise l'homme relativement à ce qui semble être le principe fondamental du mal en lui.

sentée comme étant la suite de la méchanceté déjà inhérente à notre nature. Parler de ce penchant, c'est tout simplement vouloir dire que lorsque nous entreprenons l'explication du mal, quant à son *commencement dans le temps*, nous sommes obligés de poursuivre les causes de chaque transgression préméditée dans une époque antérieure de notre vie, de remonter jusqu'à l'époque où l'usage de la raison n'était pas encore développé chez nous et d'aboutir par suite à un penchant au mal qui (existant en nous comme un fonds naturel [*als natürliche Grundlage*]) est appelé inné et contient la source du mal; ce procédé n'est ni nécessaire, ni praticable quand il s'agit du premier homme qui est représenté comme déjà complètement doué de l'usage de sa raison, parce qu'autrement ce fonds qu'est le penchant au mal devrait avoir été mis en lui par son créateur (*gar anerschaffen*); c'est pour cela que le péché du premier homme est posé comme succédant immédiatement à l'état d'innocence. — Mais nous ne devons pas chercher d'origine temporelle à un caractère moral qui doit nous être imputé, quelque inévitable que soit une telle recherche pour en *expliquer* l'existence contingente (ce qui prouve aussi que c'est probablement pour s'accommoder à notre faiblesse que l'Écriture a représenté comme on sait cette existence contingente).

Quant à l'origine rationnelle de ce détraquement de notre libre arbitre, qui se manifeste dans la manière dont il met en première ligne, dans ses maximes, les principes subordonnés, quant à l'origine rationnelle de ce penchant au mal, elle demeure impénétrable pour nous, parce qu'elle doit nous être imputée elle-même et que, par conséquent, ce principe fondamental de toutes les maximes nécessiterait à son tour l'adoption d'une maxime mauvaise. Le mal n'a pu dériver que d'un fonds moralement mauvais (et non pas des simples limitations de notre nature); et cependant le fonds originel de l'homme (que nul autre que lui n'a pu cor-

KANT. — Religion.

rompre, si cette corruption doit lui être imputée) est une disposition au bien ; nous ne pouvons donc pas trouver de principe compréhensible qui nous fasse voir d'où le mal moral a pu nous venir. C'est cette incompréhensibilité, en même temps que la détermination plus précise de la méchanceté de notre espèce, que l'Écriture marque dans ce récit historique (1), lorsque, tout en plaçant le mal au commencement du monde, elle le présente comme existant non pas encore dans l'homme, mais dans un *esprit* d'une destinée originairement plus élevée ; par conséquent le commencement *premier* de tout le mal en général est représenté de cette manière comme étant pour nous incompréhensible (car d'où provient le mal dans cet esprit ?), et l'homme est donné comme un être qui tombe dans le mal uniquement *parce qu'il s'y laisse entraîner* (*durch Verführung*), qui n'est donc pas *foncièrement* perverti (même dans sa disposition première au bien), mais qui est encore susceptible d'une amélioration, contrairement à l'*esprit* tentateur, c'est-à-dire à un être dont la faute n'a pas d'excuse, car on ne peut pas l'imputer aux tentations de la chair ; ce qui laisse à l'homme pervers de cœur, mais qui pourtant

---

(1) Ce qui est dit ici ne doit pas être envisagé comme une interprétation de l'Ecriture, car une pareille interprétation ne rentre pas dans les limites des attributions de la simple raison. On peut s'expliquer sur la manière dont on tire parti moralement d'une leçon historique, sans décider si le sens qu'on lui attribue est bien celui que visait l'écrivain ou seulement celui qu'on prête à ses paroles, à la seule condition que ce sens soit vrai par lui-même et sans aucune démonstration historique et que de plus il soit en même temps le seul qui nous permette d'appliquer à notre amélioration un passage de l'Ecriture, qui autrement serait une augmentation inféconde de nos connaissances historiques. Il ne faut pas discuter sans nécessité sur une chose, — et sur l'autorité historique de cette chose, — qui, de quelque manière qu'on l'entende, ne contribue en rien à rendre les hommes meilleurs, lorsque ce qui peut y contribuer est connu sans preuve historique, et même doit être connu sans une preuve de ce genre. La connaissance historique qui n'a pas de rapport intime valable pour tout homme avec cette amélioration, rentre dans la catégorie des *adiaphora* vis-à-vis desquelles chacun est libre d'agir comme bon lui semble pour sa propre édification.

garde toujours une volonté bonne, l'espoir d'un retour au bien dont il s'est écarté.

[REMARQUE GÉNÉRALE] (1)

< V >. — *Du rétablissement dans sa force de la disposition primitive au bien.*

L'homme doit nécessairement s'être fait ce qu'il est au point de vue moral, ou se faire *lui-même* ce qu'il doit devenir, bon ou mauvais. Sa qualité morale doit être un effet de son libre arbitre ; car autrement elle ne pourrait pas lui être imputée, et il ne serait ni bon ni mauvais *moralement*. Dire qu'il est né *bon*, c'est dire seulement qu'il est né pour le *bien* et que sa *disposition* primitive est bonne; mais l'homme pour cela n'est pas encore bon lui-même, c'est au contraire en acceptant ou non dans sa maxime (ce qui doit être entièrement laissé à son libre choix) les mobiles contenus dans cette disposition, qu'il se donne à lui-même la qualité d'être bon ou d'être mauvais. Supposé que, pour devenir bon ou meilleur, soit encore requise une coopération surnaturelle, qui peut être indifféremment un simple amoindrissement des obstacles ou même un secours positif, l'homme n'en doit pas moins commencer par se rendre digne de recevoir cette assistance et par *accepter* ce concours (ce qui est déjà quelque chose = *welches nichts Geringes ist*), c'est-à-dire admettre dans sa maxime l'augmentation positive de forces par laquelle seule il devient possible que le bien lui soit imputé et qu'il soit reconnu pour un homme de bien.

Or comment se peut-il qu'un homme naturellement mauvais se rende par lui-même bon ? cela dépasse toutes nos idées ; comment en effet un arbre mauvais peut-il produire

(1) Ce titre est une addition de la 2ᵉ édition.

de bons fruits ? Nous avons cependant dû avouer plus haut qu'un arbre bon originairement (dans sa disposition) en est venu à produire de mauvais fruits (1), et comme la chute, ou passage du bien au mal (si l'on réfléchit bien que le mal provient de la liberté), est aussi peu compréhensible que le relèvement, ou passage du mal au bien, on ne peut pas nier la possibilité de ce relèvement. Car malgré cette chute nous entendons pourtant résonner dans notre âme, aussi forte qu'auparavant, la voix de ce précepte : « nous *devons* devenir meilleurs »; conséquemment, il faut que nous en ayons le pouvoir, même si, à lui seul, ce que nous pouvons faire devait rester insuffisant et pouvait seulement nous rendre susceptibles d'un secours supérieur, pour nous inexplicable. — Sans doute, il faut supposer, pour cela, qu'il subsiste un germe du bien, ayant gardé toute sa pureté, qui ne pouvait pas être annihilé ou corrompu, et sûrement ce germe n'est pas l'amour de soi (2) qui, adopté comme principe de toutes nos maximes, est précisément la source de tout le mal.

(1) L'arbre dont la disposition est bonne n'est pas encore bon en fait, car, s'il l'était, il est évident qu'il ne pourrait point porter de mauvais fruits ; ce n'est qu'après avoir reçu dans sa maxime les mobiles placés en lui pour servir à la loi morale que l'homme est dit un homme bon (l'arbre absolument un bon arbre).

(2) Les mots qui peuvent recevoir deux sens tout différents sont bien souvent la cause qui empêche longtemps les raisons les plus claires de produire la conviction. Comme l'*amour* en général, l'*amour de soi* peut se subdiviser en un amour de *bienveillance* et un amour de *complaisance* (*benevolentiæ et complacentiæ*), qui doivent tous deux (cela va sans dire) être raisonnables. Admettre le premier dans sa maxime, c'est une chose naturelle (qui ne souhaite pas en effet que tout aille bien sans cesse pour lui ?). Mais cet amour n'est raisonnable qu'autant que, d'une part, en ce qui regarde le but, on fait choix seulement de ce qui peut coexister avec la plus grande et la plus durable prospérité, et que, d'autre part, on choisit pour chacun de ces éléments de la félicité les moyens les plus convenables. Ici, le seul rôle de la raison est d'être la servante de l'inclination naturelle ; et la maxime qu'on adopte pour cette fin n'a aucun rapport à la moralité. Mais ériger cette maxime en principe inconditionné du libre arbitre, c'est en faire la source de contradictions à portée incommensurable dans la moralité. — L'amour raisonnable de *complaisance*

Le rétablissement de la disposition primitive au bien en nous n'est donc pas l'acquisition d'un mobile inclinant au bien, que nous aurions *perdu*; car un tel mobile, qui consiste dans le respect pour la loi morale, nous n'avons jamais pu le perdre, et en admettant que nous l'eussions pu, nous ne le recouvrerions jamais plus.

en soi-même peut être entendu de deux manières ; s'il se borne à signifier que nous nous complaisons dans les maximes susnommées tendant à la satisfaction de l'inclination naturelle (en tant que ce but est atteint par leur mise en pratique), cet amour alors ne fait qu'un avec l'amour de bienveillance à l'égard de soi-même ; on est content de soi, comme l'est un marchand dont les spéculations commerciales ont réussi et qui, songeant aux maximes mises en œuvre, se félicite de son bon jugement (*Einsicht*). Seule la maxime de l'amour de soi basé sur la *complaisance inconditionnée* en soi-même (sur une complaisance telle qu'elle ne soit pas dépendante du gain ou de la perte résultant de l'action) serait le principe intérieur d'une satisfaction pour nous possible, mais dont la condition serait la subordination de nos maximes à la loi morale. Si la moralité ne lui est pas indifférente, l'homme ne peut pas éprouver de la complaisance en soi-même, il ne peut même pas s'empêcher d'éprouver un amer déplaisir à l'égard de soi-même, lorsqu'il a conscience d'être attaché à des maximes qui ne s'accordent pas avec la loi morale en lui. On pourrait appeler l'amour dont nous parlons l'*amour de raison* de soi-même, car il s'oppose à ce que d'autres causes de satisfaction tirées des conséquences de nos actes (sous le nom d'un bonheur à se créer par là) viennent se mêler aux mobiles du libre arbitre. Mais comme une telle attitude dénote le respect inconditionné pour la loi, pourquoi veut-on sans nécessité se servir de cette expression, *amour raisonnable de soi*, mais qui n'est *moral* qu'à la condition de conserver aux mobiles leur pureté, et rendre ainsi plus difficile la claire intelligence du principe, puisque l'on tourne dans un cercle (car on ne peut s'aimer soi-même que d'une manière morale ; en tant que l'on a conscience d'avoir une maxime qui fait du respect de la loi le mobile suprême de notre libre arbitre) ? Le bonheur est pour nous la première des choses et celle que nous désirons inconditionnellement, conformément à notre nature d'êtres dépendant des objets de la sensibilité. Mais conformément à notre nature (si l'on consent à appeler ainsi, d'une manière générale, ce qui nous est inné) d'êtres doués de raison et de liberté, ce bonheur, bien loin d'être la première des choses, n'est même point pour nos maximes un objet inconditionné ; cet objet inconditionné, c'est de *mériter* d'être heureux en mettant toutes nos maximes d'accord avec la loi morale. Que, d'une manière objective, cette condition seule permette au désir du bonheur de s'accorder avec la raison législatrice, c'est là le fond de toute prescription morale ; et toute la façon morale de penser est contenue dans l'intention de ne désirer le bonheur que d'une manière conditionnée.

Ce rétablissement n'est donc que la restauration de la *pureté* du mobile, en qualité de principe suprême de toutes nos maximes; et d'après cela ce mobile doit être accepté dans le libre arbitre, non seulement avec d'autres mobiles auxquels il se rattache, ou même (s'il s'agit des inclinations) il est subordonné comme à ses conditions, mais dans toute sa pureté, comme un mobile, *suffisant* par lui-même, de détermination du libre arbitre. Le bien consiste originellement dans la *sainteté des maximes* qui font accomplir le devoir; et si l'homme qui accepte dans sa maxime la pureté dont nous parlons n'est point, par cela seul, encore saint lui-même (car la distance est encore grande de la maxime à l'acte), il est cependant, grâce à elle, en voie de s'approcher indéfiniment de la sainteté. La résolution ferme et devenue habituelle d'accomplir son devoir s'appelle aussi *vertu*, du point de vue de la légalité considérée comme caractère empirique de la vertu (*virtus phaenomenon*). Cette vertu est caractérisée par la maxime permanente de *conformer ses actes à la loi;* mais chacun reste libre de prendre où il voudra les mobiles requis par le libre arbitre en ce but. Conséquemment la vertu ainsi entendue peut être acquise *peu à peu*, et certains disent même qu'elle est une longue habitude (de l'obéissance à la loi), par laquelle l'homme corrige progressivement sa conduite, s'affermit de plus en plus dans ses maximes et arrive ainsi, du penchant au vice, à un penchant tout opposé. Une transformation semblable n'exige pas un *changement de cœur*, mais seulement un *changement de mœurs*. L'homme se trouve vertueux dès qu'il se sent ancré dans les maximes qui font accomplir le devoir, bien que ce ne soit pas le principe suprême de toutes les maximes, je veux dire le devoir, qui le porte à agir ainsi; ainsi, par exemple, l'intempérant retourne à la modération par souci de sa santé, le menteur à la sincérité par souci de son honneur, le malhonnête homme à la loyauté bourgeoise par souci de son repos ou de son intérêt, etc. Tous se basent sur le principe si apprécié du bonheur. Mais pour devenir bon, non seulement *légalement*, mais encore *moralement* (pour se rendre agréable à Dieu), c'est à dire pour devenir un homme vertueux sous le rapport du caractère intelligible (*virtus Noumenon*), et qui n'a plus besoin, quand il reconnaît quelque chose comme un devoir, d'aucun autre mobile que de la représentation du devoir même, on ne saurait se contenter d'une *réforme* progressive, tant que demeure impure la base des maximes, mais il faut que s'opère, au fond de l'intention de l'homme, une *révolution* (qui le fasse passer à la maxime de la sainteté de cette intention); ce n'est donc que par une sorte de régénération, ou même de création nouvelle (Évangile selon saint Jean, III, 5 ; cf. 1. Moïse, I, 2), et par un changement de cœur que l'homme peut devenir un homme nouveau.

Mais s'il est corrompu jusques au fond de ses maximes, comment l'homme peut-il opérer par ses propres forces la révolution nécessaire et redevenir par lui-même homme de bien ? Et pourtant le devoir ordonne d'être tel, lui qui ne nous ordonne que des choses réalisables. Le seul moyen de concilier ces deux choses est de déclarer nécessaires, et par suite possibles à l'homme, la révolution dans la manière de penser et la réforme progressive dans la manière de sentir (qui oppose des obstacles à cette révolution). C'est dire qu'aussitôt que, par une décision unique et immuable, l'homme a transformé le principe suprême de ses maximes, qui faisait de lui un homme mauvais (et qu'il a de la sorte revêtu un homme nouveau), il est, dans le principe et quant à la manière de penser, un sujet accessible au bien (*ein fürs Gute empfängliches Subject*), mais que c'est seulement par de continuels efforts qu'il deviendra homme de bien ; c'est-à-dire qu'en raison de la pureté du principe dont il a fait la maxime suprême de son libre arbitre et par la fermeté de ce principe, il peut espérer qu'il se trouve sur la voie bonne (quoique étroite) d'un *progrès* incessant du mal au mieux. En être là, aux yeux de Celui dont les regards pénètrent le fond intelligible du cœur (de toutes les maximes du libre arbitre) et pour qui cette infinité de progrès est donc une unité, c'est-à-dire aux yeux de Dieu, c'est tout à fait la même chose que d'être réellement homme de bien (que de lui être agréable) ; et ce changement, à ce titre, peut être considéré comme une révolution ; mais au jugement des hommes, qui ne peuvent tabler, pour s'estimer eux-mêmes et la force de leurs maximes, que sur l'empire qu'ils acquièrent sur la sensibilité dans le temps, ce changement ne doit être considéré que comme un effort toujours soutenu vers le mieux, par suite comme une réforme progressive du penchant au mal.

Il suit de là que l'éducation morale de l'homme ne doit pas commencer par l'amélioration des mœurs, mais par la conversion de la manière de penser et la fondation d'un caractère, bien qu'ordinairement on ne procède pas ainsi et qu'on s'attaque uniquement aux vices dont on ne touche pas la racine commune. Or l'homme le plus borné est lui-même capable d'éprouver pour une action conforme au devoir un respect d'autant plus grand qu'il la dépouille davantage en pensée d'autres mobiles qui auraient pu influer par l'amour de soi sur la maxime de l'action ; et les enfants eux-mêmes sont capables de découvrir la moindre trace de mélange de mobiles impurs, puisqu'en pareil cas l'action perd instantanément pour eux toute valeur morale. Cette disposition au bien, on peut la cultiver incomparablement dans les élèves à qui l'on apprend la morale en leur citant l'*exemple* même des hommes vertueux (dont les actions sont conformes à la loi) et en leur faisant juger de l'impureté de maintes maximes d'après les mobiles réels de leurs propres actes ; elle passe ainsi peu à peu dans la manière de penser, de sorte que, simplement par lui-même, le *devoir*, dans leur cœur, commence à prendre un poids considérable. Mais lui apprendre à admirer les actions vertueuses, quelque abnégation qu'elles aient pu coûter, ce n'est pas encore donner à l'élève l'état d'âme qu'il doit avoir en présence du bien moral (*fürs moralisch Gute*). Pour vertueux que soit un homme, il fait seulement son devoir en accomplissant tout le bien dont il est capable ; et faire son devoir, c'est tout simplement accomplir ce qui est dans l'ordre moral ordinaire, et ce n'est donc pas une chose qui mérite d'être admirée. Cette admiration est plutôt l'indice d'une atonie de notre sentiment pour le devoir, puisqu'elle considère comme chose extraordinaire et méritoire le fait d'obéir au devoir.

Mais il est une chose dans notre âme que nous ne pouvons plus, dès que nous l'avons saisie d'un juste coup d'œil, nous empêcher de contempler avec l'admiration la plus grande, et avec une admiration qui est alors à la fois légitime et réconfortante pour l'âme ; c'est, d'une façon générale, la disposition morale primitive en nous. — Qu'y a-t-il en nous (peut-on se demander), pour qu'en dépit de notre condition d'êtres constamment dépendant de la nature par tant de besoins, nous nous sentions pourtant si fort au-dessus de tous ces besoins dans l'idée d'une disposition primitive (en nous), que nous en arrivons à les compter pour rien et à nous regarder nous-mêmes comme indignes de l'existence, s'il nous fallait pour satisfaire à ces besoins, ce qui est cependant pour nous la seule jouissance qui rende la vie désirable, aller contre une loi au moyen de laquelle notre raison commande puissamment sans ajouter à ces commandements de promesses ni de menaces ? L'importance de cette question doit être profondément sentie par tout homme de la capacité la plus ordinaire qui a été instruit au préalable de la sainteté renfermée dans l'idée du devoir, mais qui ne s'élève pas jusqu'à l'examen du concept de la liberté, lequel procède immédiatement de cette loi (1) ; et même ce qu'il y a d'incompréhensible dans cette disposition qui proclame une origine divine doit agir sur l'âme jusqu'à l'enthousiasme et lui donner la force de consentir aux sacrifices qui peuvent lui être imposés par le respect de ses devoirs. Exciter fréquemment ce sentiment de la sublimité de notre destination morale, c'est le meilleur moyen que l'on puisse indiquer pour réveiller les sentiments moraux, parce que c'est directement s'opposer au penchant inné qui pousse à intervertir les mobiles dans

---

(1) Que le concept de la liberté de la volonté (*der Freiheit der Willkühr*) ne précède pas la conscience de la loi morale en nous, mais qu'il soit seulement conclu de la déterminabilité de notre volonté par cette loi prise en sa qualité de précepte inconditionné, c'est ce dont on peut se convaincre bientôt en se demandant si l'on a conscience, d'une façon sûre et immédiate, d'avoir une faculté qui permette de surmonter par le ferme propos tous les mobiles, quelque grands qu'ils soient, incitant à la transgression (*Phalaris licet imperet ut sis Falsus, et admoto dictet perjuria tauro*). Chacun devra avouer qu'*il ne sait pas si*, tel cas se présentant, il ne faiblirait pas dans sa résolution. Et pourtant le devoir commande inconditionnellement : *tu demeureras fidèle à la loi* ; et l'homme a raison d'en *conclure* qu'il doit *pouvoir* agir ainsi et que par conséquent sa volonté est libre. Ceux qui prétendent faussement que cette propriété impénétrable est tout à fait compréhensible forgent une illusion avec le mot *déterminisme* (en ce qui regarde la thèse de la détermination de la volonté par des raisons internes suffisantes), comme si la difficulté consistait à concilier le déterminisme et la liberté, ce à quoi personne ne pense ; mais comment le *prédéterminisme*, selon lequel les actions volontaires, en tant qu'événements, ont leurs raisons déterminantes dans le *temps antérieur* (qui, ainsi que ce qu'il renferme, n'est plus en notre pouvoir), est-il conciliable avec la liberté, selon laquelle il faut que l'action, tout aussi bien que son contraire, soit, au moment du devenir, en la puissance du sujet : voilà ce que l'on veut savoir et ce qu'on ne saura jamais.

[Il n'y a aucune difficulté à concilier le concept de la *liberté* avec l'idée de Dieu en tant qu'Être *nécessaire*, parce que la liberté ne consiste pas dans la contingence de l'action (en vertu de laquelle cette action n'est pas déterminée par des motifs), c'est-à-dire dans l'indéterminisme (en vertu duquel il faudrait que Dieu pût également accomplir le bien ou le mal pour que son action dût être appelée libre), mais bien dans la spontanéité absolue qui seule est en péril avec le prédéterminisme où la raison déterminante de l'action est *dans le temps passé*, si bien par suite qu'actuellement l'action n'est plus en mon pouvoir, mais dans la main de la nature, et que je suis irrésistiblement déterminé ; or, comme en Dieu on ne peut concevoir aucune succession de temps, cette difficulté tombe alors d'elle-même.]

les maximes de notre libre arbitre, afin de rétablir, dans le respect inconditionné pour la loi, suprême condition de toutes les maximes à adopter, l'ordre moral primitif des mobiles, et de ramener ainsi à sa pureté la disposition au bien dans le cœur de l'homme.

Mais un tel rétablissement opéré par nos propres forces n'a-t-il pas contre lui directement la thèse de la perversité innée de l'homme tenu à l'écart de tout bien ? Incontestablement cette thèse s'oppose à la compréhension d'un pareil rétablissement, c'est-à-dire qu'elle nous empêche d'en *bien saisir* la possibilité, ainsi que tout ce qui doit être représenté comme événement dans le temps (changement) et, en tant que tel, comme nécessaire suivant les lois de la nature, et dont le contraire pourtant, sous le règne des lois morales, doit être en même temps représenté comme étant possible par liberté ; mais elle ne s'oppose pas à la possibilité de ce rétablissement lui-même. Car du moment que la loi morale commande : « vous *devez* maintenant être des hommes meilleurs » ; il s'ensuit nécessairement qu'il nous faut aussi le *pouvoir*. La théorie du mal inné n'a aucun rôle dans la *dogmatique* morale dont les prescriptions, en effet, portent sur les mêmes devoirs et conservent la même force, qu'il y ait en nous, ou non, un penchant inné à la transgression. Mais cette théorie a une importance plus grande dans l'*ascétique* morale, où cependant tout son rôle se borne à nous montrer que, dans la mise en œuvre (*in der sittlichen Ausbildung*) de la disposition morale au bien qui nous est innée, nous ne pouvons pas prendre comme point de départ une innocence naturelle à l'homme, mais qu'il nous faut partir de la supposition d'une méchanceté qui affecte le libre arbitre et lui faire adopter des maximes contraires à la disposition morale primitive, et, puisqu'il y a là un penchant indéracinable, lui faire tout d'abord une guerre incessante. Or, tout ceci peut seulement nous amener à une progression indéfinie du mal au mieux, et conséquemment nous devons faire consister la transformation de l'intention, qui fait du méchant un homme de bien, dans le changement du principe interne suprême qui préside à l'acceptation de nos maximes et dans l'adoption d'un principe conforme à la loi morale, en tant que ce nouveau principe (le cœur nouveau) est désormais immuable lui-même. L'homme ne peut pas, il est vrai, arriver naturellement à la conviction d'un tel changement; rien ne peut l'y mener, ni sa conscience immédiate, ni la preuve tirée de la conduite qui a été la sienne jusqu'ici; car la profondeur de son cœur (le principe subjectif suprême de ses maximes) lui demeure à lui-même impénétrable; mais il doit pouvoir *espérer* qu'il arrivera par ses propres forces à la voie qui y mène et qui lui est montrée par une intention foncièrement améliorée : parce qu'il doit devenir homme de bien, et que c'est seulement d'après ce qui peut lui être imputé comme son œuvre propre, qu'il peut être dit bon *au point de vue moral.*

Contre cette prétention du perfectionnement par soi-même, la raison naturellement paresseuse dans le travail moral, invoque, sous prétexte de son incapacité naturelle, toutes sortes d'idées religieuses impures (entre autres celle qui prétend que Dieu lui-même fait du principe du bonheur la condition suprême de ses commandements). Or, toutes les religions peuvent se ramener à deux: l'une (de simple culte) cherche à *obtenir des faveurs;* l'autre est la religion *morale*, c'est-à-dire la religion *de la bonne conduite*. Dans la première les hommes se flattent soit que Dieu peut les rendre éternellement heureux (par la rémission de leurs fautes), sans qu'ils aient pour cela *à devenir meilleurs*, soit, quand cette première supposition ne leur semble pas être possible, que *Dieu* peut *les rendre meilleurs* sans qu'ils aient eux-mêmes autre chose à faire qu'à l'en *prier;* et comme prier, devant un Être qui voit tout, ce n'est rien de plus que *souhaiter*, l'homme n'aurait proprement rien à faire : car, s'il suffisait d'un simple désir, chacun serait homme de bien. Mais dans la religion morale (et de toutes les religions connues, la chrétienne est la seule qui mérite ce titre), c'est un principe fondamental que chacun doit faire tout ce qui dépend de lui pour devenir meilleur, et que c'est seulement quand, au lieu d'enfouir le talent à lui confié (Luc, XIX, 12-16), l'homme a utilisé pour devenir meilleur la disposition primitive au bien, qu'il lui est permis d'espérer qu'une coopération supérieure complètera ce qui n'est pas en son pouvoir. Il n'est pas absolument nécessaire que l'homme sache en quoi consiste cette coopération ; peut-être même qu'immanquablement, si la manière dont elle se produit avait été révélée à une certaine époque, les hommes, à une autre époque, s'en feraient les uns tel concept et les autres tel autre, et cela en toute sincérité. Mais alors ce principe conserve toute sa valeur : « Il ne nous est pas essentiel, ni par conséquent nécessaire, de savoir ce que Dieu peut faire ou peut avoir fait pour notre salut » ; mais de savoir ce que nous avons à faire nous-mêmes pour mériter son assistance (1).

(1) [Cette *remarque générale* est la première des quatre qui terminent chacune une partie de cet ouvrage et auxquelles on pourrait donner les titres suivants : 1° des effets de la grâce ; 2° des miracles ; 3° des mystères ; 4° des moyens de la grâce. Ce sont en quelque sorte des *hors-d'œuvre* de la religion dans les limites de la raison pure, car elles n'en font point partie intégrante, bien que cependant elles s'y rattachent. La raison, dans la conscience de son impuissance à satisfaire à ses exigences morales, s'étend jusqu'à des idées transcendantes, qui pourraient compenser pour elle ce défaut, sans se les approprier toutefois comme des extensions de son domaine. Elle ne conteste ni la possibilité, ni la réalité des objets de ces idées, mais elle ne peut pas, on n'a pas autre chose à dire, les admettre dans les maximes qui règlent sa pensée ou son action. Elle est même assurée que, si dans l'impénétrable champ du surnaturel il y a encore quelque chose, outre ce qu'elle peut comprendre, qui soit cependant nécessaire pour suppléer à son impuissance morale, ce quelque chose, tout en lui étant inconnu, sera pourtant d'un grand secours à sa bonne volonté ; elle en est assurée en vertu d'une foi que l'on pourrait appeler *réfléchie* (*reflectirend*) (eu égard à sa possibilité), parce

que la foi *dogmatique*, qui se donne pour une *science*, paraît à la raison insincère ou présomptueuse ; écarter en effet les difficultés opposées à ce qui est en soi (d'une façon pratique) fermement établi, quand ces difficultés portent sur des questions transcendantes, c'est tout simplement un hors-d'œuvre (*Parergon*). Quant au préjudice que ces idées, quelque *moralement* transcendantes qu'elles soient, causent à la religion lorsqu'on veut les y introduire, il se manifeste dans leurs effets qui sont, suivant l'ordre des quatre classes sus établies : 1° la prétendue expérience interne (effets de la grâce), ou le *fanatisme*; 2° la soi-disant expérience extérieure (miracles), ou la *superstition* ; 3° les lumières extraordinaires que l'on attribue à l'entendement par rapport au surnaturel (mystères), ou l'*illuminisme* (illusion d'adeptes) ; 4° les tentatives osées d'agir sur le surnaturel (moyens de la grâce), ou *thaumaturgie*, purs errements d'une raison sortant de ses limites, et cela dans une intention prétendûment morale (agréable à Dieu). — Pour ce qui regarde en particulier la Remarque générale terminant la première partie de cet ouvrage, l'espérance de voir les *effets de la grâce* répondre à notre appel (*die Herbeirufung der Gnadenwirkungen*) rentre dans la catégorie de ces errements et ne peut pas être acceptée dans les *maximes* de la raison, si la raison reste dans ses limites ; on peut en dire autant, d'une manière générale, de ce qui est surnaturel, car en cela précisément cesse tout usage de la raison. — En effet, il est impossible, *théoriquement*, de dire à quelle marque on peut les reconnaître (et de montrer qu'ils sont les effets de la grâce, non des effets internes de la nature), parce que notre concept de cause et d'effet ne s'applique qu'aux objets de l'expérience et par conséquent ne peut pas dépasser la nature ; quant à supposer une application pratique de cette idée, c'est tout à fait contradictoire. En effet, comme application, elle présupposerait une règle de ce que nous aurions nous-mêmes à *faire* de bien (à certain point de vue) pour obtenir quelque chose ; tandis qu'attendre un effet de la grâce, c'est tout justement le contraire et cela présuppose que le bien (le bien moral cette fois-ci) ne sera pas notre fait, mais le fait d'un autre être, et que par conséquent nous pouvons l'*acquérir* par l'*inaction* seulement, ce qui est contradictoire. Nous pouvons donc admettre les effets de la grâce en les déclarant incompréhensibles, mais sans leur accorder dans nos maximes ni un usage théorique, ni une utilité pratique.

DEUXIÈME PARTIE

DE LA LUTTE DU BON PRINCIPE AVEC LE MAUVAIS POUR LA DOMINATION SUR L'HOMME

Pour devenir un homme moralement bon, il ne suffit pas de se borner à laisser se développer sans obstacle le germe de bien inhérent à notre nature, mais il est encore nécessaire de lutter contre une cause du mal, à tendances contraires, que nous trouvons également en nous ; c'est là ce que, parmi tous les moralistes de l'antiquité, les Stoïciens particulièrement ont voulu nous faire connaître en adoptant pour mot de ralliement le terme de *vertu*, qui signifie (en grec comme en latin) à la fois courage et vaillance, et suppose, par conséquent, un ennemi. Ainsi compris, le terme de vertu est un nom magnifique auquel ne peuvent nuire ni l'abus fanfaron qu'on en a fait souvent, ni les moqueries dont on l'a criblé (comme récemment le terme « lumières » *Aufklärung*). — Demander en effet qu'il montre du courage, c'est déjà pour moitié en inspirer à l'homme ; tandis que la paresseuse et pusillanime façon de penser qui consiste à se défier entièrement de soi-même et à compter sur un secours étranger (en morale et en religion) énerve toutes les forces de l'homme et le rend indigne de ce secours.

Mais ces hommes vaillants ne surent pas reconnaître leur ennemi, qu'on chercherait à tort dans les inclinations naturelles simplement indisciplinées et qui se montrent ouvertement comme elles sont (*unverholen*) à la conscience de tous, quand cet ennemi au contraire est pour ainsi dire invisible, attendu qu'il se cache derrière la raison, ce qui le rend d'autant plus redoutable. Ils appelèrent la *sagesse* contre la *folie*, seulement coupable de se laisser, faute de prévoyance, illusionner par les inclinations, au lieu de l'invoquer contre la *méchanceté* (du cœur humain), dont les principes corrupteurs de l'âme ruinent l'intention de fond en comble (1).

---

(1) Ces philosophes tiraient leur principe moral universel de la dignité de la nature humaine, de la liberté (en tant qu'indépendance de la tyrannie des inclinations) ; ils ne pouvaient pas d'ailleurs se donner une plus belle ni plus noble base. Quant aux lois morales, ils les puisaient immédiatement dans la raison seule qualifiée, d'après leur théorie, pour faire œuvre législative et pour édicter dans ses lois des commandements absolus ; et ainsi objectivement, pour ce qui regarde la règle, comme aussi subjectivement, pour ce qui a trait aux mobiles, à condition d'attribuer à l'homme une volonté exempte de corruption qui lui fît adopter ces lois sans hésitation parmi ses maximes, tout était fort bien agencé. Mais c'est précisément dans cette dernière supposition qu'est la faute. En effet nous pouvons, *d'aussi bonne heure* qu'on voudra, porter notre attention sur notre état moral, nous trouverons toujours qu'il n'est plus *res integra*, mais que nous devons commencer par déposséder le mal de la place qu'il s'y est faite (et qu'il n'aurait pu prendre si nous ne l'avions pas adopté dans notre maxime) ; c'est-à-dire que le premier bien véritable que l'homme peut accomplir est de s'affranchir du mal, que l'on doit chercher non pas dans les inclinations, mais dans la maxime pervertie et par conséquent dans la liberté elle-même. Les inclinations ont pour seul effet de rendre plus difficile l'*obéissance* (*die Ausführung*) aux bonnes maximes contraires ; tandis que le mal véritable (*eigentlich*) consiste à ne pas *vouloir* résister aux inclinations quand elles incitent à la transgression, et que cette intention à proprement parler est le véritable ennemi. Les inclinations (bonnes ou mauvaises, il n'importe) sont seulement les adversaires des principes en général, et sous ce rapport le point de départ que ces philosophes assignent à la moralité est avantageux si on le regarde comme un exercice préparatoire (comme une discipline des inclinations en général) tendant à plier le sujet à des principes. Mais comme on doit avoir affaire à des principes spécifiques du *bien moral*, et que ces principes, en tant que maximes, n'offrent pas un tel caractère, il faut leur supposer

Les inclinations naturelles, *considérées en elles-mêmes*, sont *bonnes*, c'est-à-dire non rejetables (*unverwerflich*); et non seulement il est vain, mais il serait encore nuisible et blâmable de vouloir les extirper; on doit plutôt se contenter de les dompter, pour qu'elles puissent, au lieu de s'entre-choquer elles-mêmes, être amenées à s'harmoniser dans un Tout appelé bonheur. Et la raison, à qui incombe cette tâche, a reçu le nom de *prudence*. Il n'y a de mauvais en soi et d'absolument rejetable que ce qui est moralement opposé à la loi; voilà ce qu'il faut extirper; et la raison qui nous l'apprend, surtout quand elle met ses leçons en pratique, mérite seule le nom de *sagesse;* et par comparaison, on peut dire du vice qu'il est une *folie*, mais seulement quand la raison se sent assez de force pour le mépriser (lui et tous ses attraits), et non pas seulement pour le haïr comme un être redoutable et s'armer contre lui.

Quand donc le *Stoïcien* ne voyait dans le combat moral soutenu par l'homme que la lutte livrée par lui à ses inclinations (innocentes en soi), dont il faut qu'il se rende maître parce qu'elles sont des obstacles à l'accomplissement de son devoir; n'admettant pas de principe (mauvais en soi) particulier et positif, il ne pouvait placer la cause de la transgression que dans la *négligence* à combattre les inclinations; mais comme cette négligence est elle-même un acte contraire au devoir (une transgression), et non pas simplement une faute de la nature (*blosser Naturfehler*), et que la cause ne peut pas en être cherchée à son tour (sans que l'on tourne dans un cercle) dans les inclinations, mais seulement dans ce qui détermine la volonté comme libre arbitre (dans le principe interne et premier des maximes

---

encore dans le sujet un autre adversaire auquel la vertu doit livrer bataille, sans quoi toutes les vertus seraient, je ne dis pas, comme ce Père de l'Eglise, des *vices* brillants, mais du moins de *brillantes misères*; parce que, arrivant souvent à dompter le tumulte, jamais elles ne réussissent à vaincre et à exterminer le séditieux lui-même.

KANT. — Religion.

qui sont en bonne intelligence avec les inclinations), il est aisé de concevoir comment des philosophes guidés par un principe d'explication éternellement mêlé de ténèbres (1), et qui, tout indispensable qu'il est, n'en vient pas moins mal à propos, pouvaient méconnaître le véritable adversaire du bien, en croyant lui livrer bataille.

Il ne faut donc pas s'étonner de voir un Apôtre nous dire que cet ennemi *invisible*, que nous connaissons seulement par les effets qu'il a sur nous, par la corruption des principes, est un *esprit* mauvais existant hors de nous : « nous n'avons pas à lutter contre la chair et le sang (les inclinations naturelles), mais contre des princes et des puissances — contre les mauvais esprits ». En employant ce terme, il ne semble pas avoir eu en vue d'étendre notre connaissance au delà du monde sensible, mais seulement de rendre intuitif *pour l'usage pratique* le concept d'une chose insondable pour nous ; en effet, pour ce qui regarde cet usage, placer le tentateur simplement en nous-mêmes, ou bien le placer hors de nous, cela ne change d'ailleurs rien pour nous, puisque, dans le dernier cas, nous ne sommes pas moins coupables que dans le premier, car nous n'aurions pas été tentés par l'esprit mauvais, si nous n'eussions pas été en intelligence secrète avec lui (2). — Nous allons

---

(1) C'est une hypothèse courante de la philosophie morale que l'existence du mal moral dans l'homme s'explique aisément, d'un côté par la force des mobiles de la sensibilité, et de l'autre par la faiblesse du mobile de la raison (qui est le respect pour la loi), c'est-à-dire par *défaillance*. Mais alors il faudrait que le bien moral inhérent à l'homme (dans sa disposition originaire) pût s'expliquer plus aisément ; car on ne peut pas concevoir que l'un soit compréhensible sans l'autre. Or le pouvoir qu'a la raison de maîtriser, par la simple idée d'une loi, tous les mobiles qui agissent en sens contraire est absolument inexplicable ; on ne peut donc pas concevoir comment les mobiles de la sensibilité peuvent se rendre maîtres d'une raison qui commande avec tant d'autorité. En effet si tout le monde se conduisait conformément aux prescriptions de la loi, on dirait que tout se passe suivant l'ordre naturel et personne n'aurait l'idée de chercher à savoir seulement quelle en est la cause.

(2) La morale chrétienne a pour caractère particulier de représen-

diviser en deux sections l'examen du sujet qui nous occupe (*diese ganze Betrachtung*).

ter le bien moral distinct du mal moral, non point comme le ciel est distinct de la *terre*, mais comme le ciel est distinct de l'*enfer* ; cette représentation, quoique figurée et, comme telle, révoltante, n'en est pas moins, dans le sens qu'elle a, philosophiquement juste, exacte. — Elle empêche, en effet, de se représenter le bien et le mal, le royaume de la lumière et le royaume des ténèbres, comme étant voisins l'un de l'autre et se confondant l'un dans l'autre par degrés successifs (de plus ou moins grande clarté), et les fait concevoir comme séparés l'un de l'autre par un abîme incommensurable. Le caractère entièrement hétérogène des principes qui peuvent nous faire sujets de l'un ou de l'autre de ces deux royaumes, et aussi le danger lié à l'imagination d'une parenté proche entre les propriétés qui qualifient l'homme pour être sujet de l'un ou de l'autre, justifient ce mode de représentation qui, malgré ce qu'il a d'horrible, est cependant sublime.

PREMIÈRE SECTION

DU DROIT DU BON PRINCIPE A LA DOMINATION SUR L'HOMME

a) *Idée personnifiée du bon principe.*

La seule chose qui puisse faire d'un monde l'objet du décret divin et la fin de la création, c'est l'*humanité* (l'essence rationnelle du monde en général) *dans toute sa perfection morale*, perfection à laquelle, comme à sa condition suprême, la félicité est liée, comme conséquence immédiate, dans la volonté du Très-Haut. — Cet homme, le seul agréable à Dieu, « est en Dieu de toute éternité »; l'idée en émane de son être; il n'est pas, à ce titre une chose créée, mais le Fils unique de Dieu; « le *Verbe* (le *fiat*) par lequel ont été créées toutes choses, et sans lequel rien de ce qui a été fait n'existerait, » (car c'est pour lui, c'est-à-dire pour l'essence rationnelle dans le monde, comme on peut le penser d'après sa destination morale, que toutes les choses ont été faites). — « Il est le reflet de sa magnificence. » — « En lui Dieu a aimé le monde », et c'est en lui seulement, et par l'adoption de ses intentions, que nous pouvons avoir l'espoir « de devenir enfants de Dieu; » etc.

Nous *élever* vers cet idéal de la perfection morale, c'est-à-dire vers ce prototype de l'intention morale dans toute sa pureté, c'est notre devoir universel, à nous autres hommes, et même cette idée, qui nous est fournie comme un but à atteindre par la raison, peut nous donner la force nécessaire. Mais comme nous ne sommes pas les auteurs de cette idée et qu'elle a pris place dans l'homme sans que nous comprenions comment la nature humaine a pu être capable seulement de la recevoir, il est mieux de dire plutôt que l'idéal dont nous parlons est *descendu* du ciel jusqu'à nous et qu'il a revêtu l'humanité (car il est moins possible de se représenter comment, *mauvais* de sa nature, l'homme réussit par lui-même à se dépouiller du mal et à s'*élever* jusqu'à l'idéal de la sainteté, que d'imaginer que cet idéal revêt l'*humanité* (qui n'est pas mauvaise par elle-même)[et s'abaisse jusqu'à elle]). Cette union avec nous peut être regardée comme un état d'*abaissement* du Fils de Dieu, si nous nous représentons que cet homme aux intentions divines, voulant nous servir de modèle, malgré sa sainteté parfaite qui le fait échapper aux atteintes de la souffrance, accepte pourtant de souffrir les plus grandes misères dans l'intérêt du bien du monde ; tandis que l'homme qui n'est jamais exempt de fautes, même quand il a adopté cette même intention, peut toujours regarder comme méritées par lui les souffrances qui peuvent l'atteindre, d'où qu'elles viennent, et doit par conséquent se considérer comme indigne de l'union de son intention avec une pareille Idée, bien que cette Idée-là lui serve de modèle.

L'idéal de l'humanité agréable à Dieu (par suite l'idéal d'une perfection morale, telle qu'elle est possible à un être du monde dépendant de besoins et d'inclinations), nous ne saurions le concevoir que par l'Idée d'un homme prêt non seulement à remplir tous les devoirs humains et en même temps à répandre le plus possible, autour de lui, le bien par sa doctrine et son exemple, mais encore disposé, malgré les tentations et leurs grands appâts, à subir toutes les souffrances, jusqu'à la mort la plus ignominieuse, pour le bien du monde, pour le bien même de ses ennemis. — Car l'homme ne peut pas se faire une idée du degré et de l'intensité de la force qu'est l'intention morale, à moins qu'il ne se la figure aux prises avec des obstacles et triomphante malgré tout au milieu des plus grands assauts.

Dans la *foi pratique en ce fils de Dieu* (que l'on se représente comme ayant adopté la nature humaine) l'homme peut espérer de se rendre agréable à Dieu (et par là de jouir aussi de la béatitude); c'est-à-dire que l'homme qui a conscience d'avoir une intention morale telle qu'il lui soit possible de *croire*, et d'avoir en lui-même une confiance assurée, qu'il resterait, parmi de semblables souffrances et de semblables tentations (qui sont devenues la pierre de touche de cette idée), invariablement attaché à ce modèle de l'humanité et qu'il demeurerait fidèle à suivre son exemple et à lui ressembler, celui-là, et celui-là seul, a le droit de se regarder comme un homme qui n'est pas un objet indigne de la complaisance divine.

b) *Réalité objective de cette Idée.*

Au point de vue pratique, cette Idée a sa réalité complètement en elle-même. Car elle est posée dans notre raison moralement législatrice. Notre *devoir* est de nous conformer à elle, et il nous faut par suite le *pouvoir*. Que s'il fallait au préalable prouver la possibilité d'être un homme conforme à ce modèle, démarche absolument nécessaire quand il s'agit de concepts physiques (si l'on ne veut pas courir le risque d'être retenu par des concepts vides), nous devrions également hésiter à accorder à la loi morale le droit d'être un principe inconditionné et pourtant suffisant de détermination pour notre libre arbitre; en effet, comment il se peut que la simple idée d'une conformité à la loi en général puisse être pour le libre arbitre un plus puissant mobile que tous les mobiles imaginables tirés d'avantages à obtenir, c'est ce qui ne peut être ni établi par la raison, ni confirmé par des exemples de l'expérience, parce que, d'une part (*was das erste betrifft*), la loi commande inconditionnellement et que, de l'autre (*das zweite anlangend*), n'y eût-il jamais eu un homme qui ait fait preuve à l'égard de cette loi, d'une obéissance inconditionnée, la nécessité objective de s'y soumettre absolument, n'en demeure pas moins intacte et par elle-même évidente. Point n'est besoin, par suite, d'exemple tiré de l'expérience pour faire de l'Idée d'un homme moralement agréable à Dieu un modèle à suivre pour nous; elle se trouve déjà en cette qualité dans notre raison. — Mais celui qui, pour reconnaître en un homme la conformité parfaite avec ce modèle, et par suite un exemple à suivre, réclame autre chose que ce qu'il voit, c'est-à-dire autre chose qu'une vie tout à fait sans tache et aussi pleinement méritoire qu'on puisse l'exiger; celui qui réclame, en outre, pour preuves, des miracles accomplis par lui ou pour lui; celui-là confesse par là son *incrédulité* morale, c'est-à-dire son manque de foi à la vertu, incrédulité à laquelle ne saurait suppléer nulle foi qui aurait des miracles pour preuves (et qui ne serait qu'historique), parce que la seule foi qui ait une valeur morale est la foi que l'on a à la validité pratique de cette Idée, qui se trouve dans notre raison (qui seule en tout cas peut nous garantir que les miracles peuvent être l'œuvre du bon principe, sans qu'elle puisse emprunter d'eux sa garantie).

Aussi faut-il qu'une expérience soit possible dans laquelle se manifeste l'exemple d'un tel homme (autant qu'on peut attendre et réclamer d'une expérience externe en général des preuves de l'intention morale interne); car, selon la loi, tout homme devrait, en droit, présenter en lui-même un exemple de cette Idée; mais l'original en demeure toujours dans la seule raison; car l'expérience extérieure ne contient pas d'exemple qui lui soit adéquat, puisque cette expérience ne saurait révéler le fond de l'intention (*das Innere der Gesinnung*), mais permet seulement d'arriver à le découvrir par des raisonnements qui n'ont pas, il est vrai, une rigoureuse certitude (et qui plus est, même l'expérience interne de l'homme sur lui-même, ne lui permet pas de pénétrer la profondeur de son cœur au point de pouvoir acquérir, par sa propre observation, une connaissance entièrement sûre du principe des maximes qu'il professe, ni de leur pureté et de leur fermeté).

Si donc, à une certaine époque, un homme d'une inspiration morale véritablement divine, était comme descendu du Ciel sur la terre, offrant par sa doctrine, sa vie et ses souffrances, l'exemple d'un homme agréable à Dieu, autant qu'on peut le désirer d'une expérience externe (attendu que l'*original* d'un être de ce genre ne doit jamais être cherché ailleurs que dans notre raison), s'il avait, par tous ces moyens, apporté dans le monde un bien moral d'une grandeur incomparable, opérant dans le genre humain une révolution ; nous n'aurions pourtant pas de motifs d'admettre qu'il fût autre chose qu'un homme engendré naturellement (puisque ce dernier lui aussi se sent tenu d'offrir en lui-même un pareil exemple), ce qui pourtant ne serait pas nier absolument que cet homme aussi bien fût engendré de manière surnaturelle. En effet, sous le rapport pratique, l'hypothèse dernière n'est pour nous d'aucun avantage ; parce que, malgré tout, c'est toujours en nous-mêmes (hommes naturels cependant) qu'il faut chercher l'original que nous donnons à ce phénomène pour base, et l'existence de cet original dans l'âme humaine est, en elle-même, assez incompréhensible, pour qu'on n'ait pas besoin d'admettre, outre son origine surnaturelle, son incarnation dans un homme particulier (*ihn... hypos'asiert anzunehmen*). Ce serait plutôt aller contre l'application pratique de l'Idée du Juste par excellence, qui doit nous servir de modèle, que d'élever ce Juste (*solchen Heiligen*) au-dessus de toute la fragilité de l'humaine nature ; tout, du moins, nous porte à juger ainsi.

En effet, bien que cet homme agréable à Dieu, en tant que sa nature est conçue comme humaine, fût soumis aux mêmes besoins, et par suite aussi aux mêmes souffrances, aux mêmes inclinations naturelles, et par suite aussi aux mêmes tentations à transgresser la loi que nous, comme, dans la mesure où on la concevrait comme surnaturelle, il faudrait attribuer à cette nature une pureté du vouloir inaltérable, non pas acquise, mais innée, qui rendrait toute transgression absolument impossible pour lui, il y aurait alors de nouveau, et par cela seul, entre cet homme divin et les hommes naturels que nous sommes, une distance si infiniment grande qu'il ne pourrait plus nous servir d'*exemple*. Qu'on me donne, dirait chacun, une volonté absolument sainte, et toute tentation de mal faire échouera d'elle-même en moi; qu'on me donne la certitude intérieure la plus complète, qu'après une courte existence terrestre, je serai appelé (à cause de ma sainteté) à jouir sans délai de toute l'éternelle magnificence du royaume des cieux, et je supporterai non seulement avec résignation, mais encore avec joie, quelque dures qu'elles puissent être, toutes les souffrances et jusqu'à la mort la plus ignominieuse, ayant devant mes yeux l'issue magnifique et prochaine. Sans doute, si l'on songe que cet homme divin était réellement de toute éternité en possession de cette majesté et de cette béatitude (sans qu'il eût besoin de les mériter en endurant de pareilles souffrances), qu'il s'est résigné à s'en dépouiller pour le bien de créatures indignes, pour le bien même de ses ennemis, afin de les sauver de la damnation éternelle, il y a là de quoi exciter dans notre âme de justes sentiments d'admiration, d'amour et de reconnaissance à son égard; on pourrait également nous représenter l'Idée d'une conduite conforme à une règle de moralité si parfaite comme absolument valable pour nous en qualité de prescription à suivre, mais cet homme divin ne saurait jamais nous être donné *comme un exemple* à imiter, ni par conséquent, non plus, comme une preuve établissant la puissance que nous avons d'atteindre un bien moral si pur et si sublime (*der Thunlichkeit und Erreichbarkeit eines*, etc.) (1).

(1) C'est sans doute une marque des limitations imposées à la raison humaine et qui en sont inséparables que nous ne puissions concevoir pour les actes d'une personne une valeur morale d'importance, sans nous représenter aussi d'une manière humaine cette personne et sa manifestation ; bien qu'à la vérité nous ne voulions pas affirmer par là qu'il en soit ainsi en soi (κατ' ἀλήθειαν) ; car nous avons besoin, pour saisir des manières d'être (*Beschaffenheiten*) suprasensibles de recourir toujours à certaines analogies avec des êtres de la nature. Un poète philosophe attribue de la sorte à l'homme, parce qu'il doit combattre un penchant au mal qui se trouve en lui, et pour cette seule raison, à la condition qu'il sache le vaincre, un rang plus élevé sur l'échelle morale des êtres qu'aux habitants mêmes du Ciel, qui, en raison de la sainteté de leur nature, sont à l'abri de toutes les séductions possibles. (Le monde, avec ses défauts, — est meilleur qu'un royaume peuplé d'anges sans volonté. HALLER). — L'Ecriture aussi s'accommode de ce mode de représentation pour nous faire saisir l'amour de Dieu pour le genre humain et le degré jusqu'où cet amour est poussé, quand elle attribue à Dieu le plus grand sacrifice que puisse faire un être aimant pour rendre heureuses même d'indignes créatures ; (« Dieu a donc aimé le monde, » etc.) : bien qu'il nous soit impossible, par la raison, de concevoir comment un être qui se suffit pleinement à lui-même peut sacrifier quelque chose, qui fait partie de son bonheur, et se dépouiller de ce qu'il possède (*eines Besitzes*). C'est là le *schématisme de l'analogie* (qui sert à l'explication) dont nous ne saurions nous passer. Mais le transformer en un *schématisme de la détermination de l'objet* (visant à l'extension de notre connaissance), c'est de l'*anthropomorphisme* qui, sous le rapport moral (dans la religion) a les conséquences les plus funestes. — Je veux faire ici, en passant, cette simple remarque qu'en remontant du sensible au suprasensible, si l'on peut bien *schématiser* (rendre concevable un concept au moyen de l'analogie avec une chose sensible), on ne saurait aucunement *conclure*, en vertu de l'analogie, de ce qu'une chose appartient à l'un qu'elle doive être aussi attribuée à l'autre (ni *étendre* ainsi son concept) ; et cela, pour une raison très simple, c'est que toute analogie verrait se tourner contre elle une pareille conclusion qui, de la nécessité où nous sommes de nous servir d'un schème pour nous rendre un concept compréhensible (de l'appuyer sur un exemple), voudrait tirer la conséquence de la nécessité pour l'objet même de posséder en propre, et comme prédicat, ce qui est attribut sensible. De ce que, par exemple, il m'est impossible de *concevoir* (*fasslich machen*) la cause d'une plante (ou de toute créature organique et, généralement, du monde plein de fins) autrement qu'au moyen de l'analogie d'un ouvrier relativement à son œuvre (à une montre), c'est-à-dire autrement qu'en lui attribuant de l'entende-

Et pourtant ce maître en qui régnerait une inspiration morale divine, mais qui serait entièrement et véritablement humain, pourrait néanmoins nous entretenir de lui-même en toute vérité et se représenter comme incarnant (dans sa doctrine et sa conduite) l'idéal du bien. Car alors il ne parlerait que de l'intention qu'il a prise lui-même pour règle de ses actes, intention qu'il peut rendre visible aux autres, mais non à lui-même, à titre d'exemple, et que, par conséquent, il traduit au dehors par ses leçons et par ses actes : « Qui d'entre vous peut me convaincre de péché ? » Or, l'équité commande quand un maître, sans défaillance, donne l'exemple de ce qu'il enseigne, si ce qu'il enseigne est d'ailleurs un devoir pour chacun, de n'attribuer sa conduite qu'à l'intention la plus pure, lorsqu'on n'a pas de preuves du contraire. Or, cette intention, unie à toutes les souffrances acceptées pour le bien du monde, conçue dans l'idéal de l'humanité, est pleinement valable, pour tous les hommes de tous les temps et de tous les mondes, devant la Justice suprême ; à condition que l'homme rende, comme il le doit, son intention semblable à elle. Sans doute, elle demeurera toujours une justice qui n'est pas la nôtre, puisque nous devrions pour y arriver conformer, pleinement et sans défaillance, notre vie à cette intention. Mais il faut pourtant qu'elle puisse être adjugée à l'homme, à cause de la sienne propre, à condition que cette justice de l'homme soit unie à l'intention de l'original, bien que pour arriver à rendre cette adjudication compréhensible, nous

ment, je ne peux pas dire qu'il faut que la cause elle-même (de la plante et du monde en général) *ait* elle aussi de l'entendement (ou, en d'autres termes, qu'il faut lui attribuer de l'entendement, non seulement si l'on veut pouvoir la comprendre, mais afin qu'elle puisse être cause elle-même. Or, entre le rapport d'un schème au concept que l'on a et le rapport de ce même schème du concept à la chose même il n'y a pas du tout d'analogie, mais un bond formidable (μετάβασις εἰς ἄλλο γένος) qui nous introduit de plain-pied dans l'anthropomorphisme, comme je l'ai prouvé ailleurs.

rencontrions encore de grandes difficultés que nous allons exposer.

c) *Difficultés soulevées contre la réalité de cette idée et solution de ces difficultés.*

La *première* difficulté qui rend douteuse la possibilité de réaliser cette idée de l'humanité agréable à Dieu en nous, étant donnée la *sainteté* du législateur et les défauts de notre propre justice, est la suivante. La Loi dit : « Soyez saints (dans votre manière de vivre) comme est saint votre Père qui est aux cieux ; » car tel est l'idéal du Fils de Dieu qui nous est donné pour modèle. Mais la distance entre le bien que nous devons réaliser en nous et le mal dont nous partons est infinie et, comme telle, à tout jamais infranchissable, en ce qui concerne le fait (*die That*), c'est-à-dire la conformité de notre conduite à la sainteté de la loi. Et cependant le caractère moral de l'homme doit concorder avec cette sainteté. Il nous faut donc le faire consister dans l'intention, dans la maxime universelle et pure de la concordance de la conduite avec la loi, germe dont tout bien doit sortir, intention qui provient d'un principe saint que l'homme a adopté pour maxime suprême. C'est une conversion (*Sinnesänderung*) qui doit être possible puisqu'elle est un devoir. Or, voici où réside la difficulté : comment l'intention peut-elle suppléer au fait, qui est *toujours* (non pas en général, mais à chaque moment) défectueux ? Et voici le moyen de la résoudre : étant donné que notre fait est un progrès continuel du bien défectueux au mieux et que ce progrès va à l'infini, suivant notre façon d'apprécier les choses, à nous qui sommes inévitablement bornés à des conditions de temps dans les concepts du rapport de cause et d'effets, ce fait reste toujours défectueux ; de sorte qu'il nous faut *toujours*, dans le phénomène, c'est-à-dire suivant *le fait*, considérer le bien en nous comme insuffisant relativement à une loi sainte ; mais nous pouvons penser que ce progrès à l'infini du bien vers la conformité avec la loi, à cause de *l'intention* d'où il dérive, qui est suprasensible, est regardé par Celui qui sonde les cœurs, dans son intuition intellectuelle pure, comme formant un tout complet, même quant au fait (quant à la conduite) (1), et qu'ainsi, nonobstant sa permanente imperfection, l'homme peut pourtant espérer *d'une manière générale* d'être agréable à Dieu, à quelque moment du temps que son existence soit interrompue.

La *deuxième* difficulté se fait jour quand on considère l'homme s'efforçant vers le bien du point de vue de ce bien moral même et de sa relation à la *bonté* divine ; elle concerne la *félicité morale*, expression par laquelle il ne faut pas entendre l'assurance que l'on aura toujours des sujets de satisfaction dans son *état physique* (qu'on sera délivré des maux et que l'on jouira de plaisirs sans cesse croissants), ce qui serait le *bonheur matériel* (*physische Glückselikeit*), mais l'assurance qui nous garantit la réalité et la *persistance* d'une intention toujours en progrès dans le bien (et ne retombant jamais dans le mal), car « chercher » constamment « le royaume de Dieu », *pourvu que l'on eût la ferme assurance de l'immuabilité de cette intention*, cela équivaudrait à se savoir déjà en possession de ce royaume, puisque, en effet, l'homme en qui vivraient de tels sentiments aurait déjà de lui-même la confiance que

---

(1) Ne perdez pas de vue que ce qu'on veut dire par là ce n'est pas que l'intention doit servir de *compensation* au manque de justice (*die Ermangelung des Pflichtmässigen*) et par suite au mal effectif dans cette série infinie (il est plutôt présupposé qu'on doit trouver en elle la manière d'être morale qui rend l'homme agréable à Dieu) ; mais que l'intention qui remplace la totalité de cette série d'approximations continues se poursuivant à l'infini, se borne à suppléer à l'imperfection inséparablement liée à l'existence de n'importe quel être dans le temps et qui fait qu'on ne peut jamais être complètement ce qu'on se propose de devenir ; quant à la *compensation* des transgressions commises au cours de ce progrès, il en sera parlé dans la solution de la *troisième* difficulté.

« tout le reste (ce qui concerne le bonheur physique) lui sera donné par surcroît ».

On pourrait, il est vrai, renvoyer l'homme ainsi préoccupé, et tourmenté d'un tel désir à ces paroles de l'Apôtre : « Son esprit (il s'agit de Dieu) rend témoignage à notre esprit, etc. », en d'autres termes, celui qui possède une intention aussi pure qu'il est requis sentira déjà, de lui-même, qu'il ne peut jamais tomber assez bas pour se remettre à prendre goût au mal ; mais c'est une mauvaise affaire que de se fier à des sentiments prétendus d'origine surnaturelle ; on ne s'illusionne jamais plus facilement que dans ce qui favorise la bonne opinion de soi-même. Il n'est même pas prudent, semble-t-il, qu'on soit porté à cette confiance, et il semble au contraire préférable (pour la moralité) « de travailler à son salut *avec crainte et tremblement* » (dure parole qui, mal comprise, peut pousser au plus sombre fanatisme) ; et cependant, si l'on n'avait *aucune* confiance à l'intention une fois adoptée, il ne serait guère possible de persévérer sans relâche dans cette intention. Or, sans s'abandonner à aucun fanatisme, doucereux ou terrifiant, on trouve ce qu'il faut penser en comparant la conduite qu'on a tenue avec la résolution qu'on a prise. — En effet, l'homme qui, depuis l'époque où il a adopté les principes du bien, a observé, pendant une vie assez longue, l'effet de ces principes sur ses actes (*auf die That*), c'est-à-dire sur sa conduite toujours en progrès vers le mieux, et trouve dans ce fait des motifs de conclure, ne fût-ce que par présomption, à une foncière amélioration de son intention, peut bien aussi raisonnablement espérer — les progrès de ce genre, pourvu qu'ils aient un bon principe ne faisant qu'augmenter toujours les *forces* en vue des suivants — qu'il ne quittera plus dans cette vie terrestre la voie dans laquelle il s'est engagé, mais qu'il y marchera toujours d'un pas plus courageux encore, et même que, si, après cette vie, une autre s'ouvre devant lui, les circonstances étant devenues autres, il continuera cependant, selon toute apparence, guidé par le même principe, à suivre le même chemin et à se rapprocher toujours davantage du but inaccessible de la perfection, parce que, d'après ce qu'il a observé en lui jusqu'ici, il peut tenir son intention pour foncièrement améliorée. Au contraire, celui qui, même après avoir souvent pris la résolution de s'attacher au bien, n'a jamais trouvé pourtant qu'il pût s'y tenir, est constamment retombé dans le mal, ou même a dû, dans le cours de sa vie, constater en lui-même une chute toujours plus grande, glissant du mal au pire, comme sur une pente, celui-là raisonnablement ne peut pas se donner l'espoir, que, s'il avait encore à vivre ici-bas plus longtemps, ou qu'il eût aussi devant lui une vie future en réserve, il réussirait à mieux faire, parce que, à ces indices, il doit juger que la corruption est enracinée dans son intention. Or la première alternative met sous nos yeux un avenir *qui s'étend à perte de vue*, mais que nous désirons parce qu'il est heureux, tandis que la seconde nous présente une *misère* également *sans fin*, — c'est-à-dire que toutes les deux nous découvrent, au regard des hommes, d'après ce qu'ils peuvent juger, une *éternité* bienheureuse ou malheureuse, représentations qui sont assez puissantes l'une et l'autre pour exciter les uns à se tranquilliser et à s'affermir dans le bien, et pour réveiller dans les autres les remords de conscience qui poussent à se libérer, autant que possible, du mal, et qui, par conséquent, peuvent toutes les deux nous servir de mobiles, sans qu'il soit nécessaire d'aller jusqu'à supposer objectivement une éternité de bien ou de mal comme devant être le sort de l'homme et de convertir ces idées en propositions *dogmatiques* (1), prétendues connaissances et asser-

---

(1) Au nombre des questions qui, en admettant qu'on pût y répondre, ne comporteraient que des solutions dont on ne pourrait faire aucun profit sérieux (et que pour ce motif on pourrait appeler des questions *puériles*), se trouve celle-ci : les peines de l'enfer seront-elles finies

tions avec lesquelles la raison ne fait que dépasser les limites de sa portée. Ainsi la bonne et la pure intention, de laquelle on a conscience (et qu'on peut appeler un bon

ou doivent-elles être des peines éternelles ? Si l'on enseignait qu'elles sont finies, pas mal de gens, on peut le craindre (comme tous ceux qui croient au purgatoire, ou comme ce matelot des *Voyages* de Moore), diraient : « J'espère bien pouvoir les supporter. » Si l'on soutenait l'autre thèse et qu'on en fît un article de foi, on pourrait bien, malgré le dessein que l'on se propose, laisser la porte ouverte à l'espérance d'une complète impunité après la plus scélérate des vies. En effet, puisque à l'heure du tardif repentir, sur la fin de la vie, le prêtre auquel on demande conseil et dont on attend des consolations doit trouver, malgré tout, cruel et inhumain d'annoncer à un homme sa réprobation éternelle, et puisqu'il ne trouve point de milieu entre une pareille réprobation et l'absolution complète [(punition éternelle ou point de punition)], il doit lui faire espérer le pardon, c'est-à-dire lui promettre de le transformer en un tour de main en un homme agréable à Dieu ; car alors comme il n'est plus temps d'entrer dans la voie d'une bonne vie, des aveux repentants, des formules de foi et même des promesses de changer sa façon de vivre, dans le cas où l'on se verrait accorder un plus long sursis, tout cela tient lieu de moyens. — Cette conséquence est inévitable dès que l'on convertit en *dogme* l'*éternité* d'une destinée à venir conforme à la conduite que l'homme a tenue ici-bas, au lieu de se borner à exciter chacun de nous à se faire, d'après son état moral antérieur, une idée de son avenir et à conclure *par lui-même* l'un de l'autre en qualité de conséquence naturellement à prévoir ; auquel cas, en effet, la durée *à perte de vue* de notre sujétion à la domination du mal aura pour nous un effet moral identique à celui que l'on peut attendre de l'éternité déclarée du sort à venir (nous poussera également à faire tout notre possible pour effacer, quant à ses effets, le passé par des réparations ou des compensations, avant la fin de cette vie) : sans cependant comporter les désavantages du dogme de l'éternité (que d'ailleurs n'autorisent ni la portée de la raison, ni l'interprétation de l'Ecriture) : car une fois ce dogme proclamé, le méchant, au cours de sa vie, compte déjà d'avance sur ce pardon facile à obtenir, ou, lorsqu'il est à ses derniers moments, croit avoir seulement à s'occuper des prétentions qu'a sur lui la justice céleste qu'il satisfait à l'aide de simples paroles, cependant que les droits des hommes sortent les mains vides de cette affaire et que personne ne recouvre son bien (c'est là l'issue tellement ordinaire de ces sortes d'expiation qu'un exemple du contraire est à peu près chose inouïe). — Quant à craindre que sa raison, au moyen de la conscience, soit trop indulgente pour juger l'homme, c'est se tromper grandement, à mon sens. Car par là même qu'elle est libre et doit se prononcer sur le compte de l'homme la raison est incorruptible, et, à condition de lui dire, à l'heure de la mort, qu'il est au moins possible qu'il ait bientôt à paraître devant un juge, on peut se contenter d'abandonner un homme à ses propres réflexions, qui, selon toute vraisemblance, le jugeront avec la plus

génie chargé de nous guider), comporte aussi la confiance à sa persistance et à sa fermeté, bien que ce ne soit que médiatement, et elle est le Consolateur (le Para-

grande sévérité. — Je veux encore ajouter deux remarques. L'apophtegme ordinaire : *Tout est bien qui finit bien*, peut s'appliquer sans doute à des cas *moraux*, mais seulement si l'on entend par la fin qu'on appelle bonne celle où l'homme devient véritablement un homme de bien. Mais à quoi veut-on reconnaître qu'on est devenu un homme de bien, puisque le seul moyen qu'on ait de le conclure est la bonne conduite subséquente sans défaillances, pour laquelle manque le temps, au terme de la vie ? C'est plutôt au *bonheur* qu'on peut appliquer ce proverbe, mais sous le rapport seulement du point de vue d'où l'homme considère sa vie, se plaçant non à ses débuts, mais à son dernier terme et reportant de là ses regards en arrière jusqu'à ses premières années. Les souffrances endurées ne laissent pas de souvenir pénible, dès qu'on se voit à l'abri dans le port, mais plutôt une bonne humeur qui ne rend que plus savoureuse la jouissance du bonheur atteint ; parce que plaisirs et peines (faisant partie de la sensibilité) sont contenus dans la série du temps, avec laquelle ils disparaissent, et qu'au lieu de former un tout avec la jouissance du moment, ils sont chassés par celle-ci qui leur succède. Appliquer ce proverbe au jugement de la valeur morale de la vie entière d'un homme, c'est risquer de la proclamer bien à tort morale, quoiqu'elle ait eu pour terme une conduite toute bonne. En effet, le principe moral subjectif de l'*intention*, d'après lequel on doit juger sa vie, est de telle nature (en tant qu'objet suprasensible) que son existence ne saurait être divisible en fractions de temps, et qu'elle ne peut être conçue que comme unité absolue ; et cette intention ne pouvant se conclure que des actes (envisagés comme ses phénomènes), on ne peut donc considérer la vie, pour en estimer la valeur, que comme *unité dans le temps*, en d'autres termes comme un *Tout* ; et alors il se peut que les reproches adressés à la première partie de la vie (antérieure à l'amélioration) crient aussi haut que l'approbation donnée à la dernière et nuisent grandement à l'effet triomphant du « Tout est bien, qui finit bien ». — Enfin, avec cette doctrine de la durée des châtiments dans une autre monde, est apparentée une autre doctrine, qui ne lui est pas identique, pour laquelle « il faut que tous les péchés soient remis ici-bas », que les comptes soient arrêtés définitivement au terme de la vie, sans que personne puisse avoir l'espoir de continuer là-haut à se libérer de ses arriérés d'ici-bas. Or cette théorie n'est pas plus fondée que la précédente à se présenter comme un dogme, mais elle est seulement un principe fondamental par lequel la raison pratique se prescrit la règle d'emploi du concept qu'elle a du suprasensible tout en avouant humblement sa totale ignorance de la nature objective de ce dernier. Autrement dit, elle signifie seulement que c'est uniquement de notre conduite passée que nous pouvons conclure si nous sommes, ou non, des hommes agréables à Dieu, et que, notre conduite finissant avec cette vie, notre compte aussi doit s'arrêter là, compte dont le bilan, à lui seul, montrera si nous pouvons ou non nous tenir pour justifiés. — D'une manière

KANT. — Religion.

clet) lorsque nos faux pas nous donnent des inquiétudes au sujet de sa persistance. Une certitude, en cette matière, n'est ni possible à l'homme, ni moralement avantageuse, autant qu'il nous est permis d'en juger. En effet (et c'est une chose qu'il faut bien remarquer), nous ne pouvons pas fonder cette confiance sur une conscience immédiate de l'immutabilité de nos intentions, car nous ne pouvons pas les pénétrer, et c'est uniquement des effets qu'elles manifestent dans notre conduite que nous devons conclure à leur immutabilité; or cette conclusion, n'étant basée que sur des perceptions ou phénomènes de la bonne intention et de l'intention mauvaise, n'en fait jamais connaître avec certitude la *force*, et elle est surtout en défaut quand on pense avoir amélioré son intention aux approches probables de la fin de sa vie, étant donné l'absence de pareilles preuves empiriques de la pureté de cette intention : alors, en effet, nous ne pouvons plus fonder sur notre manière de vivre le jugement à rendre sur notre mérite moral, et la désolation (que, cependant, la nature de l'homme, dans l'obscurité qui affecte toutes les prévisions touchant les limites de cette vie, empêche déjà, d'elle-même, de se changer en désespoir farouche), la désolation, disons-nous, est la conséquence inévitable du jugement rationnel à porter sur notre état moral.

La *troisième* difficulté, et la plus grande en apparence, celle qui, même après que l'homme est entré dans la bonne voie, ne le représente pas moins, dans le jugement de toute

---

générale, si, renonçant aux principes *constitutifs* de la connaissance se rapportant à des objets suprasensibles, dont il faut avouer que la claire vue (*Einsicht*) nous est impossible, nous limitions notre jugement aux principes *régulateurs* qui n'en concernent que l'emploi pratique possible, la sagesse humaine, à beaucoup d'égards, s'en trouverait mieux et l'on ne verrait pas un prétendu savoir concernant une chose qu'au fond l'on ignore totalement, donner le jour à des subtilités dépourvues de tout fondement, mais qui demeurent assez longtemps brillantes, et qui finalement un jour tournent au détriment de la moralité.

sa vie, comme réprouvable devant une *justice* divine, est la difficulté suivante. — Peu importe que l'homme ait adopté une bonne intention et qu'il continue régulièrement (*beharrlich*) à y conformer sa conduite, *il a commencé par le mal* et c'est là une dette qu'il ne lui est plus possible d'éteindre. En supposant qu'après sa conversion il ne fasse plus de dettes nouvelles, cela ne l'autorise pas à croire qu'il s'est ainsi libéré des anciennes. Il ne peut pas non plus, dans la bonne conduite qu'il mène désormais, se procurer un excédent en faisant plus que ce qu'il est tenu de faire chaque fois ; car il a toujours pour devoir de faire tout le bien qu'il peut. — Or cette dette originelle ou, en général, antérieure à tout ce que jamais on peut faire de bien — nous n'entendions pas autre chose en parlant du mal *radical* (voir première partie) — à en juger d'après notre droit naturel, ne peut pas non plus être acquittée par un autre ; car ce n'est pas une obligation *transmissible*, comme l'est, par exemple une dette d'argent (dont il est indifférent au créancier d'être remboursé par son débiteur en personne ou par quelqu'un d'autre) que l'on peut faire endosser par un tiers, mais *la plus personnelle de toutes* les obligations, celle que l'homme a contractée par le péché et dont seul le coupable doit supporter le poids, sans que l'innocent puisse s'en charger en son lieu et place, fût-il assez magnanime pour le vouloir. — Enfin le mal moral (la transgression de la loi morale, *en tant que cette loi est un commandement divin*, ou autrement dit le *péché*), implique, non pas tant à cause de l'infinité du suprême Législateur dont il blesse l'autorité (car nous n'entendons rien à un rapport transcendant de ce genre de l'homme avec l'Être suprême), mais surtout à titre de mal dans l'*intention* et dans les maximes en général (où l'on verrait des *principes universels* si on les comparait à des transgressions singulières), implique, dis-je, une *infinité* d'atteintes portées à la loi, et par suite une infinité de la faute (bien que devant un tribunal humain qui se borne à considérer isolément le crime, par suite l'acte et l'intention qui s'y rapporte, sans rechercher l'intention générale, les choses soient bien différentes); et tout homme ainsi, méritant une *punition infinie*, devrait s'attendre à être exclu du royaume de Dieu.

La solution de cette difficulté repose sur ce qu'on va lire. Nous devons penser que la décision d'un juge qui sonde les cœurs est telle qu'il la tire de l'intention générale de l'accusé, et non des phénomènes par où elle se manifeste, actions divergentes ou concordantes relativement à la loi. Or, on suppose ici dans l'homme une bonne intention qui a pris le dessus sur le mauvais principe autrefois dominant chez lui, et l'on se demande, cela étant, si la conséquence morale de l'intention première, le châtiment (ou, en d'autres termes, l'effet du déplaisir causé à Dieu par le sujet), peut se rapporter aussi à l'état où se trouve l'homme quand son intention s'est améliorée et qu'il est déjà un objet de la complaisance divine.

Ce qui est ici en question n'étant pas de savoir si, même *avant* la conversion, le châtiment dont est menacé le pécheur peut s'accorder avec la justice divine (ce dont nul, en effet, ne doute), ce châtiment ne *doit* pas (dans cette recherche) être conçu comme subi par lui avant l'amélioration. Et il n'est pas admissible non plus de le placer *après la conversion*, au moment où l'homme est entré déjà dans une vie nouvelle, quand moralement il est un autre homme, et de l'envisager comme approprié à sa nouvelle qualité (d'homme agréable à Dieu); et néanmoins la justice suprême, qui ne peut pas laisser un coupable impuni, doit toujours être satisfaite. Puisque le châtiment ne peut donc, ni *avant* ni *après* la conversion, être conforme à la sagesse divine et que cependant il est nécessaire, il faut le concevoir comme approprié à cette sagesse et comme exercé au moment de la conversion elle-même. Par conséquent, il nous faut voir, si, dans ce dernier état, au moyen du concept

d'une conversion morale, peuvent déjà être regardés comme inclus les maux que le nouvel homme, animé de bonnes intentions, peut considérer comme mérités avant sa régénération (sous un autre rapport) et prendre pour des châtiments (1) grâce auxquels il est satisfait à la justice divine.
— Se convertir, c'est en effet sortir du mal et entrer dans le bien, dépouiller le vieil homme et revêtir l'homme nouveau, puisque, pour le sujet, c'est mourir au péché (par suite à toutes les inclinations, en tant qu'elles nous y induisent) pour vivre à la justice. — Or cette conversion, en tant que détermination intellectuelle, ne comporte pas deux actes moraux séparés par un intervalle de temps, mais elle n'est qu'un acte unique, parce que l'abandon du mal n'est possible qu'au moyen de l'intention bonne qui nous ouvre l'entrée du bien, et *vice versa*. Le bon principe est donc contenu aussi bien dans l'abandon de l'intention mauvaise que dans l'acceptation de la bonne intention, et la douleur qui accompagne, comme il est juste, la première, disparaît

(1) On aurait tort de considérer l'hypothèse pour qui tous les maux de ce monde en général jouent le rôle de châtiments frappant les transgressions commises, comme forgée en vue d'une théodicée, ou comme une invention faite pour les besoins de la religion des prêtres (du culte) ; (car elle est trop commune pour qu'on y voie une conception si habile) ; tout fait présumer, au contraire, qu'elle tient de très près à la raison humaine, qui est portée à rattacher le cours de la nature aux lois de la moralité, et qui, tout naturellement, en déduit la pensée que nous devons d'abord chercher à nous rendre meilleurs, avant de pouvoir désirer d'être délivrés des maux de la vie ou de leur trouver des compensations dans un bonheur (*Wohl*) qui les dépasse.
— De là vient que le premier homme (dans l'Écriture sainte) est représenté comme condamné à travailler pour vivre, sa femme à enfanter dans la douleur et tous deux à mourir *à cause de leur transgression*, bien qu'il ne soit pas possible de voir comment, si cette transgression n'eût pas été commise, des créatures organisées pour la vie animale et pourvues des membres que nous voyons auraient bien pu s'attendre à une autre destination. Chez les Hindous, les hommes ne sont pas autre chose que des esprits (nommés Dewas) emprisonnés dans des corps animaux en punition de leurs anciennes fautes ; et même un philosophe (MALEBRANCHE) aimait mieux refuser une âme aux bêtes privées de raison et les dépouiller ainsi de tout sentiment que d'admettre que les chevaux dussent endurer tant de maux « sans avoir pourtant brouté du foin défendu ».

tout à fait de la seconde. Quitter l'intention corrompue pour s'engager dans la bonne intention (ce qui est « mourir au vieil homme, crucifier la chair ») est en soi déjà un vrai sacrifice, car c'est le premier pas dans une longue série des maux de la vie; et l'homme nouveau les accepte dans l'intention du Fils de Dieu, simplement pour l'amour du bien, quoique cependant, à vrai dire, ils dussent, comme *châtiment*, être réservés à un autre, c'est-à-dire au vieil homme (car, moralement, c'est bien un autre homme). — Ainsi, bien que *physiquement* (considéré du point de vue de son caractère empirique d'être appartenant au monde des sens [*als Sinnenwesen*]) l'homme nouveau demeure le même homme coupable et doive, comme tel, être jugé devant un tribunal moral, et par suite aussi par lui-même, — dans son intention nouvelle (comme être intelligible), il n'en est pas moins un autre *moralement*, aux yeux d'un juge divin pour qui l'intention vaut l'action ; et cette intention adoptée par lui avec toute la pureté qu'elle avait dans le Fils de Dieu, ou (si nous personnifions cette Idée) ce *Fils de Dieu* lui-même, se *substitue* à lui, et aussi à tous ceux qui croient (pratiquement) en Lui, pour porter le poids de leurs fautes, *est* le *Sauveur* qui satisfait par ses souffrances et par sa mort à la suprême justice et l'*Avocat* qui fait qu'ils peuvent espérer de paraître justifiés devant leur juge, pourvu que (dans cette façon de voir) on se représente cette souffrance, que le nouvel homme doit accepter, sa vie durant, en mourant au vieil homme (1), comme une

---

(1) L'intention morale, quelque pure qu'on la suppose, ne produit rien de plus dans l'homme, considéré en tant qu'être physique, qu'une tendance continuelle à devenir en fait (par conséquent, dans le monde sensible) un sujet agréable à Dieu. Qualitativement (étant donné qu'il faut la concevoir comme *ayant un principe* suprasensible) cette intention doit être et peut être, il est vrai, sainte et conforme à son modèle ; quantitativement — telle qu'elle se traduit en actions — elle demeure toujours défectueuse et infiniment éloignée de cette perfection. Néanmoins, cette intention, parce qu'elle contient le principe du progrès continu dans la correction de ces défectuosités, comme unité

mort qu'a souffert, une fois pour toutes, le Représentant de l'humanité. — Nous avons donc ici le surcroît qui s'ajoute au mérite des œuvres et que nous désirions plus haut, et c'est là un mérite à nous attribué *par grâce*. Car ce qui est pour nous, pendant la vie terrestre (et peut-être demeurera, dans tous les temps futurs aussi bien que dans tous les mondes), toujours en simple *devenir*, nous est attribué par là tout comme si nous en avions déjà la pleine possession, bien que nous n'y ayons aucun droit (d'après la connaissance empirique que nous avons de nous-mêmes) (1); dans la mesure où nous nous connaissons nous-mêmes (incapa-

---

intellectuelle du tout, tient *lieu de l'acte* dans sa perfection. Mais, se demande-t-on, celui « qui n'a rien en soi de répréhensible », ou en qui rien de tel ne doit se rencontrer, peut-il bien se croire justifié et continuer quand même à s'attribuer, comme *châtiments*, les souffrances auxquelles il se heurte dans sa marche vers un bien toujours plus grand, avouant par là-même qu'il mérite d'être puni, et qu'il a par suite une intention désagréable à Dieu? Oui, mais seulement en la qualité de l'homme qu'il ne cesse de dépouiller continuellement. Ce qui en cette qualité (en sa qualité de vieil homme) devrait le frapper comme châtiment (je veux parler de toutes les souffrances et de tous les maux de la vie), il l'accepte avec joie, simplement pour l'amour du bien, en qualité d'homme nouveau ; ces souffrances, par conséquent, ne lui sont pas, en cette qualité et comme homme nouveau, attribuées en tant que châtiment, et tout ce qu'on veut dire en s'exprimant ainsi, c'est que tous les maux et toutes les souffrances à endurer, que le vieil homme aurait dû s'attribuer comme châtiments et que, réellement, en mourant au vieil homme, le juste s'est attribués comme tels, il les accepte volontiers en qualité d'homme nouveau, comme autant d'occasions d'apprécier et d'exercer son intention dirigée vers le bien ; et ce châtiment est lui-même l'effet, tout autant que la cause de cette intention, et par suite aussi de ce contentement et du *bonheur moral* consistant dans la conscience des progrès que l'homme fait dans le bien (et qui sont un seul et même acte avec l'abandon du mal); tandis que dans l'ancienne intention, ces mêmes maux auraient non seulement été des châtiments, mais auraient même dû être *ressentis* comme tels, parce que, même considérés comme de simples maux, ils n'en sont pas moins opposés directement à ce que l'homme prend, dans cette intention, pour son unique but comme *bonheur physique*.

(1) [Une *aptitude à recevoir ce don* (*Empfänglichkeit*), voilà seulement ce que nous pouvons nous attribuer en partage ; or la décision par laquelle un supérieur octroie à son subordonné un bien par rapport auquel celui-ci n'a que la réceptivité (morale), c'est ce que l'on appelle *grâce* (*).]

(*) Cette remarque est une addition de la 2ᵉ éd.

bles de mesurer directement notre intention, et ne le pouvant que d'après nos actes), l'accusateur qui est en nous prononcerait plutôt une condamnation. C'est donc toujours uniquement à un décret de grâce, mais qui cependant (en tant qu'il se base sur la satisfaction contenue pour nous seulement dans l'Idée de l'intention <prétendue> améliorée, chose que Dieu seule peut connaître) est parfaitement conforme à la justice éternelle, que nous devons de nous voir déchargés de toute responsabilité en raison de ce bien consistant dans la foi (*um jenen Guten im Glauben willen*).

On peut encore demander si cette déduction de l'Idée d'une justification de l'homme, coupable, sans doute, mais pourtant arrivé à une intention agréable à Dieu, comporte un usage pratique, et quel peut être cet usage. Il ne faut pas chercher à voir quel usage *positif* nous en pouvons faire pour la religion et pour la conduite; étant donné que cette étude a pour fondement cette condition que ceux qu'elle concerne sont au préalable réellement dans la bonne intention requise, intention que tout usage pratique des concepts moraux a proprement pour but d'aider (de développer et de stimuler); car, en ce qui concerne la consolation, la bonne intention la porte déjà avec elle (à titre de consolation et d'espérance, non à titre de certitude) pour qui a conscience de la posséder. Dans cette mesure, par conséquent, la déduction qui nous occupe n'est que la réponse à une question spéculative, que cependant on ne peut passer sous silence, parce qu'alors on pourrait reprocher à la raison d'être absolument impuissante à concilier avec la justice divine l'espérance que nous avons de voir l'homme absous de ses fautes, reproche qui sous maints rapports, surtout sous le rapport moral, pourrait lui porter préjudice. Mais l'utilité *négative* que l'on peut en tirer, au profit de chacun, pour la religion et les mœurs, est d'une très grande portée. Cette déduction, en effet, nous fait voir que c'est seulement sous la supposition de la conversion totale que peut se concevoir l'absolution, devant la justice céleste, de l'homme surchargé de fautes ; partant, que toutes les expiations, qu'elles soient secrètes ou solennelles, toutes les invocations et toutes les glorifications (même celles qui s'adressent à l'Idéal, représentant du Fils de Dieu) ne peuvent suppléer au défaut de bonne intention, ni, quand cette intention existe, en augmenter le moins du monde la valeur devant ce tribunal ; car il faut que cet Idéal soit admis dans notre intention pour tenir lieu du fait. Une conséquence tout autre est contenue dans la question suivante : Que peut se promettre l'homme, ou qu'a-t-il à craindre, de sa conduite, *à la fin de sa vie?* L'homme ici, tout d'abord, doit connaître son caractère, au moins jusqu'à un certain point ; par conséquent, même s'il croit avoir rendu son intention meilleure, il doit conjointement avec cette intention, considérer l'intention ancienne (l'intention corrompue), qui fut la sienne tout d'abord (*von der er ausgegangen ist*), et pouvoir décider en quoi et dans quelle mesure il s'est dépouillé de cette intention, en même temps qu'évaluer la *qualité* (plus pure ou moins impure) ainsi que le *degré* atteints par la prétendue nouvelle intention, pour se rendre maître de la première et s'empêcher d'y retomber ; il devra donc toute sa vie faire l'examen de son intention. Or, comme il ne saurait, par conscience immédiate, avoir de sa réelle intention un concept certain et précis, ne pouvant en juger que par sa conduite effective, pour connaître le jugement que prononcera le juge futur (la conscience morale réveillée en chacun de nous et appelant à son aide le témoignage de la connaissance empirique que nous avons de nos personnes), l'homme doit se dire que *toute sa vie* lui sera un jour placée sous les yeux, et non pas seulement une fraction de cette vie, la dernière peut-être et pour lui, d'autre part, la plus avantageuse ; à laquelle il pourrait ajouter de lui-même la perspective d'une vie menée plus avant dans la perfection (sans qu'il se fixât ici de limites), si elle avait plus longuement duré. Ici donc l'homme ne peut pas donner comme valant des faits l'intention qu'il a eue d'abord, et c'est au contraire des faits évoqués devant lui qu'il doit tirer son intention. Peut-être le lecteur se demande-t-il si cette pensée qui rappelle à l'homme (et point n'est besoin que l'on prenne le plus méchant) beaucoup de choses que depuis longtemps il a perdues de vue avec légèreté, si cette pensée, dis-je, quand on se bornerait à lui rappeler qu'il a lieu de croire qu'il doit un jour comparaître devant un juge, seule décidera de sa destinée à venir d'après sa conduite jusqu'à ce jour? Si l'on interroge dans l'homme le juge qui se trouve en lui, il se juge sévèrement, car il ne peut suborner sa raison; mais si on lui présente un autre juge, et qu'on veuille informer sur son compte par des renseignements puisés à d'autres sources, il a à faire alors, contre la sévérité de son juge, de nombreuses objections tirées de la fragilité humaine, et, d'une façon générale, il croit avoir prise sur lui, soit en prévenant le châtiment qu'il en recevrait par des punitions qu'il s'inflige à lui-même, comme marques de repentir, mais sans qu'elles prennent leur source dans une intention véritable d'amélioration, soit en réussissant à le fléchir par des prières et des supplications et même par des formules et par des professions de foi (*für gläubig ausgegebene Bekenntnisse*); et une fois que cette espérance lui est ouverte (selon le proverbe que *tout est bien, qui finit bien*), il s'appuie là-dessus pour établir ses plans, de très bonne heure, de manière à ne point se priver sans nécessité de trop de plaisirs dans la vie (*zu viel am vergnügten Leben*), et à pouvoir, quand il touchera à sa fin, régler promptement son compte à son avantage (1).

(1) [L'intention de ceux qui, à leurs derniers moments, font appeler un ecclésiastique est ordinairement d'avoir en lui un *consolateur* non des souffrances physiques que comportent la maladie suprême et même, à elle seule, la crainte naturelle de la mort (car, de ces souffrances, la mort, qui les termine, peut être le consolateur), mais des souffrances *morales*, c'est-à-dire des reproches de la conscience. Or, il

faudrait ici exciter plutôt cette conscience et l'aiguiser pour que le mourant, sans délai, fasse tout le bien qui lui est possible, détruise (répare) le mal dans ses conséquences encore existantes, selon cet avertissement : « Mets-toi d'accord avec ton adversaire (celui qui a un droit à faire valoir contre toi) tant que tu fais route avec lui (tant que tu vis encore), pour qu'il ne te livre pas au juge (après la mort), etc. » Mais, au lieu d'agir de la sorte, donner comme de l'opium à la conscience, c'est commettre une faute et contre le mourant lui-même et contre des hommes qui lui survivent ; et c'est totalement contraire à la fin pour laquelle un tel secours spirituel (*Gewissensbeistand*) peut être regardé comme nécessaire à la fin de la vie.]

DEUXIÈME SECTION

De la prétention du mauvais principe a la domination sur l'homme et de la lutte des deux principes l'un contre l'autre.

? L'Écriture sainte (Nouveau Testament) expose ce rapport moral intelligible sous la forme d'une histoire où deux principes, aussi opposés dans l'homme que le ciel et l'enfer, représentés comme des personnes distinctes de lui, non seulement essaient l'un contre l'autre leurs forces respectives, mais encore tâchent de faire valoir par le droit (l'un comme accusateur, l'autre comme avocat de l'homme) leurs prétentions contraires, ainsi que devant un juge suprême.

L'homme, à l'origine, avait reçu en partage tous les biens de la terre (1. Moïse, I, 28), mais il ne devait les posséder qu'à titre de fief (*dominium utile*) sous la suzeraineté de son Créateur et Seigneur (*dominus directus*). Or, voici qu'aussitôt apparaît un être mauvais (et l'on ne nous dit pas comment il a pu devenir mauvais, au point d'être infidèle à son Seigneur, alors qu'il était bon originellement), qui, dépossédé par sa chute de toutes les possessions qu'il pouvait avoir eues au ciel, veut en acquérir d'autres sur la terre. Comme cet être est d'une espèce supérieure et qu'à titre d'esprit il ne saurait trouver de jouissance dans des objets terrestres et corporels, il cherche donc à établir sa domination *sur les âmes* (*Gemüther*) en excitant les prémiers parents de tous les humains à se révolter contre leur Seigneur et en se les attachant ; et comme cette entreprise lui réussit, il arrive à se faire le suzerain de tous les biens de la terre, c'est-à-dire à s'ériger en prince de ce monde. On pourrait, sans doute, trouver étrange que Dieu n'ait pas fait usage de sa puissance contre ce traître(1) et qu'il ait mieux aimé anéantir, dès son commencement, le royaume qu'il s'était proposé de fonder ; mais la domination et le gouvernement de la sagesse suprême sur des êtres raisonnables se conforme au principe de la liberté de ces êtres, qui ont à s'imputer à eux-mêmes ce qui leur arrive de bien ou de mal. Sur cette terre donc, malgré le bon principe, fut établi un empire du mal, auquel se sont soumis tous les descendants (naturels) d'Adam, et cela, du reste, de leur plein gré, l'illusion des biens de ce monde détournant leurs regards de l'abime de perdition qui leur est réservé. Certes, pour maintenir son droit à régner sur les hommes, le bon principe institua une forme de gouvernement uniquement fondé sur le respect public de son nom (ce fut la théocratie *juive*) ; mais comme les âmes ainsi gouvernées n'avaient d'autres mobiles que les biens temporels, et que, du reste, elles ne voulaient pas être gouvernées autrement que par des récompenses et des châtiments dans la vie présente, ce qui les rendait incapables d'accepter d'autres lois en dehors de celles qui, d'une part, imposaient des cérémonies et des pratiques gênantes, et, d'autre part, étaient des lois morales où, cependant, intervenait la contrainte extérieure et qui, pour ce motif, n'étaient rien que des lois civiles, où l'intention morale intime n'était point

(1) Le P. CHARLEVOIX nous dit qu'un catéchumène iroquois auquel il dépeignait tout ce que le mauvais esprit a introduit de mal dans la création primitivement bonne et tous les efforts qu'il fait constamment pour rendre vaines les meilleures institutions divines, lui demanda non sans impatience : « Mais pourquoi Dieu ne tue-t-il pas le diable ? » et il nous avoue franchement qu'à cette question il ne put pas trouver sur-le-champ de réponse.

prise en considération; un tel ordre de choses n'était point fait pour ruiner de fond en comble le règne des ténèbres et ne servait qu'à rappeler sans cesse l'imprescriptible droit du Maître primitif. — Or, chez ce même peuple, au moment où il ressentait, aussi fortement que possible, tous les maux inhérents à une constitution hiérarchique, et où, pour ce motif, comme aussi peut-être sous l'influence exercée peu à peu sur lui par ces leçons de liberté morale ébranlant l'esprit d'esclavage données au monde par les sages grecs, s'ouvrait grandement à la réflexion, et par conséquent, était mûr pour une révolution, apparut tout à coup un personnage dont la sagesse encore plus pure que celle des philosophes antérieurs semblait comme descendre du ciel et qui tout en se donnant lui-même, en ce qui touchait ses enseignements et son exemple, pour un homme véritable sans doute, s'annonçait cependant comme un envoyé d'une naissance telle qu'il gardait l'innocence originelle et n'était point compris dans le pacte que le reste du genre humain, par son représentant, le premier homme, avait conclu avec le principe mauvais (1), si bien « qu'en

(1) [Qu'une personne affranchie du penchant inné au mal soit concevable comme possible si on la fait naître d'une vierge mère, c'est une idée de la raison s'accommodant à un instinct qu'on peut dire moral difficilement explicable, mais cependant indéniable ; nous considérons, en effet, la procréation naturelle, parce qu'elle est toujours liée au plaisir sensuel d'un couple et que (pour la dignité de l'humanité) elle semble établir une trop proche parenté entre nous et l'espèce des animaux en général, comme une chose dont nous avons à *rougir* ; — représentation qui, certainement, est devenue la véritable cause de la prétendue sainteté de l'état monacal ; — par conséquent, elle nous apparaît comme quelque chose d'immoral et d'inconciliable avec la perfection d'un homme, mais qui cependant est entré dans notre nature et se transmet, par suite, à la descendance du premier homme comme une hérédité (*Anlage*) mauvaise. — A cette représentation obscure (d'un côté simplement sensible, mais d'un autre côté morale, et par conséquent intellectuelle) est donc bien adéquate l'idée d'une procréation (virginale), indépendante de tout rapport sexuel, d'un enfant exempté de tout défaut moral, bien qu'elle ne soit pas théoriquement sans difficultés (il est vrai, toutefois, qu'au point de vue pratique on n'a rien à déterminer en ce qui regarde la théorie). Car dans l'hypothèse de l'épi-

Lui le prince de ce monde ainsi n'avait aucune part ». Cet événement mettait en péril la domination du mauvais principe. Car, cet homme agréable à Dieu venant à résister aux tentations du démon et à rejeter ce contrat, d'autres hommes après lui suivant les mêmes sentiments, c'étaient pour le mauvais esprit tout autant de sujets perdus et son règne courait le risque d'être détruit entièrement. Satan offrit donc à cet homme de le faire son feudataire commandant à tout son royaume pourvu qu'il consentît à lui en rendre hommage comme au suzerain véritable. Cette tentative ayant échoué il enleva d'abord à cet étranger venu dans ses terres tout ce qui aurait pu lui rendre la vie agréable ici-bas (le réduisant à la plus grande pauvreté), et puis, non content de cela, il suscita contre cet homme toutes les persécutions par lesquelles les méchants peuvent rendre amère cette vie, tortures que l'homme de bien est seul à ressentir dans le fond de son âme, calomnies qui s'attaquent à l'intention pure de ses doctrines (pour lui enlever tout crédit), et il le poursuivit jusques à la mort la plus ignominieuse, sans pouvoir toutefois réussir à lui enlever si peu que ce soit de sa fermeté et de sa franchise dans ses leçons et ses exemples qui visaient à la perfection de gens totalement indignes. Quelle fut maintenant l'issue de ce combat ? Le résultat peut en être

genèse il faudrait que la mère, issue de ses parents par procréation *naturelle* fût affectée de ce défaut moral et en transmît tout au moins la moitié à son enfant, nonobstant sa procréation surnaturelle ; partant, pour échapper à cette conséquence, il faudrait adopter le système de la *préexistence* des germes dans les parents et celui de leur développement non pas dans l'élément *femelle* (on n'éviterait pas ainsi la conséquence) mais uniquement dans l'élément *mâle* (non le système des *ovules*, mais bien celui des *spermatozoïdes*) ; cet élément n'étant pour rien dans une grossesse surnaturelle, la représentation dont nous avons parlé, devenue théoriquement conforme à cette idée, pourrait maintenant être défendue. — Mais à quoi bon toutes ces théories pour ou contre, quand, dans la pratique, il suffit que nous nous représentions cette idée comme un modèle, en tant que symbole de l'humanité s'élevant d'elle-même au-dessus des séductions du mal (et résistant victorieusement aux tentations) ?]

considéré à deux points de vue, en *droit* et en *fait*. Si l'on se place au dernier point de vue (et que l'on considère ce qui frappe les sens), le bon principe a eu le dessous dans la lutte ; après avoir enduré beaucoup de souffrances il dut laisser la vie dans ce combat (1), parce qu'il avait fomenté une insurrection dans une domination étrangère (qui avait la force pour elle). Mais comme le royaume dans lequel des *principes* détiennent la puissance (qu'ils soient d'ailleurs bons ou mauvais) n'est pas un royaume de la nature, mais de la liberté, c'est-à-dire un royaume tel qu'on n'y peut disposer des choses qu'autant qu'on règne sur les âmes (*Gemüther*), et où, par conséquent, n'est esclave (n'est serf) que qui veut l'être, et aussi longtemps qu'il veut l'être, jus-

---

(1) [Ce n'est pas que (suivant une imagination romanesque de D. Bahrdt) il *cherchât* la mort pour favoriser l'exécution d'un bon dessein, au moyen d'un brillant exemple de nature à faire sensation ; cela eût été un suicide. Car s'il est permis d'exposer sa vie en accomplissant certaines actions, si l'on peut même recevoir tranquillement la mort des mains d'un adversaire, quand on ne saurait l'éviter sans se rendre infidèle à un devoir imprescriptible, on n'a jamais le droit de disposer de soi et de sa vie, comme d'un moyen en vue d'une fin, quelle qu'elle soit, et d'être ainsi l'*auteur* de sa mort. — Mais ce n'est pas non plus qu'il *ait* risqué sa vie (comme le soupçonne l'auteur des *Fragments de Wolfenbüttel*) non dans un but moral, mais simplement dans un but politique, mais clandestin, visant en quelque sorte à renverser la domination des prêtres, et à s'installer à leur place avec le pouvoir temporel ; à cette supposition s'oppose en effet la recommandation adressée par Jésus à ses disciples, à la Cène, alors qu'il avait déjà perdu l'espérance de sortir vivant de la lutte : « Faites ceci en mémoire de moi » ; s'il eût voulu par ces paroles les porter à commémorer l'échec d'un dessein temporel, la recommandation aurait été blessante, propre à soulever de l'indignation contre son auteur et par suite intrinsèquement contradictoire. Cette commémoration toutefois pouvait aussi porter sur l'échec d'un dessein excellent et purement moral du Maître qui aurait voulu, de son vivant même, renverser la croyance cérémoniale des Juifs, qui étouffait toute intention morale, anéantir le pouvoir de ses prêtres et opérer ainsi (dans la religion) une révolution *publique* (le soin qu'il avait pris de rassembler pour la Pâque tous ses disciples épars dans le pays pouvait avoir en vue la réalisation de ce dessein) ; et certes nous pouvons même aujourd'hui encore regretter qu'un pareil dessein n'ait point réussi, bien qu'il n'ait pas été conçu en vain et qu'il ait abouti après la mort du Christ, à une transformation religieuse qui s'est opérée sans éclat (*im Stillen*), mais au milieu de beaucoup de souffrances.]

tement cette mort (le degré le plus élevé des souffrances d'un homme) était la mise en lumière du bon principe, c'est-à-dire de l'humanité <dans toute> sa perfection morale, comme un modèle à imiter par tous. La représentation de cette mort dut avoir dans son temps, et peut avoir même pour tous les temps, la plus grande influence sur les âmes humaines, en faisant voir, dans le plus saisissant contraste, la liberté des enfants du ciel et l'esclavage d'un simple fils de la terre. Ce n'est pas cependant simplement à une certaine époque, mais dès l'origine du genre humain, que le bon principe est descendu du ciel dans l'humanité, d'une manière invisible (comme doit l'avouer tout homme qui remarque à la fois la sainteté de ce principe et l'impossibilité où l'on est d'en comprendre l'union avec la nature sensible de l'homme dans la disposition morale), et y a élu juridiquement son premier domicile. Quand donc il apparut dans un homme réel pour servir de modèle aux autres, « il vint dans sa propriété et les siens ne l'accueillirent point; à ceux qui le reçurent il donna le pouvoir de s'appeler enfants de Dieu croyant en son nom »; c'est-à-dire que, par l'exemple de l'homme qu'il a revêtu (dans l'Idée morale), il ouvre toute grande la porte de la liberté à tous ceux qui veulent, comme Lui, mourir à tout ce qui les tient, au détriment de la moralité, enchaînés à la vie terrestre, et qu'il forme avec eux « un peuple dévoué aux bonnes œuvres, qui est à Lui » et se soumet à sa domination, abandonnant à leur sort ceux qui préfèrent la servitude morale.

Donc l'issue morale de ce combat, du côté du héros de cette histoire (jusqu'à sa mort), n'est pas, à proprement parler, la *défaite* du mauvais principe — puisque son règne dure encore et qu'il faut, en tout cas, que vienne une nouvelle époque où il sera détruit — mais seulement un amoindrissement de sa puissance, puisqu'il ne peut plus retenir, contre leur volonté, ceux qu'il a eus si longtemps pour sujets, maintenant que pour eux s'est ouverte une

KANT. — Religion.

autre domination morale (car il faut que l'homme se range sous une domination de ce genre), une république (*Freistaff*) où ils peuvent trouver aide et protection pour leur moralité, s'ils veulent quitter leur ancien tyran. Du reste, le mauvais principe est toujours appelé le prince de ce monde où les partisans du bon principe doivent toujours s'attendre à des souffrances physiques, à des sacrifices, à des mortifications d'amour-propre qui sont représentées ici comme des persécutions du mauvais principe, étant donné que ce principe réserve, dans son royaume, ses récompenses à ceux-là seuls qui ont fait des biens terrestres leur fin dernière.

On voit aisément que, dépouillée de son enveloppe mystique, cette représentation vivante, qui seule vraisemblablement pouvait en son temps *mettre l'idée à la portée de tous (populäre Vorstellungsart)*, a été (quant à son esprit et quant à son sens rationnel) pratiquement valable et obligatoire pour tout le monde et pour tous les temps, parce qu'elle est assez rapprochée de nous tous pour nous servir à connaître notre devoir. Le sens en est que le seul salut pour les hommes c'est d'accepter très intimement de véritables principes moraux dans leur intention ; qu'à cette acceptation s'oppose non point la sensibilité, comme on l'en accuse si fréquemment, mais une certaine perversité, qui est elle-même coupable, une méchanceté qu'on peut du reste aussi appeler fausseté (ruse du démon par laquelle le mal est entré dans le monde), perversité inhérente à tout homme, et qui ne peut être vaincue que par l'idée du bien moral dans sa parfaite pureté, si l'on a conscience que cette idée du bien appartient réellement à la disposition primitive de l'homme et qu'on n'a qu'à s'appliquer à la maintenir pure de tout mélange et à l'adopter profondément dans son intention pour être convaincu, grâce à l'effet qu'elle produit insensiblement sur l'âme, que les puissances redoutées du mal n'ont plus sur elle de pouvoir(« les portes de l'enfer ne prévaudront pas contre elle »), et — ceci dit pour nous empêcher de vouloir suppléer à cette confiance *superstitieusement*, par des expiations qui ne supposent pas un changement de cœur, ou *fanatiquement*, par de prétendues illuminations intérieures (purement passives), et de nous tenir de la sorte constamment éloignés du bien, fondé sur l'activité personnelle — que nous devons, du bien moral, exiger pour tout caractère, celui d'une bonne conduite. — Au reste, la peine que nous prenons à découvrir dans l'Écriture un sens qui soit en harmonie avec les enseignements *les plus saints* de la raison n'est pas seulement permise, elle doit même être considérée plutôt comme un devoir (1), et l'on peut, à cette occasion, se rappeler ces mots adressés par le Maître si *sage* à ses disciples, au sujet de quelqu'un qui suivait sa route particulière, par laquelle, en définitive, il devait atteindre le même but : « Laissez-le faire ; car celui qui n'est pas contre nous est pour nous. »

REMARQUE GÉNÉRALE

Pour qu'une religion morale (qui n'est pas une religion de dogmes et d'observances, mais une disposition du cœur à observer tous les devoirs humains comme des préceptes divins) arrive à s'établir, il faut que tous les *miracles* que l'histoire rattache à son introduction rendent enfin superflue elle-même la croyance aux miracles en général ; c'est en effet trahir un degré d'incrédulité morale digne de châtiment que de se refuser à reconnaître aux prescriptions du devoir, telles qu'elles se trouvent originellement écrites dans le cœur de l'homme par la raison, une autorité suffisante, si par surcroît elles n'imposent pas leur créance par des miracles : « Si vous ne voyez point des prodiges ni des

---

(1) [Bien qu'en cette matière, on peut le reconnaître, ce devoir ne soit pas le seul.]

miracles, vous ne croyez pas. » Il est cependant très conforme à la conception ordinaire des hommes de se figurer, lorsqu'une religion de simple culte et d'observances touche à sa fin et doit céder la place à une religion fondée en esprit et en vérité (basée sur l'intention morale), que l'introduction de cette dernière, bien qu'elle n'en ait pas besoin, s'accompagne aussi dans l'histoire, et, pour ainsi dire, se pare de miracles pour annoncer qu'est venu le terme de la première, proclamation qui, sans miracles, n'aurait joui d'aucune autorité ; on s'explique même, et c'est naturel, que, pour gagner à la révolution nouvelle les partisans de la religion établie, on la leur ait donnée comme l'accomplissement de l'ancien symbole, comme la réalisation de la fin que la Providence s'était proposée en l'établissant ; et, cela étant, il ne sert à rien de contester les récits dont il est question, ou les interprétations qu'on en donne, maintenant que la vraie religion est fondée et qu'elle peut d'elle-même se maintenir, actuellement et dans l'avenir, par des principes de raison, après avoir eu besoin, en son temps, de pareils moyens pour aider à son introduction ; car ce serait vouloir admettre que le simple fait de croire et de répéter des choses incompréhensibles (ce qui est loisible à chacun, sans qu'il soit meilleur pour cela ou qu'il le devienne jamais), est une manière, et la seule, de se rendre agréable à Dieu, prétention contre laquelle il faut s'élever de toutes ses forces. Il se peut donc que la personne du Maître de l'unique religion valable pour tous les mondes soit un mystère, que son apparition sur la terre, comme son départ d'ici-bas, comme sa vie riche en exploits et ses souffrances soient de purs miracles, et même que l'histoire qui doit certifier le récit de tous ces miracles elle-même soit un miracle (une révélation surnaturelle) ; nous pouvons laisser subsister la valeur de tous ces miracles et même vénérer en eux l'enveloppe grâce à laquelle une doctrine, dont la créance est basée sur un document ineffaçablement conservé dans toute âme humaine et n'a nul besoin de miracles, a pu se répandre au grand jour, à la condition — et ceci concerne l'usage de ces narrations historiques — de ne pas faire de la connaissance de ces miracles, de leur confession de bouche et de cœur, une partie de la religion, une chose qui soit d'elle-même capable de nous rendre agréables à Dieu.

Mais pour ce qui regarde les miracles en général, il se trouve des hommes judicieux qui, n'étant point d'avis de se refuser à y croire, ne veulent jamais toutefois laisser pratiquement intervenir cette croyance; ce qui revient à dire que s'ils croient *théoriquement* à l'existence de miracles, ils n'en veulent pas reconnaître *en fait* (*in Geschäften*). C'est pourquoi de sages gouvernements, tout en admettant l'opinion qu'il y a eu des miracles *anciennement*, tout en lui faisant même une place légale parmi les théories religieuses publiques, n'ont cependant pas permis de *nouveaux* miracles (1). En effet, les anciens miracles ont été

(1) Les docteurs en religion qui, pour leurs articles de foi, suivent l'inspiration de l'autorité gouvernementale (les orthodoxes), se laissent eux-mêmes, en ce point, guider par la même maxime. C'est pourquoi M. Pfenniger, dans sa défense de M. Lavater, son ami, qui avait soutenu la possibilité toujours réelle d'une foi qui opère des miracles, les taxait à bon droit d'inconséquence, puisque tout en professant (car il exceptait explicitement ceux dont la façon de penser était *naturaliste* sur ce point) qu'il y a eu réellement des thaumaturges dans la communauté chrétienne, voici environ dix-sept siècles, ils n'en voulaient plus reconnaître aucun aujourd'hui, sans pouvoir cependant prouver par l'Ecriture, ni que ces miracles un jour devaient totalement cesser, ni à quelle époque ils devaient cesser (soutenir en effet qu'ils ne sont plus maintenant nécessaires, c'est une sophistication par où l'on prétend à des vues trop grandes pour qu'un homme se les accorde); et la preuve qu'il demandait, ces docteurs ne l'ont point fournie. Ils ne se guidaient donc que sur une maxime de la raison pour refuser d'admettre et de permettre actuellement des miracles, non sur une vue objective qu'il ne s'en fait plus de nos jours. Mais est-ce que cette maxime, qui cette fois-ci vise des désordres à redouter dans la communauté civile, ne s'appliquerait pas aussi à la crainte qu'on peut avoir de désordres analogues dans la république des philosophes ou des penseurs en général? — Ceux qui, n'admettant pas de *grands* miracles (des miracles sensationnels) en permettent pourtant libéralement de *petits*, par eux nommés *direction extraordi-*

peu à peu si bien déterminés et limités par l'autorité, qu'aucune perturbation n'en peut résulter dans l'État, tandis qu'on devait nécessairement s'inquiéter des nouveaux thaumaturges à cause de l'action qu'ils pouvaient exercer sur la tranquillité publique, sur l'état des choses établi. Mais si l'on pose la question : quel sens faut-il donner au mot *miracles* (comme notre intérêt n'est ici, à vrai dire, que de savoir ce que sont *pour nous* les miracles, c'est-à-dire ce qu'ils sont pour notre usage rationnel pratique) on peut donner cette définition : ce sont des événements produits dans le monde par des causes dont les *modes d'opération* (*Wirkungsgesetze*) nous sont et doivent nous rester nécessairement inconnus. On peut alors diviser les miracles en *divins* et en *démoniaques*, et ces derniers en miracles *angéliques* (œuvre des bons esprits) et en *diaboliques* (opérés par les mauvais anges) ; ceux-ci sont proprement les seuls dont on s'enquière, car les *bons anges* (je ne sais pourquoi) font peu ou même ne font point du tout parler d'eux.

Pour ce qui est des miracles *divins*, il est hors de doute que nous pouvons nous faire une idée du mode d'action de leur cause (qui est un Être tout-puissant, etc., et en outre moral), mais seulement une idée *générale*, en tant que nous concevons Dieu comme le Créateur et le Conservateur de l'ordre physique et moral du monde, puisque nous pouvons avoir des lois de cet ordre, immédiatement et par nous-mêmes, une connaissance que la raison peut ensuite employer à son usage. Mais si nous admettons que Dieu,

naire (parce que ces derniers, simples coups de barre, n'exigent de la cause surnaturelle que peu de dépense de forces), ne réfléchissent pas qu'il ne s'agit pas ici de l'effet produit ni de sa grandeur, mais bien de la forme du cours du monde, c'est-à-dire du *mode de production* de l'effet, naturel ou surnaturel, et qu'il n'y a pour Dieu aucune différence entre le facile et le difficile. Et sous le rapport du *mystère* qui se trouve dans les influences surnaturelles, il est encore moins correct de vouloir ainsi délibérément atténuer (*Verbergung*) l'importance d'un événement de ce genre.

fût-ce de temps à autre et dans des cas particuliers, laisse la nature s'écarter des lois qui la régissent, nous n'avons pas, et ne pouvons pas espérer d'avoir quelque jour, la moindre idée de la loi que Dieu suit dans la production d'un événement de ce genre (sauf cette idée *morale générale* que tout ce que Dieu fait est bien, laquelle, au point de vue de ce cas spécial, ne donne aucune détermination). Ici donc la raison est comme paralysée, puisque de ce fait elle est arrêtée dans ses spéculations dirigées par des lois connues, sans qu'aucune loi nouvelle l'instruise, sans que jamais non plus elle puisse espérer d'en recevoir en ce monde l'explication. Mais, de tous ces miracles, les diaboliques sont ceux qui sont les plus incompatibles avec l'usage de notre raison. Car, en ce qui concerne les miracles *divins*, la raison peut encore avoir pour son usage un critère au moins négatif, je veux dire que, dans le cas où l'on présenterait comme ordonnée par Dieu, dans une apparition divine immédiate, une chose directement contraire à la moralité, il est impossible, malgré toutes les apparences, qu'il y ait là un miracle divin (tel est, par exemple, le cas de l'ordre imposé à un père de tuer son fils, autant qu'il le sache, bien innocent); tandis que pour un miracle diabolique ce critère même nous fait défaut, et que si nous voulions, relativement à de tels miracles, prendre pour l'usage de la raison le critère opposé, c'est-à-dire positif, qui consisterait à envisager un miracle, s'il nous invite à l'accomplissement d'une action bonne et dans laquelle en soi nous reconnaissons déjà un devoir, comme n'étant pas l'œuvre d'un malin génie, nous pourrions, en ce cas, nous tromper grandement ; car le démon prend souvent, comme on dit, la forme d'un ange de la lumière.

Dans la pratique, on ne peut donc jamais faire état des miracles ni les faire entrer en ligne de compte dans l'usage de la raison (nécessaire à chacun dans tous les états de la vie). Le juge (quelle que soit sa foi, dans l'église, aux miracles), quand pour sa défense le délinquant parle de tentations diaboliques dont il a été la victime, ne fait aucun cas de ce qu'il entend ; et cependant il y aurait, s'il trouvait la chose possible, une circonstance bien digne d'être prise par lui en considération dans ce fait qu'un pauvre imbécile est tombé dans les pièges d'un madré scélérat ; mais le juge ne peut pas citer le démon à sa barre, le confronter avec le prévenu, ni, en un mot, tirer des raisons invoquées quelque chose de raisonnable. L'ecclésiastique sensé se gardera donc bien de remplir la tête de ses fidèles d'histoires relatives au *Protée infernal* et de leur dépraver l'imagination. Pour ce qui est des bons miracles, les gens n'en font mention, dans ce qui touche à leurs occupations, que par manière de parler. Ainsi le médecin, en parlant d'un malade, dit : à moins d'un miracle, il n'y a rien à faire ; traduisez : sa mort est certaine. Or, au nombre des professions, il y a aussi celle du savant qui doit rechercher les causes des faits dans les lois physiques qui les régissent ; je dis, dans les lois de ces faits, lois que, par conséquent, il peut constater par l'expérience, bien qu'il doive se résigner à ne pas connaître, dans son essence (*an sich selbst*), ce qui agit d'après ces lois, ou bien ce que ces lois pourraient être pour nous si nous étions doués d'un autre sens (*Sinn*) possible. C'est également un devoir pour l'homme de travailler à son amélioration morale ; et certes, il se peut bien que des influences célestes collaborent toujours avec lui dans cette œuvre, ou soient regardées comme nécessaires pour en faire saisir la possibilité ; mais l'homme n'est capable ni de les distinguer, d'une manière sûre, des influences naturelles, ni de les attirer sur lui, elles et le ciel, pourrait-on dire ; ne sachant donc rien en faire directement, il ne *constate* (1) pas en ce cas de mi-

---

(1) [Cela revient à dire qu'il ne fait pas entrer la foi aux miracles dans ses maximes (de la raison théorique ou pratique) sans nier pourtant ni la possibilité ni la réalité des miracles.] 2ᵉ éd.

racle, mais, s'il prête l'oreille aux préceptes de la raison, il se comporte alors comme si toute conversion et toute amélioration dépendaient simplement de ses propres efforts et de son application soutenue. Mais que du fait qu'on a reçu le don de croire *fermement* aux miracles en théorie, on puisse encore en opérer et assiéger ainsi le ciel, c'est une chose qui dépasse beaucoup trop les bornes de la raison pour qu'on s'arrête longuement à une telle assertion vide de sens (1).

(1) Un subterfuge habituel de ceux qui recourent aux arts *magiques* pour exploiter les gens crédules, ou qui veulent au moins y faire croire en général, consiste à en appeler à l'aveu que font de leur *ignorance* les physiciens. On ne connaît pas, disent-ils, la *cause* de la pesanteur, ni de la force magnétique, etc. — Mais nous en connaissons les lois, avec une précision suffisante, dans les strictes limites des conditions sous lesquelles seulement se produisent certains effets ; et, pour faire de ces forces un emploi rationnel certain, aussi bien que pour en expliquer les phénomènes, c'est suffisant *secundum quid* et *regressivement*, puisqu'on peut employer ces lois à classifier nos expériences, quoique, *simpliciter* et *progressivement*, la connaissance que nous en avons ne suffise pas à nous découvrir les causes mêmes des forces qui agissent selon ces lois. — Par là devient aussi compréhensible ce phénomène interne de notre entendement qui fait que de prétendus miracles de la nature, c'est-à-dire des phénomènes suffisamment accrédités bien qu'anormaux, ou des propriétés des choses qui se présentent contre toute attente et s'écartent des lois naturelles déjà connues, sont accueillis avec avidité et exaltent l'esprit tant qu'on les tient pour choses naturelles, tandis que, à l'annonce d'un vrai miracle, ce même esprit demeure *terrassé*. C'est que les premiers de ces faits font entrevoir à la raison l'acquisition d'un aliment nouveau, c'est-à-dire donnent l'*espoir* de découvrir de nouvelles lois naturelles, tandis que les seconds provoquent la *crainte* de perdre même la confiance dans ce qui déjà passait pour connu. Or, privée des lois de l'expérience, la raison n'offre plus aucune utilité dans un pareil monde enchanté, même sous le rapport de l'usage moral qu'on pourrait en faire en ce monde pour obéir à son devoir ; car on ne sait plus si, à notre insu, il ne se produit pas, même dans les mobiles moraux, par miracles, des changements dont nul ne saurait décider s'il doit les attribuer à lui-même ou à une autre cause impénétrable. — Ceux dont le jugement est ainsi disposé qu'ils ne croient pas pouvoir se passer de miracles dans l'explication des choses (*hierin*), pensent adoucir le coup que leur opinion porte à la raison en admettant que les miracles n'ont lieu que *rarement*. S'ils entendent par là que cette rareté est déjà contenue dans l'idée de miracle (parce que, s'il arrivait habituellement, un événement de ce genre ne serait pas qualifié miracle) on peut à la rigueur leur passer ce sophisme (par le-

quel ils transforment une question objective, portant sur la chose et sur ce qu'elle est, en une question subjective, concernant le sens du mot employé pour la désigner) et leur demander en retour: quel sens donnez-vous à ce *rarement ?* est-ce une fois tous les cent ans, ou anciennement et maintenant plus ? Ici, pour nous, rien n'est déterminable au moyen de la connaissance de l'objet (car, de notre propre aveu, cet objet nous est transcendant) ; c'est seulement aux maximes nécessaires de l'usage de notre raison que nous devons avoir recours, et ces maximes veulent ou qu'on admette les miracles comme se produisant *quotidiennement* (quoique cachés sous l'aspect de faits naturels) ou qu'on ne les admette *jamais* et, dans ce dernier cas, que l'on ne les donne pour base ni à nos explications rationnelles ni aux règles de nos actions ; comme la première de ces maximes est incompatible avec la raison, force nous est d'adopter la seconde ; car ce principe n'est toujours qu'une maxime d'appréciation (*Maxime der Beurtheilung*) et non une affirmation théorétique. Personne n'oserait se faire une assez haute idée de sa pénétration pour vouloir décider catégoriquement, au sujet, par exemple, de la si merveilleuse conservation des espèces végétales et animales, chaque génération nouvelle reproduisant sans altération son original avec toute la perfection intérieure du mécanisme et (comme on le voit dans les végétaux) même avec toute la beauté des couleurs du reste si tendres, et cela à chaque printemps, sans que les forces par ailleurs si destructives de la nature inorganique au cours des mauvais temps de l'automne et de l'hiver aient pu amoindrir à ce point de vue leurs semences, pour vouloir décider, disais-je, par une vue directe, que tout ceci est une simple conséquence des lois de la nature, et que cette conservation n'exige pas chaque fois l'influence immédiate du Créateur, ce qui serait tout autant admissible. — Mais tous ces faits sont des expériences ; ils ne sont donc *pour nous* que des effets physiques et nous ne *devons* jamais les juger autrement ; ainsi le commande la modestie de la raison dans ses prétentions ; dépasser ces limites, c'est témérité et présomption (*Unbescheidenheit in Ansprüchen*), bien que la plupart du temps on prétende montrer dans l'affirmation des miracles, une pensée qui s'humilie et se détache d'elle-même.

TROISIÈME PARTIE

DE LA VICTOIRE DU BON PRINCIPE SUR LE MAUVAIS ET DE L'ÉTABLISSEMENT D'UN RÈGNE DE DIEU SUR LA TERRE.

Le combat que tout homme animé de bonnes intentions morales doit soutenir dans cette vie sous les ordres du bon principe contre les assauts du mauvais, ne peut, quelques efforts qu'il fasse, lui procurer de plus grand avantage que sa délivrance à l'égard de la *domination* du mal. Devenir *libre*, « être affranchi de l'esclavage du péché pour vivre selon la justice », c'est le gain suprême qu'il puisse faire. Il n'en reste pas moins exposé toutefois aux agressions du principe mauvais; et pour garder sa liberté intacte, au milieu d'attaques continuelles, il doit toujours être sous les armes, prêt au combat.

Or, si l'homme se trouve dans cette situation périlleuse, il le doit à sa propre faute; aussi est-il *tenu*, dans la limite du possible, de déployer au moins la force dont il dispose pour en sortir. Mais comment s'y prendre? c'est la question. — S'il cherche les causes et les circonstances qui lui font courir ce danger et qui l'entretiennent autour de lui, il peut se convaincre aisément qu'elles proviennent moins de sa propre nature brute, celle d'un individu vivant seul, que des hommes avec lesquels il est en contact ou en relations. Ce ne sont pas les excitations de sa nature qui éveillent en lui les *passions*, ces mouvements désignés par un mot si juste qui causent de si grands ravages dans ses dispositions primitivement bonnes. Il n'a que de petits besoins, et les soucis qu'ils lui procurent laissent son humeur modérée et calme. Il n'est pauvre (ou ne se croit tel) qu'autant qu'il a peur que les autres hommes puissent le croire pauvre et le mépriser pour cela. L'envie, l'ambition, l'avarice, et les inclinations haineuses qui les suivent, assaillent sa nature essentiellement modérée, *dès qu'il vit au milieu des hommes;* et il n'est même pas besoin de supposer ces hommes déjà enfoncés dans le mal, lui donnant de mauvais exemples; il suffit qu'ils soient là, qu'ils l'entourent et qu'ils soient des hommes, pour qu'ils se corrompent les uns les autres dans leurs dispositions morales et qu'ils se rendent mutuellement mauvais. Si donc il n'était pas possible de trouver le moyen d'établir une société destinée tout à fait particulièrement à sauvegarder les hommes du mal et à les guider vers le bien, association permanente, à extension continue, visant uniquement à maintenir intacte la moralité et opposant au mal ses forces réunies, alors quelques efforts que chacun, pris à part, eût pu faire pour échapper à sa domination, le mal le tiendrait malgré tout constamment menacé du risque de retomber sous son emprise. — Le triomphe du bon principe, dans la mesure où les hommes y contribuent, n'est donc réalisable, autant qu'il nous est permis d'en juger, que par la fondation et l'extension d'une société gouvernée par les lois de la vertu et n'ayant pas d'autre fin qu'elles; société à qui la raison donne pour tâche et pour devoir de rallier tous les humains à ce règne dans son ampleur; et cette société, la raison donne au genre humain tout entier pour tâche et pour devoir de la former en son sein. — En effet, on ne peut que de cette manière espérer pour le bon principe la victoire sur le mauvais. Outre les lois qu'elle prescrit à chaque individu, la raison morale législatrice déploie encore un étendard de la vertu comme signe de ralliement autour duquel viendront se rassembler tous les amis du bien pour arriver enfin à triompher du mal et de ses attaques incessantes.

Une association des hommes sous les seules lois de la vertu, comme le prescrit cette Idée, peut s'appeler une société *morale*, et lorsque ces lois sont publiques, elle peut s'appeler (par opposition à la société *juridico-civile*) une société *éthico-civile* ou encore une *république morale* Cette république peut se fonder dans une société politique existante et même réunir tous les membres qui la composent (à dire vrai les hommes n'auraient jamais pu la constituer sans avoir comme fondement cette autre société). Mais la république morale a un principe d'association particulier et qui lui appartient en propre (la vertu); elle a aussi conséquemment une forme et une constitution qui diffèrent essentiellement de la forme et de la constitution de l'autre. Toutefois, on découvre une certaine analogie entre ces deux sortes de sociétés, à les considérer comme républiques en général; et sous ce rapport, la première peut être appelée encore un *État moral*, c'est-à-dire un *royaume* de la vertu (du bon principe), royaume ou État dont l'Idée trouve dans la raison humaine sa réalité objective parfaitement fondée (entendez le devoir de se grouper pour former un pareil État) bien que, subjectivement, il n'y ait jamais à attendre du bon vouloir des hommes qu'ils arrivent à se décider à collaborer dans ce but avec harmonie.

PREMIÈRE SECTION

Représentation philosophique de la victoire du bon principe grace a la fondation d'un règne de Dieu sur la terre.

I. — *De l'état de nature, au point de vue moral.*

On nomme état *juridico-civil* (ou politique), les relations qui existent entre les hommes, en tant qu'ils sont collectivement régis par les *lois publiques de la justice* (lois qui toutes sont de contrainte). Un état *éthico-civil* est celui où les hommes sont unis par des lois dépourvues de contrainte, c'est-à-dire par les simples *lois de la vertu*

Or, ainsi qu'au premier s'oppose l'*état de nature juridique* (qui, bien que légal, n'est pas toujours juste), il faut distinguer du second l'*état de nature moral*. Dans ces deux états de nature, chacun se donne à lui-même sa loi, et il n'existe pas d'obligation extérieure à laquelle il s'avoue, comme tous les autres, soumis. Dans ces états, chacun reste son propre juge, sans qu'il y ait une autorité *publique* puissante qui décide en dernier ressort, suivant des lois, quel est le devoir de chacun, dès que l'occasion s'en présente, et qui fasse accomplir ce devoir par tous.

Une fois qu'est fondée la communauté politique, les citoyens qui la composent, se trouvent, nonobstant leur qualité civile, dans un état de nature moral et ont pleinement le droit d'y rester; demander aux pouvoirs publics qu'ils contraignent leurs citoyens à entrer dans une république morale, ce serait en effet une contradiction (*in adjecto*), étant donné que cette république, dans l'idée que nous en avons, exclut déjà toute contrainte. Certainement, tout pouvoir politique peut souhaiter de voir s'établir en son sein un gouvernement qui mène les âmes avec les lois de la vertu; car lorsque les moyens de contrainte dont il dispose se trouveraient insuffisants, parce que les juges humains ne peuvent point scruter le cœur des hommes, les sentiments vertueux feraient le nécessaire. Mais malheur au législateur qui voudrait réaliser par la force une constitution ayant pour objet des fins morales ! car non seulement, de cette manière, il réaliserait justement le contraire d'une constitution morale, mais il saperait même et rendrait chancelante sa constitution politique. — Le citoyen d'une société politique, en ce qui regarde le droit qu'a cette dernière de légiférer, demeure donc pleinement libre de s'associer en outre avec d'autres concitoyens pour constituer une union morale ou de rester, s'il le préfère, dans l'état de nature, au point de vue moral. Mais, comme une république morale s'appuie cependant sur des lois *publiques* et doit avoir une constitution qui les prenne pour fondement, ceux qui s'engagent librement dans cette association, s'ils n'ont pas d'ordre à recevoir des pouvoirs politiques sur la façon dont ils doivent ou non en régler le fonctionnement, doivent pourtant se laisser fixer des limites, je veux dire accepter cette condition de n'y rien admettre qui aille contre le devoir *civique* de ses adeptes; et même, s'il s'agit d'une association morale d'une parfaite pureté, on n'a pas du tout à avoir de telles préoccupations.

D'autre part, les devoirs moraux concernant tout le genre humain, le concept de république morale est toujours relatif à l'Idéal d'un Tout comprenant tous les hommes et diffère ainsi du concept de république politique. Par suite, une association nombreuse d'hommes réunis dans ce but, ne peut pas encore être dite une république morale; elle constitue seulement une société particulière qui aspire à l'accord unanime de tous les hommes (et même de tous les êtres raisonnables finis) pour établir dans l'absolu un Tout moral (*ein absolutes ethisches Ganze*), dont chaque société partielle n'est qu'une représentation ou un schème, chacune pouvant à son tour, par rapport aux autres de même espèce, être représentée comme se trouvant dans l'état de nature moral, avec toutes les imperfections qu'il implique (c'est la situation des divers états politiques que ne réunit point un droit public des gens).

II. — *L'homme doit sortir de l'état de nature moral pour devenir membre d'une république morale.*

De même que l'état de nature juridique est un état de guerre de tous contre tous, de même l'état de nature moral est un état d'incessantes hostilités <auxquelles est en butte le bon principe qui se trouve en chacun de nous> de la part du mauvais principe qui se rencontre également dans tous les hommes, lesquels (nous l'avons dit plus haut) corrompent mutuellement leur disposition morale, et même, en dépit de leur bon vouloir individuel, manquant d'un principe d'union, tout comme s'ils étaient *les instruments du mal*, s'éloignent, par leur désaccord, de leur fin commune, le bien, et se mettent tous en danger de retomber sous la domination du principe mauvais. Or, de même que l'état de liberté extérieure anarchique (brutale) et d'indépendance absolue à l'égard de lois coercitives est un état d'injustice et de guerre de tous contre tous dont l'homme doit sortir pour former une société politique et civile (1);

---

(1) La proposition de Hobbes : *status hominum naturalis est bellum omnium in omnes*, n'a qu'un défaut, c'est qu'elle devrait dire : *est sta-*

de même, l'état de nature moral est un état d'hostilités mutuelles *publiques* contre les principes de la vertu et un état d'immoralité intérieure dont l'homme naturel doit chercher à sortir aussitôt que possible.

Or, c'est là un devoir d'un genre spécial, non des hommes envers les hommes, mais du genre humain envers lui-même. Toute espèce d'êtres raisonnables est, en effet, objectivement destinée, dans l'idée de la raison, à une fin commune, qui est de travailler à l'avènement du souverain bien, bien suprême commun à tous. Mais comme le bien moral suprême ne peut être réalisé par l'effort de la personne travaillant isolée à son propre et seul perfectionnement moral, et comme il exige au contraire une association des personnes en un Tout qui poursuive une même fin, l'organisation d'un système d'hommes bien intentionnés, dans lequel, et par l'unité duquel, peut seulement être réalisé le bien suprême; comme, d'autre part, l'idée de ce Tout, ou d'une république universelle gouvernée par les lois de la vertu, est une idée tout à fait différente des lois morales ordinaires (qui concernent des choses que nous savons être en notre pouvoir), puisqu'il s'agit d'opérer sur un Tout, sans qu'il nous soit possible de savoir si, comme telle, cette obligation est aussi en notre pouvoir:

Ius belli, etc. En effet, si l'on n'admet pas d'emblée qu'entre des hommes qui ne connaissent point de lois extérieures et publiques règnent en tout temps de réelles *hostilités*, il n'en est pas moins vrai que l'*état* de ces hommes (*status juridicus*), c'est-à-dire la situation dans laquelle, et grâce à laquelle, on les voit capables de droits (d'en acquérir et de les conserver), est un état dans lequel chacun d'eux veut être lui-même le juge de ce qui est son droit envers et contre d'autres, mais aussi où il n'a et ne fournit aux autres, relativement à ce droit, d'autre garantie que sa propre force ; ce qui est un état de guerre où il faut constamment que tous soient armés contre tous. Son autre proposition : *exeundum est a statu naturali*, est une conséquence de la première, car l'état de nature est une violation continuelle des droits de tous les autres hommes par la prétention qu'a chacun d'être juge en sa propre cause et de ne laisser à ces hommes, pour ce qui regarde leur bien, d'autre garantie que sa fantaisie et ses décisions arbitraires.

nous avons ici un devoir qui, par sa nature et par son principe, se distingue de tous les autres. — On aperçoit déjà, par anticipation, que ce devoir implique l'intervention d'une autre idée, je veux parler de celle d'un Être moral supérieur, qui, par ses dispositions générales, conduit les forces, insuffisantes en soi, des individus, à se grouper pour une action commune. Mais il nous faut nous laisser guider tout d'abord par le fil conducteur de ce besoin moral en général et voir où il nous conduira.

III. — *Le concept d'une république morale est le concept d'un peuple de Dieu gouverné par des lois morales.*

Pour qu'une république morale se constitue, il faut que tous les individus soient soumis à une législation publique et que toutes les lois qui les obligent puissent être considérées comme des commandements d'un législateur commun. Si la république à fonder devait être *juridique*, il faudrait que le peuple à grouper en un tout fût son propre législateur (pour les lois constitutionnelles), car la législation part du principe que *la liberté de chacun a pour bornes les conditions où elle est compatible, d'après une loi générale, avec la liberté de tous* (1), et la volonté générale y établit, par suite, une contrainte extérieure légale. Mais quand il est question d'une république *morale*, le peuple, comme tel, ne peut pas être lui-même considéré comme législateur. Dans une telle république, toutes les lois ne visent, en effet, d'une façon tout à fait spéciale, qu'au développement de la *moralité* des actes (chose tout *intérieure* et par suite échappant à des lois humaines publiques), tandis que les lois extérieures, constituant une société juridique, s'occupent seulement de la *légalité* des actes, chose qui tombe sous les sens, et non de la moralité

---

(1) Ce principe est celui de tout droit extérieur.

(interne), seule chose ici en question. Il faut donc que ce soit un autre que le peuple qui puisse être donné comme législateur public d'une république morale. Pourtant, des lois morales ne peuvent pas non plus être conçues comme émanant sans plus, originairement, de la volonté de ce chef (comme des statuts qui, en quelque sorte, avant d'être édictés par lui, ne sauraient être obligatoires), car elles ne seraient pas alors des lois morales et le devoir qu'elles imposeraient (*die ihnen gemässe Pflicht*) ne serait pas une libre vertu, mais une obligation légale et susceptible de contrainte. Celui-là seul peut donc être conçu comme législateur suprême d'une république morale, de qui nous devons nous représenter que tous les *vrais devoirs* et, par suite aussi, les devoirs moraux (1), sont *en même temps* les commandements, et qui, par conséquent, doit posséder aussi le pouvoir de sonder les cœurs, pour pénétrer les intentions les plus cachées de tous, et, comme c'est la règle dans toute société, rendre à chacun selon ses œuvres. Mais c'est là le concept de Dieu, en tant que chef moral du monde. Une république morale implique donc un peuple soumis à des commandements divins, c'est-à-dire n'est concevable que grâce à l'idée d'un *peuple de Dieu*, d'un peuple régi *par des lois morales*.

(1) Dès que l'on reconnaît une chose comme un devoir, n'aurait-elle été imposée que par la décision d'un législateur de ce monde, Dieu nous donne aussi l'ordre de nous y conformer. Sans doute on ne saurait à des lois civiles et statutaires donner le nom d'ordres divins, mais quand elles sont justes (*rechtmässig*), Dieu nous fait un commandement de leur *observation*. La proposition : « on doit obéir à Dieu plutôt qu'aux hommes », signifie seulement qu'au cas où ces derniers ordonnent des choses mauvaises en soi (directement contraires aux lois morales, on n'a ni le droit, ni l'obligation de leur obéir. Mais en revanche, quand à une loi politico-civile non immorale en soi est opposée une loi statutaire qu'on regarde comme divine, on est fondé à la supposer apocryphe, puisqu'elle s'oppose à un devoir clair sans que jamais elle puisse elle-même attester que réellement elle est commandement divin par des caractères empiriques et de manière suffisante à permettre qu'on aille, en lui obéissant, contre un devoir d'ailleurs bien établi.

On pourrait bien aussi concevoir un peuple de Dieu régi par *des lois statutaires*, c'est-à-dire par des lois auxquelles il faudrait obéir non pas en vue de la moralité, mais seulement de la légalité des actes, et l'on aurait alors une société juridique dont Dieu serait, sans doute, le législateur (dont la constitution serait, par conséquent, une théocratie), mais où des hommes ayant reçu de lui directement, en qualité de prêtres, les commandements qu'ils édictent, constitueraient un *gouvernement* aristocratique. Mais une pareille constitution, dont l'existence et la forme reposent entièrement sur des bases historiques, n'est pas celle dont la raison moralement législatrice a pour mission de s'occuper et dont la solution est la seule chose à laquelle nous devons travailler ici ; nous l'examinerons, dans la section historique, comme une institution ayant des lois politico-civiles et un législateur qui, bien que Dieu, n'en est pas moins externe, tandis qu'ici nous n'avons à parler que d'une constitution à législation simplement interne, d'une république soumise aux lois de la vertu, c'est-à-dire d'un peuple de Dieu « adonné à de bonnes œuvres ».

A ce *peuple* de Dieu on peut opposer l'idée d'une *bande* qui réunit, pour la diffusion du mal, les partisans du principe mauvais ayant tout intérêt à empêcher le groupement des bons, bien qu'ici encore le principe contre lequel ont à lutter les intentions vertueuses ait également sa place en nous-mêmes et qu'on ne lui donne que par image l'aspect d'une force extérieure.

IV. — *L'idée d'un peuple de Dieu ne peut avoir (soumise à l'organisation humaine) son accomplissement que sous la forme d'une Église.*

L'idée sublime, et toujours impossible à réaliser pleinement, d'une république morale se rapetisse étrangement dans les mains de l'homme et aboutit à une institution qui, tout en gardant le pouvoir d'en présenter pure la simple forme, est, pour ce qui touche aux moyens de constituer un Tout de ce genre, très bornée, se trouvant soumise aux conditions que pose la nature humaine sensible. Mais comment espérer de faire avec du bois pareillement tordu des charpentes tout à fait droites ?

La fondation d'un peuple moral de Dieu est donc une œuvre dont l'exécution ne peut être attendue que de Dieu lui-même et non pas des hommes. Ce qui ne veut pas dire qu'il soit permis à l'homme de rester inactif par rapport à cette entreprise et de laisser faire la Providence, comme si chacun pouvait se borner à s'occuper de ses intérêts moraux personnels et s'en remettre à une sagesse supérieure pour ce qui regarde l'ensemble des intérêts du genre humain (au point de vue de sa destination morale). L'homme doit plutôt procéder comme s'il avait la charge de tout, et ce n'est qu'ainsi qu'il peut espérer qu'une sagesse supérieure viendra bénir et couronner ses efforts animés de bonnes intentions.

Le vœu de tous les hommes d'intention bonne est donc : « Que le règne de Dieu arrive, que sa volonté soit faite sur la terre; » mais comment doivent-ils s'y prendre pour que ce vœu soit exaucé ?

Une république morale à législation morale divine est une *Église*, qui, n'étant pas un objet de l'expérience possible, s'appelle l'*Église invisible* (simple idée de la société qui comprend tous les justes sous le gouvernement divin immédiat et moral, et qui sert de modèle à chacune de celles que les hommes doivent fonder). L'Église *visible* est l'association effective des hommes en un Tout qui concorde avec cet idéal. Étant donné que toute société gouvernée par des lois publiques comporte une subordination de ses membres entre eux (de ceux qui obéissent aux lois de cette société à ceux qui veillent à l'observation de ces lois), l'ensemble des humains composant ce Tout (qu'est l'Église) est la *communion* des fidèles soumise à des chefs (appelés docteurs ou pasteurs des âmes) uniquement chargés de l'administration des affaires du chef suprême et invisible de l'Église, et qui, sous ce rapport, s'appellent tous *serviteurs* de l'Église, comme le fait dans la société politique le chef visible du pouvoir qui se donne parfois à lui-même le titre de premier serviteur de l'État, bien qu'il ne reconnaisse au-dessus de lui aucun homme (ni même d'ordinaire la nation elle-même). La véritable Église (visible) est celle qui représente le règne (moral) de Dieu sur la terre, autant que les hommes en sont capables. Les conditions auxquelles elle doit satisfaire, par suite aussi les marques de la véritable Église, sont les suivantes :

1° L'*universalité*, conséquemment l'*unité* numérique, caractère dont elle doit contenir en soi la disposition (*die Anlage*), si bien que nonobstant les opinions contingentes et les désaccords, elle soit cependant, par rapport au but essentiel, fondée sur des principes qui doivent nécessairement conduire à l'union générale en une seule Église (donc point de sectes séparées).

2° La *qualité* (caractère essentiel = *Beschaffenheit*) qui est la *pureté*, l'union ne se faisant que par des mobiles *moraux* (également exempts de superstition imbécile et de délirant fanatisme.

3° La *relation* sous le principe de la *liberté* s'appliquant aussi bien aux rapports des membres entre eux, à l'intérieur de l'Église, qu'aux rapports extérieurs de cette Église avec le pouvoir politique, comme cela a lieu dans une *république* (donc ni *hiérarchie*, ni *illuminisme*, sorte de *démocratie* procédant par inspirations individuelles qui peuvent présenter entre elles autant de différences qu'il en existe entre tous les individus).

4° La *modalité*, c'est-à-dire l'*immutabilité* dans sa *constitution*, réserve faite néanmoins des dispositions contingentes qui doivent changer avec le temps et suivant les circonstances, et qui d'ailleurs ne portent que sur son *administration*, immutabilité dont elle doit, du reste, contenir déjà en elle-même *à priori* (dans l'idée de sa fin) les principes certains. (Il faut donc que l'Église ait des lois primordiales officiellement promulguées en prescriptions, comme par un code, et non des symboles arbitraires qui, manquant d'authenticité, sont contingents, sujets à la contradiction et variables.)

Une république morale, en tant qu'Église, c'est-à-dire considérée comme une simple représentation (*als blosse Repräsentantin*) d'un État de Dieu n'a donc pas de principes, à proprement parler, qui la rendent semblable à un système politique. Sa constitution n'est ni *monarchique* (avec un pape ou un patriarche pour chef), ni *aristocratique* (avec des évêques et des prélats), ni *démocratique* (avec des sectaires illuminés). On pourrait encore, ce serait le mieux, la comparer à une maison (à une famille) que gouverne un Père moral commun invisible, il est vrai, mais représenté par son Fils très saint, qui sachant ce que veut le Père, et uni par les liens du sang à tous les membres de cette famille, leur transmet ses ordres plus clairement et, par suite, les porte à l'honorer en lui et à s'unir de cœur tous ensemble dans une confraternité spontanée, générale et durable.

V. — *La constitution d'une Église a toujours à sa base une foi historique (croyance révélée) qu'on peut appeler ecclésiastique et qui trouve en des livres saints ses meilleurs fondements.*

La *foi religieuse pure* est la seule qui puisse fonder une Église universelle, parce qu'étant une simple foi de la raison elle peut se communiquer à tous avec force persuasive;

tandis qu'une foi historique, simplement fondée sur des faits, ne saurait étendre son influence au delà des limites de temps et de lieu où les renseignements par lesquels on la juge demeurent suffisants à lui trouver créance. Mais une faiblesse particulière à l'humaine nature fait que l'on n'apprécie jamais cette croyance pure à sa juste valeur, empêche de fonder une Église sur elle seule.

Conscients de leur impuissance à connaître les choses suprasensibles (1), et tout en témoignant beaucoup d'honneur à cette foi (qui doit en général être convaincante pour eux), les hommes cependant ne sont pas faciles à persuader que l'application soutenue à vivre moralement bien soit tout ce que Dieu leur demande pour être des sujets qu'il remarque avec complaisance dans son royaume. Ils ne savent pas concevoir leur obligation autrement que sous forme d'un *culte* qu'ils ont à rendre à Dieu; culte où il s'agit moins de la valeur morale interne des actions que de leur accomplissement au service de Dieu pour se rendre agréables à Dieu en accomplissant ces actions, quelque indifférentes d'ailleurs qu'elles puissent être en elles-mêmes moralement [puisqu'elles témoignent au moins d'une obéissance passive]. Ils ne peuvent pas se faire à l'idée qu'en accomplissant leurs devoirs envers les hommes (envers eux-mêmes comme envers autrui) ils observent également les commandements divins, qu'ainsi, dans toute leur conduite (*in allem ihren Thun und Lassen*), en ce qu'elle a rapport à la moralité, ils sont *toujours au service de Dieu* et que même il est absolument impossible pour eux de servir Dieu d'une façon plus directe autrement (puisque c'est seulement sur des êtres du monde, et non sur Dieu, que peuvent s'exercer leur

---

(1) Le texte original et toutes les éditions allemandes jusqu'à celle de Vorländer (1903) portent *sinnlicher Dinge*. La correction que nous suivons a été indiquée pour la première fois dans le *Neue Theologische Journal, herausgegeben von H. E. G. Paulus*. Bd. IX (1797), p. 304. A. T.

action et leur influence). Parce que les grands de ce monde ont un besoin particulier d'être *honorés* de leurs sujets et d'en être *loués* par des marques de soumission, toutes choses indispensables afin de pouvoir en attendre une obéissance à leurs ordres aussi grande qu'il est requis pour qu'ils puissent leur commander; parce que les hommes, au surplus, quelque raisonnables qu'ils soient, trouvent toujours un plaisir immédiat à des témoignages d'honneur, on traite le devoir, en tant qu'en même temps il est un précepte divin, comme une chose à faire *dans l'intérêt* de Dieu et non de l'homme, et de là provient le concept d'une religion *cultuelle* au lieu du concept d'une religion morale pure.

Toute la religion consistant à regarder Dieu, relativement à tous nos devoirs, comme le législateur à qui tout le monde doit témoigner de la vénération, il est important de savoir dans la détermination de la religion, en ce qu'elle a rapport à notre conduite qu'elle dirige, *comment* Dieu *veut* être honoré (et obéi). — Or, une volonté divine législatrice commande ou par des lois en soi *simplement statutaires*, ou par des lois *purement morales* (*entweder*... bloss statutarische, *oder*... rein moralische *Gesetze*). Pour ce qui est de ces dernières, chacun peut de lui-même, par sa propre raison, connaître la volonté de Dieu qui est le fondement de sa religion; car le concept de la divinité ne résulte, à vrai dire, que de la conscience de ces lois et du besoin qu'a la raison d'admettre une force douée du pouvoir de leur procurer, en harmonie avec la fin morale, tout l'effet possible dans l'un des mondes. Le concept d'une volonté divine que déterminent simplement des lois morales pures nous mène à la conception *d'un seul* Dieu, et par suite à celle d'une religion *unique*, religion purement morale. Mais si nous admettons des lois statutaires de Dieu et si nous faisons de la religion l'observation de ces lois, la connaissance alors en est impossible pour nous au moyen de la raison seule (*durch unsere eigene blosse Vernunft*), et ne devient possible que par une révélation qui, faite à chacun en particulier ou annoncée publiquement pour être propagée par la tradition ou par l'Écriture parmi les hommes, est toujours *croyance historique*, et non *croyance pure de raison*. — Or, je veux bien que l'on admette aussi des lois statutaires divines (des lois qui ne sauraient être obligatoires par elles-mêmes et qui ne se donnent pour telles qu'à titre d'expression de la volonté de Dieu révélée); il n'en est pas moins vrai que la législation *morale* pure, par laquelle la volonté de Dieu est originairement écrite dans notre cœur, forme non seulement la condition indispensable de toute la vraie religion en général, mais qu'elle est même proprement ce qui la constitue, et la religion statutaire ne peut être que le moyen servant à étendre et à propager le fond de la vraie religion.

Si donc la question de savoir comment Dieu veut être honoré doit être résolue d'une manière universelle, valable pour tout homme, *considéré simplement en tant qu'homme*, il faut reconnaître sans hésiter que la législation qui exprime sa volonté ne saurait être que *morale* ; en effet (supposant une révélation), la législation statutaire peut seulement être considérée comme une législation contingente qui n'est pas arrivée à tous ou ne peut arriver à tous et qui, par conséquent, n'est point obligatoire pour l'homme en général. Les vrais adorateurs de Dieu « ne sont donc pas ceux qui disent : Seigneur ! Seigneur ! mais ceux qui font la volonté de Dieu » ; ce ne sont pas ceux qui glorifient le Seigneur (ou son envoyé, en tant qu'être de nature divine) selon des concepts révélés, que tout homme ne peut avoir, mais ceux qui cherchent à lui plaire par leur bonne conduite, relativement à laquelle tout le monde connaît la volonté de Dieu, ceux qui le servent et l'honorent ainsi qu'il le désire.

Mais si nous nous croyons tenus d'agir non seulement

comme hommes, mais aussi comme *citoyens* d'un État divin sur la terre et de coopérer à l'existence d'une société de ce genre qu'on appelle du nom d'Église, la question de savoir comment, *dans une Église* (communauté de Dieu), le Seigneur veut être honoré ne paraît pas pouvoir être résolue par la raison seule et semble affirmer le besoin d'une législation statutaire, qui ne peut nous être donnée que par révélation, par conséquent d'une foi historique que, par opposition à la foi religieuse pure, on peut appeler croyance d'Église. Dans la foi religieuse pure, on ne considère, en effet, que ce qui forme la matière des honneurs que l'on rend à Dieu, c'est-à-dire l'accomplissement, dicté par l'intention morale, de tous les devoirs en tant que préceptes divins; tandis qu'une Église qui réunit beaucoup d'hommes animés de sentiments moraux et constitue ainsi une république morale, a besoin d'un système *public* d'obligations, d'une certaine forme ecclésiastique liée à des conditions empiriques, forme qui est en soi contingente et diverse, et que, par conséquent, on ne peut admettre comme un devoir sans l'intervention de lois statutaires divines. Il ne faudrait pas toutefois regarder, pour cette raison, la détermination de cette forme comme étant l'œuvre du législateur divin; il y a lieu plutôt de supposer que la volonté divine est de nous voir réaliser nous-mêmes l'idée rationnelle de la république en question et d'imposer aux hommes, malgré leurs essais malheureux de multiples formes d'Église, l'obligation de continuer à tendre toujours vers ce but, si besoin est, par des essais nouveaux, évitant autant que possible les fautes commises antérieurement; si bien que cette affaire, qui est à la fois pour eux un devoir, est entièrement remise à leurs propres soins. Rien n'autorise donc à tenir d'emblée pour divines et *statutaires* les lois qui ont trait à la fondation et à la forme d'une Église, et il y a plutôt de la témérité à prétendre qu'elles sont telles pour s'épargner la peine d'améliorer constamment la forme de cette Église, si même cela ne constitue pas une usurpation de pouvoir ayant pour but d'imposer un joug à la foule au moyen de lois ecclésiastiques auxquels on attribue l'autorité divine (*durch das Vorgeben göttlicher Autorität*). Il y aurait d'ailleurs autant de présomption à refuser d'admettre que l'organisation d'une Église puisse peut-être aussi être le résultat d'une institution divine particulière, quand nous la trouvons, autant que nous sommes capables d'en juger, dans le plus grand accord avec la religion morale, et quand il est, en outre, impossible de bien comprendre comment, sans les progrès préparatoires indispensables du public dans le champ des concepts religieux, elle a pu tout d'un coup faire son apparition. L'état d'indécision où nous demeurons sur ce point : est-ce à Dieu ou aux hommes de fonder une Église ? est lui-même la preuve du penchant qu'ont les hommes à la *religion cultuelle* (*cultus*), et, comme le culte est basé sur des prescriptions arbitraires, à la foi en des lois divines statutaires, en partant de cette hypothèse qu'à la plus excellente façon de vivre (que l'homme puisse avoir en suivant les préceptes de la religion purement morale [*rein moralischen Religion*]) doit s'ajouter encore une législation divine que la raison ne peut connaître et qui exige une révélation; par où l'on a directement en vue des honneurs à rendre à l'être suprême (qui ne sont pas ceux qu'on lui rend <avec la raison> en accomplissant ses commandements suivant l'ordre déjà donné). De là vient que les hommes n'estimeront jamais leur réunion en une Église et leur accord touchant la forme à lui donner comme nécessaires en soi à titre d'institutions publiques servant à développer ce qu'a de moral la religion et qu'ils n'en verront la nécessité qu'afin de servir leur Dieu, comme ils disent, par des solennités, par des actes de foi s'adressant aux lois révélées et par l'observance des prescriptions liées à la forme de l'Église (qui elle-même cependant n'est qu'un moyen); quoique toutes ces pratiques au fond soient des actions moralement indifférentes, elles sont regardées comme d'autant plus agréables à Dieu qu'elles ne doivent être accomplies qu'en vue de lui. Dans l'arrangement par les hommes d'une république morale, la croyance d'Église précède naturellement (1) la foi religieuse pure, et l'on a eu des *temples* (c'est-à-dire des édifices consacrés au culte public de Dieu) avant qu'il y eût des *églises*, c'est-à-dire des lieux où l'on se réunit pour s'instruire et pour vivifier ses intentions morales), des *prêtres* (c'est-à-dire des gardiens proposés aux pieuses pratiques) avant qu'il y eût des *ecclésiastiques* (c'est-à-dire des docteurs de la religion purement morale) et, en majorité, le peuple continue encore dans ce domaine à conformer l'ordre de prééminence à l'ordre de préexistence.

Et maintenant qu'il est bien établi (*nicht zu ändern steht*) qu'une *foi d'Église* statutaire n'a pas à s'ajouter à la foi religieuse pure en qualité de véhicule et comme un moyen d'amener les hommes à se liguer au profit de cette croyance, il faut encore convenir que la conservation immuable de cette foi, sa diffusion universelle et uniforme et même le respect de la révélation admise en elle seraient difficilement assurées par la *Tradition* et ne peuvent l'être suffisamment que par l'*Écriture* qui elle-même, en tant que révélation, doit à son tour être pour les contemporains et pour les générations qui les suivent un objet de haute vénération; car les hommes ont besoin de cette garantie pour être sûrs de leurs devoirs en ce qui regarde le culte. Un livre saint acquiert la plus grande vénération même (et surtout, devrais-je dire) auprès de ceux qui ne le lisent point, ou qui du moins ne sauraient en tirer aucun concept religieux bien lié, et il n'y a pas de raisonnement qui puisse tenir contre cet arrêt sans appel qui lève tous les doutes [réduit toutes les objections] : *c'est écrit dans le livre saint.* Aussi les passages de l'Écriture servant à l'exposi-

---

(1) [Moralement, ce devrait être le contraire.] Note de la 2ᵉ édition.

tion d'un point de croyance sont-ils appelés *sentences* tout court. Les interprètes autorisés d'un pareil livre sont, par leur charge même, des personnes quasi sacrées, et l'histoire prouve qu'une croyance fondée sur l'Écriture n'a jamais pu être détruite même par les révolutions politiques les plus radicales, tandis que les croyances reposant sur la tradition et sur d'anciennes observances publiques disparaissent aussitôt que l'État se disloque. Quel bonheur (1) pour les hommes quand ils ont dans les mains un livre de ce genre, qui, outre des statuts ou règles de croyance, contient, dans son intégrité, la plus pure doctrine religieuse morale, et que cette doctrine peut en même temps être mise en harmonie parfaite avec ces statuts (véhicules qui lui servent à s'introduire) ! En ce cas, à cause du but qu'il sert à atteindre, et aussi en raison de la difficulté de s'expliquer, au moyen de lois naturelles, l'origine de la grande illumination par lui opérée dans le genre humain, ce livre peut revendiquer toute l'autorité d'une révélation.

*
* *

Ajoutons encore quelques mots relatifs à ce concept de foi révélée.

Il n'y a qu'*une* (vraie) *religion;* mais il peut y avoir plusieurs espèces de croyance. — On peut ajouter que dans la pluralité des églises, distinctes les unes des autres à cause de la diversité de leurs croyances spéciales, il peut pourtant se rencontrer une seule et même vraie religion.

Il est donc plus correct (c'est d'ailleurs en réalité l'usage

---

(1) Expression qu'on applique à tous les objets désirés ou désirables que nous ne saurions ni prévoir ni amener par notre effort selon les lois de l'expérience, dont nous ne pouvons donc alléguer pour principe, si nous voulons en donner un, qu'une bienveillante Providence.

le plus répandu) de dire d'un homme qu'il fait partie de telle ou telle *croyance* (juive, mahométane, chrétienne, catholique, luthérienne) que de dire qu'il est de telle ou telle religion. Il serait à souhaiter qu'on n'employât jamais cette dernière expression quand on s'adresse au grand public (dans les catéchismes et dans les sermons) ; car elle est trop savante et trop incompréhensible pour lui, ce que prouve bien l'absence de terme ayant le même sens dans les langues modernes. Le vulgaire comprend toujours par religion sa croyance d'Église, croyance qui lui saute aux yeux, alors que la religion se tient cachée au fond de l'homme et dépend seulement des sentiments moraux. C'est faire trop d'honneur à la plupart des hommes que de dire : ils se reconnaissent de telle ou telle religion ; car ils n'en connaissent et n'en désirent aucune : la foi statutaire d'Église est tout ce qu'ils entendent par ce mot. Les prétendues guerres de religion qui si souvent ont ébranlé le monde en le couvrant de sang n'ont jamais non plus été autre chose que des querelles suscitées autour de croyances d'Église, et les opprimés ne se plaignaient pas, à vrai dire, de ce qu'on les empêchait de rester fidèles à leur religion (ce qui dépasse le pouvoir de toute puissance extérieure) mais de ce qu'on ne leur permettait pas de pratiquer publiquement les croyances de leur Église.

Or une Église qui elle-même se donne, comme c'est le cas ordinaire, pour la seule et l'universelle (*für die einige allgemeine*) (bien qu'elle soit fondée sur une croyance révélée particulière qu'on ne peut jamais exiger de tous, étant donné qu'elle est d'ordre historique), traite d'*incrédule* quiconque refuse d'accepter sa croyance ecclésiastique (particulière) et le déteste de tout cœur ; quiconque s'en écarte, ne serait-ce qu'un peu (et sur un point non essentiel), est pour elle un *hétérodoxe* qu'on doit tout au moins fuir comme contagieux. Quiconque enfin se reconnaît de cette Église, mais, nonobstant, s'écarte en un point essentiel (ou donné pour tel) de la foi que l'on y professe, se voit appeler *hérétique* (Ketzer) (1), surtout quand il propage son hétérodoxie, et il est réputé, en tant que séditieux, comme plus punissable encore qu'un ennemi extérieur ; l'Église l'exclut de son sein par une excommunication (semblable à celle que proféraient les Romains contre celui qui franchissait le Rubicon sans l'assentiment du Sénat) et elle le dévoue à tous les dieux infernaux. La prétention de n'admettre pour vraie, sur un point de croyance ecclésiastique, que la seule foi des docteurs ou des chefs d'une Église s'appelle *orthodoxie*, et l'on peut distinguer une orthodoxie *despotique* (brutale) et une orthodoxie *libérale*. — S'il faut appeler *catholique* une Église qui donne sa croyance ecclésiastique pour universellement obligatoire, et *protestante* celle qui se défend contre ces prétentions (que toutefois elle serait souvent elle-même heureuse de pratiquer, si elle le pouvait), un observateur attentif pourra trouver maints exemples célèbres de catholiques protestants et encore plus de scandaleux exemples de protestants archicatholiques ; d'un côté, d'hommes ayant acquis une *largeur d'esprit* (qui n'est point le propre de leur Église), et de l'autre côté d'hommes *à l'esprit rétréci* formant avec ceux-là un contraste frappant, mais aucunement à leur avantage.

---

(1) Les Mongols nomment le *Thibet* (selon Gregorius, *Alphab. Tibet.*, p. 11) *Tangut-Chadzar*, c'est-à-dire le pays des gens qui se logent dans des maisons, voulant par là les distinguer d'eux-mêmes qui vivent en nomades, sous les tentes, dans les déserts ; telle est l'origine du nom de Chadzar, d'où celui de *Ketzer* est dérivé, du fait que les Mongols appartenaient à la croyance thibétaine (des Lamas), qui s'accorde avec le manichéisme et en tire peut-être aussi son origine, et la répandirent en Europe dans le cours de leurs invasions ; ce qui explique aussi que pendant un temps assez long les termes d'*hérétiques* et de *manichéens* aient été pris pour synonymes.

VI. — *La croyance ecclésiastique a pour interprète suprême la croyance religieuse pure.*

Bien qu'une Église, avons-nous remarqué, soit dépourvue du plus important caractère qui en montre la vérité, c'est-à-dire d'un droit bien établi à l'universalité, quand elle est fondée sur une croyance révélée qui, en sa qualité de croyance historique (malgré la diffusion dans l'espace que l'Écriture lui procure en même temps qu'elle en garantit la transmission à la plus lointaine postérité), ne saurait se communiquer universellement de façon convaincante; il n'en est pas moins vrai qu'à cause du besoin naturel à tout homme de réclamer toujours quelque *support sensible*, quelque confirmation empirique, etc., pour les concepts et les principes rationnels les plus élevés (besoin dont il faut tenir compte quand on vise à l'*introduction* d'une croyance universelle) on doit utiliser une croyance ecclésiastique historique, qu'on trouve au reste ordinairement sous sa main.

Or, pour concilier cette foi empirique que le hasard apparemment a faite nôtre avec les principes d'une foi morale (peu importe d'ailleurs qu'on la prenne pour fin ou seulement comme moyen), il faut interpréter la révélation qui nous est donnée, c'est-à-dire lui trouver d'un bout à l'autre un sens qui s'accommode aux règles pratiques universelles d'une religion rationnelle pure. Le côté théorique d'une foi d'Église, en effet, ne saurait moralement nous intéresser s'il n'exerce aucune influence sur l'accomplissement de tous les devoirs des hommes envisagés comme prescrits par des commandements divins (chose qui est l'essence de toute religion). Bien que souvent cette interprétation puisse, à l'égard du texte (de la révélation), nous paraître forcée et l'être du reste effectivement, il suffit que ce texte puisse la comporter pour qu'on doive la préférer à une interprétation littérale dépouillée de tout avantage pour la moralité ou même absolument contraire à ses mobiles (1). — On trouvera d'ailleurs que c'est de cette sorte qu'on en a usé de tout temps avec les diverses croyances anciennes et modernes tirées en partie de livres sacrés, et que des prédicateurs (*Volkslehrer*) pleins de sens et de bonnes pensées les ont ainsi interprétées jusqu'à ce qu'ils aient réussi à les mettre d'accord d'une façon complète, dans leur contenu essentiel, avec les principes de la foi morale et universelle. Les philosophes moralistes, chez les *Grecs*, puis chez les *Romains*, traitèrent [exactement] ainsi leur théologie fabuleuse. Ils surent arriver à donner le polythéisme le plus grossier comme une simple

(1) [Pour illustrer cela par un exemple, prenons le psaume LIX, v. 11-19, où nous trouvons des imprécations effroyables. MICHAELIS (*Morale*, 2ᵉ partie, p. 202) approuve ces cris de vengeance et il ajoute : « Les psaumes sont *inspirés* ; si l'on demande ici à Dieu un châtiment, c'est que cela ne saurait être injuste et *nous ne pouvons pas avoir une morale plus sainte que la Bible.* » Je m'en tiens à ces derniers mots et je demande s'il faut interpréter la morale d'après la Bible et s'il ne faut pas au contraire expliquer la Bible moralement ? — Sans même rapprocher du passage en question celui du Nouveau Testament : « Il fut dit à nos pères..., etc. ; moi je vous dis : aimez vos ennemis, *bénissez ceux qui vous maudissent* », etc., tout aussi inspiré, et sans chercher comment ces deux textes se concilient, je tâcherai de le mettre d'accord avec mes principes moraux subsistant par eux-mêmes (en disant, par exemple, que ce n'est pas d'hommes en chair et en os qu'il est question dans ce passage, mais que, derrière eux, il faut voir d'invisibles ennemis qui nous sont beaucoup plus nuisibles, je veux parler des mauvaises inclinations qu'il nous faut souhaiter de mettre complètement sous nos pieds), et s'il ne m'est pas possible d'y parvenir, j'aimerais mieux admettre qu'il ne faut pas trouver un sens moral à ce passage et qu'il faut seulement l'entendre suivant le rapport dans lequel les Juifs se croyaient avec Dieu, leur chef politique, ainsi que d'ailleurs on le fait pour un autre passage de la Bible où il est dit : « A moi appartient la vengeance ; je rendrai le mal pour le mal, dit le Seigneur ! » que l'interprétation commune donne comme une interdiction morale de la vengeance personnelle, bien qu'il n'exprime vraisemblablement que la loi, valable dans tout État, obligeant l'offensé à demander satisfaction au tribunal du souverain ; et l'on ne doit pas regarder comme une approbation du désir de vengeance du plaignant le droit que lui laisse le juge de demander une punition aussi forte qu'il la désire.

représentation symbolique des propriétés inhérentes à un être divin unique, et à prêter à différents actes vicieux ou même aux rêveries sauvages, mais belles, de leurs poètes un sens mystique (1) grâce auquel une foi populaire (qu'il n'aurait pas été opportun de détruire, parce qu'il eût pu en résulter peut-être un athéisme encore plus pernicieux pour l'État), se trouvait rapprochée d'une doctrine morale intelligible à tous les hommes et seule profitable. Le *Judaïsme* plus récent et le Christianisme même sont faits d'interprétations de ce genre qui sont en partie très forcées, et tous les deux en vue de fins indubitablement bonnes et nécessaires pour tous les hommes. Les *Mahométans* savent fort bien (ainsi que le montre RELAND) prêter un sens spirituel à la description de leur paradis, toute de sensualité, et les *Indiens* agissent exactement de même dans l'interprétation de leurs *Védas*, au moins pour la partie la plus éclairée de leur peuple. — Mais si cette chose est faisable sans qu'on soit toujours obligé de fausser (*wider... sehr zu verstossen*) le sens littéral de la croyance populaire, c'est que, longtemps avant cette dernière, était cachée dans la raison humaine la disposition à la religion morale, et que si ses premières manifestations brutes n'eurent pour fin que de servir à l'usage du culte et, dans ce but, donnèrent lieu à ces prétendues révélations, elles ont, ce faisant, sans dessein préconçu, mis dans ces fictions elles-mêmes quelque chose du caractère de leur origine suprasensible. — On ne peut pas, du reste, accuser de déloyauté ce genre d'interprétations, à moins, bien entendu, de nous faire dire que le sens que nous attribuons aux symboles de la croyance populaire, ou aussi aux livres sacrés, est bien celui

---

(1) Peut-être faudrait-il lire *mytischen Sinn*, bien que toutes les éditions donnent comme texte *mystichen*. Kant vient de parler, en effet, de l'interprétation morale faite par les anciens des croyances polythéistes et il dit, en ce moment-ci, que la même interprétation a été appliquée par eux aux rêveries de leurs poètes, qui leur parurent également des *mythes*. A. T.

que leurs auteurs avaient en vue de leur donner ; car on peut, en laissant cette question de côté, admettre au moins la *possibilité* de les comprendre ainsi. En effet, la lecture de l'Écriture sainte, la méditation sur son contenu, ont même pour unique fin de rendre les hommes meilleurs ; l'élément historique, ne servant à rien pour cela, est en soi quelque chose de pleinement indifférent que l'on peut traiter comme on veut. — (La croyance historique est « morte en elle-même », c'est-à-dire qu'en soi, en tant qu'opinion professée [*Bekenntniss*] elle ne contient rien, elle ne mène à rien qui ait pour nous une valeur morale).

Donc, bien qu'un écrit soit admis comme révélation divine, le critère suprême qui le fait juger tel est que « tout écrit, qui nous vient de Dieu, est utile pour nous instruire, nous corriger, nous améliorer », etc. ; et, comme l'amélioration morale de l'homme constitue la fin propre de toute la religion rationnelle, c'est aussi cette religion qui contiendra le principe suprême de toute l'interprétation de l'Écriture. Elle est « l'Esprit de Dieu qui nous conduit en toute vérité ». Or c'est lui qui tout à la fois nous *instruit* et nous vivifie avec des principes d'actions, et toute la croyance historique que peut encore renfermer l'Écriture est entièrement ramenée par lui aux règles et aux mobiles de la croyance morale pure, seule chose qui constitue ce qu'il y a de religion véritable dans toute croyance ecclésiastique. Toute l'étude et toute l'interprétation de l'Écriture doivent partir de ce principe : chercher en elle cet Esprit ; et « l'on n'y peut trouver la vie éternelle qu'autant qu'elle est l'attestation de ce principe ».

A cet interprète de l'Écriture s'en joint un autre, mais qui lui est subordonné, je veux parler de l'*exégète* (*Schriftgelehrte*). L'autorité de l'Écriture, qui est l'instrument le plus digne et le seul aujourd'hui, dans le monde civilisé, réunissant tous les hommes dans une Église, constitue la foi ecclésiastique, qui, en tant que foi populaire, ne saurait être négligée, parce qu'une doctrine fondée sur la simple raison ne semble pas au peuple capable d'être une règle immuable et qu'il faut à ce peuple une révélation divine, par conséquent aussi une confirmation historique qui en établisse l'autorité par la déduction de son origine. Or, comme l'art humain, ni la sagesse humaine ne peuvent monter jusqu'au ciel pour y vérifier les lettres de créance attestant la mission légitime du premier Maître, mais qu'il leur faut se contenter, pour montrer que cette mission est historiquement digne de foi, des caractères que l'on peut tirer, en dehors de son contenu, du mode d'introduction de cette croyance, c'est-à-dire d'informations humaines qu'il nous faut rechercher dans les temps les plus reculés et dans des langues « anciennes » actuellement mortes; *la science de l'Écriture* deviendra nécessaire pour maintenir l'autorité d'une Église fondée sur l'Écriture sainte — je dis Église et non pas religion (car la religion, pour être universelle, doit toujours se fonder sur la simple raison) — pourtant la seule chose que cette science établisse, c'est que l'origine de cette Église ne contient rien en soi qui rende impossible d'y voir une révélation divine immédiate; et cela suffirait pour laisser le champ libre à ceux qui croient trouver dans cette idée une consolidation (*besondere Stärkung*) de leur foi morale, et qui, pour ce motif, l'acceptent volontiers. — Or, les mêmes raisons montrent la science requise non seulement pour établir la légitimité de l'Écriture sainte, mais pour en exposer le fond. En effet, comment s'y prendraient ceux qui ne peuvent lire l'Écriture que dans des traductions pour être certains de son sens? Aussi est-il nécessaire que l'interprète en connaisse la langue à fond, et possède en outre des connaissances historiques et une critique étendues, pour trouver dans l'état de choses, dans les mœurs et les opinions (dans la croyance populaire) de l'époque où elle parut les moyens susceptibles d'en ouvrir la compréhension à la république ecclésiastique.

Ainsi la religion de la raison et la science scripturale sont les vrais interprètes et dépositaires attitrés des livres saints. Il saute aux yeux que le bras séculier ne doit aucunement ni les empêcher de rendre publiques leurs manières de voir et leurs découvertes dans ce domaine, ni les lier à de certains dogmes de foi, car autrement ce seraient des *laïques* qui contraindraient les clercs à suivre leur opinion qu'ils ne tiennent pourtant que de l'enseignement des clercs. Pourvu que l'État veille à ce qu'il ne manque pas d'hommes instruits et jouissant d'une bonne réputation sous le rapport de la moralité, chargés par lui du soin d'administrer tout ce qui est d'ordre ecclésiastique, il a fait ce que comportent son devoir et sa compétence. Mais les introduire dans les écoles et se mêler à leurs disputes (qui, à la condition de ne pas se faire dans les chaires, laissent le public ecclésiastique dans une complète tranquillité), c'est ce que le public ne saurait demander sans impertinence au législateur [qui en souffrirait dans sa dignité].

Or, il y a encore un troisième prétendant aux fonctions d'interprète, qui n'a besoin ni de raison, ni de science, mais à qui un sentiment intime suffit pour connaître le sens véritable de l'Écriture en même temps que son origine divine. Évidemment, on ne peut pas nier que « celui qui suit la doctrine de l'Écriture et qui *fait* ce qu'elle prescrit trouvera sûrement qu'elle est de Dieu »; il est incontestable aussi que l'attrait pour les actions bonnes et pour la droiture dans la conduite, que doit éprouver nécessairement l'homme qui la lit ou l'entend prêcher, doit fatalement le convaincre de la divinité de cette Écriture; car un pareil attrait n'est pas autre chose que l'effet de la loi morale remplissant l'homme d'un profond respect et par là aussi méritant d'être considérée comme un commandement divin. Mais pas plus qu'on ne peut d'un sentiment quelconque conclure à la connaissance de lois, ni établir que ces lois sont morales, on ne peut découvrir, à plus forte raison, par le moyen d'un sentiment, la marque certaine d'une influence immédiate divine; parce que le même effet peut avoir plusieurs causes et qu'il a dans ce cas pour cause la simple moralité de la loi (et de la doctrine), moralité connue par la raison, et parce que, même dans le cas où cette origine n'est que possible, c'est un devoir de la lui assigner, si l'on ne veut ouvrir entièrement la porte à toutes les extravagances et enlever même sa dignité au sentiment moral non équivoque par la parenté qu'on lui prête avec tous les autres sentiments fantastiques. — Un sentiment, lorsque la loi qui le fait naître ou qui l'explique est d'avance connue, est une chose que tout homme ne possède que pour lui-même et qu'il ne saurait exiger des autres, ni par conséquent leur prôner comme pierre de touche de l'authenticité d'une révélation, car le sentiment n'enseigne absolument rien et ne contient que la manière dont le sujet est affecté sous le rapport de son plaisir ou de sa peine, affection sur laquelle aucune connaissance ne peut être fondée.

Ainsi, la seule règle de la foi ecclésiastique nous est fournie par l'Écriture, et les seuls interprètes en sont la religion de la raison et la science scripturale (portant sur l'élément historique de l'Écriture); le premier de ces interprètes est le seul qui soit *authentique* et de valeur universelle; le second n'est que *doctrinal* et sert à incarner la croyance ecclésiastique, pour un certain peuple et un certain temps, dans un système défini et qui se maintient fixe. Or, à ce point de vue, la foi historique, en définitive, n'est qu'une simple foi accordée aux spécialistes de l'Écriture et à leurs manières de voir, et l'on ne peut rien changer à cela; évidemment, ce n'est pas là, pour la nature humaine, une chose dont elle puisse tirer un honneur extraordinaire, mais tout peut être réparé grâce à la liberté publique de penser dont l'intervention est d'autant plus justifiée que c'est seulement parce qu'ils soumettent leurs interprétations à l'examen de tous et qu'ils sont toujours prêts à faire bon accueil à des façons de voir meilleures, que les docteurs peuvent compter sur la confiance de l'Église à leurs décisions.

VII. — *La transition graduelle qui fait passer la croyance ecclésiastique à la souveraineté de la croyance religieuse pure est l'approche du règne de Dieu.*

La marque de l'Église véritable est son *universalité;* et ce caractère se reconnaît à sa nécessité et à son incapacité d'avoir un autre mode de détermination. Or, la foi historique (basée sur la révélation, c'est-à-dire sur l'expérience), n'a pas de portée générale et ne peut atteindre que ceux auxquels est parvenue l'histoire sur laquelle elle s'appuie; ainsi, du reste, que toute la connaissance empirique, elle contient, non pas la conscience que son objet *doit* être ainsi et non autrement, mais seulement qu'il est ainsi; par là même elle implique aussi la conscience de sa contingence. Donc s'il se peut qu'elle suffise à la foi ecclésiastique (dont il peut y avoir plusieurs variétés), il n'y a que la foi religieuse pure, entièrement fondée sur la raison, qu'on puisse reconnaître comme nécessaire et comme étant, par conséquent, la seule qui caractérise l'Église *véritable.* — Mais, bien qu'une foi historique (conformément à l'inévitable limitation de la raison humaine) affecte la religion pure comme moyen et comme véhicule, en ayant conscience de n'être que cela, et que cette foi historique, en tant que croyance d'Église, comporte un principe qui la rapproche un peu plus tous les jours de la foi religieuse pure, pour arriver à rendre inutile ce véhicule, l'Église qui s'aide de cette foi peut toujours être dite l'Église *véritable ;* mais comme il n'est jamais possible aux thèses de foi historique d'être à l'abri de tout conflit, on ne peut la nommer qu'Église *militante*, tout en ayant la perspective qu'elle finira bien par être l'Église immuable et universelle, l'union de tous, l'Église *triomphante !* On appelle *sanctifiante* une foi qui comporte pour chaque homme en particulier, la capacité morale (la dignité) d'être éternellement heureux. La foi sanctifiante doit donc être aussi la même pour tous, et malgré la variété des croyances ecclésiastiques, elle peut se trouver dans chacune de celles où elle est pratique relativement à son but, qui est la foi religieuse pure. La foi particulière à une religion de culte est au contraire une foi d'esclave et de mercenaire (*fides mercenaria, servilis*), et elle ne peut pas être regardée comme sanctifiante, parce qu'elle n'est point morale. Pour qu'une foi soit sanctifiante, en effet, il est nécessaire qu'elle soit libre et qu'elle soit fondée sur de purs sentiments du cœur (*fides ingenua*). L'une croit être agréable à Dieu par des actes (par les exercices du culte), qui (bien que pénibles) n'ont pas cependant en soi de valeur morale et ne sont par suite autre chose que des actes imposés par la crainte ou par l'espérance et que les méchants eux-mêmes peuvent accomplir, tandis que l'autre, pour y réussir, suppose la nécessité d'une intention moralement bonne.

La croyance sanctifiante impose deux conditions à notre espoir de la félicité : l'une est relative à ce que nous ne saurions faire nous-mêmes, — et il nous est impossible de faire que des actes accomplis par nous soient transformés légalement (aux yeux d'un divin juge) en des actes non accomplis, — l'autre a rapport à ce que nous pouvons et devons nous-mêmes accomplir, — et nous pouvons commencer une vie nouvelle qui sera conforme à notre devoir. La première, c'est la croyance à une satisfaction (acquittement de notre dette, libération, réconciliation avec Dieu) ;

la seconde, c'est la croyance à la possibilité de devenir agréables à Dieu par la [bonne] conduite que nous aurons à l'avenir. — Ces deux conditions ne constituent qu'une croyance et il est nécessaire qu'elles aillent toujours ensemble. Mais on ne peut bien voir la nécessité d'une connexion qu'en admettant qu'une des deux choses liées peut être dérivée de l'autre, et par suite que la croyance à l'absolution de nos fautes a pour effet notre bonne conduite, selon la loi des causes efficientes au point de vue moral, ou que, selon la même loi, cette croyance est, au contraire, le résultat de l'intention sincère et agissante que nous avons de nous bien conduire toujours.

Or, il se montre ici une antinomie remarquable de la raison humaine avec elle-même, et pour la résoudre, ou du moins, si la solution en est impossible, pour l'écarter, il n'y a qu'un moyen : c'est de se demander s'il faut qu'une foi historique (d'Église) se surajoute toujours, comme élément essentiel de la croyance sanctifiante, à la foi religieuse pure, ou s'il se peut qu'étant un simple véhicule, cette foi historique arrive à se résoudre un jour, quelque lointain qu'on le suppose, dans la foi religieuse pure.

1. Si nous admettons qu'il y a eu une satisfaction donnée pour les péchés des hommes, nous concevons certes que tout pécheur soit désireux de se la rapporter, et que s'il n'avait pour cela qu'à *croire* (ou, ce qui revient au même, qu'à déclarer : je veux qu'elle ait aussi été donnée pour moi), nul n'hésiterait un moment. Mais on ne voit pas bien comment un homme raisonnable qui a conscience d'être fautif, pourra sérieusement admettre qu'il ait simplement à croire au message d'une satisfaction donnée pour lui et (comme disent les Juristes) à l'accepter *utiliter*, pour considérer sa faute comme effacée et si bien extirpée (jusque dans ses racines) qu'une bonne conduite, sans que, jusqu'à ce jour, il se soit donné la moindre peine pour y atteindre, doive immanquablement être la consé-

quence de cette foi et de l'acceptation du bienfait qui lui est offert. C'est une foi que nul homme sérieux ne saurait laisser naître en lui, quelque penchant qu'ait l'amour de soi à changer en espoir le simple souhait d'un bien en vue duquel on ne fait rien ou même l'on ne peut rien faire, comme si, attiré par le simple désir, ce qui est l'objet de ce bien pouvait arriver de lui-même. Le seul moyen qui permettrait à l'homme de s'aventurer jusque-là, serait de regarder cette foi elle-même comme venue célestement en lui, et par suite comme une chose dont il n'a aucun compte à rendre à sa raison. Mais s'il ne le peut pas, ou s'il est encore trop sincère pour feindre une pareille confiance à titre simplement de moyen d'insinuation, malgré tout son respect pour cette satisfaction infinie, malgré tout son désir d'en être aussi le bénéficiaire, il ne pourra pas s'empêcher de la regarder seulement comme conditionnée, c'est-à-dire de penser qu'il doit, autant qu'il est en lui, améliorer sa conduite avant d'avoir le moindre motif d'espérer qu'un mérite si élevé puisse devenir son partage. — Par conséquent, si la connaissance historique d'une satisfaction donnée, fait partie de la foi d'Église, tandis que la bonne conduite est une condition qui dépend de la foi morale pure, *cette dernière foi devra précéder l'autre.*

2. Mais si l'homme est foncièrement corrompu, comment peut-il se croire, par lui-même, capable, de quelque façon qu'il s'y prenne, de se transformer en homme nouveau et de devenir agréable à Dieu, s'il a conscience des fautes dont il s'est rendu jusqu'ici coupable, s'il est encore en la puissance du principe mauvais, et s'il ne trouve pas en lui la force suffisante pour mieux se conduire désormais ? S'il lui est impossible de considérer la justice, qu'il a lui-même excitée contre lui, comme apaisée par la satisfaction d'un autre, s'il ne peut point s'envisager lui-même comme régénéré, peut-on dire, par cette foi, de manière à pouvoir en-

treprendre une vie nouvelle, qui dans ce cas serait la conséquence de son union avec le principe du bien [sur quoi veut-il fonder son espérance de devenir un homme agréable à Dieu] ? — Par conséquent, la foi à un mérite qui n'est pas le sien propre et par lequel il est réconcilié avec Dieu, doit précéder en lui toute aspiration à de bonnes œuvres ; ce qui est en contradiction avec la proposition précédente. Nous ne saurions aplanir ce conflit par la vue de la détermination causale de la liberté des êtres humains, c'est-à-dire par la vue des causes qui font qu'un homme devient bon ou mauvais, autrement dit spéculativement (*theoretisch*); car c'est une question qui dépasse tout le pouvoir de spéculation de notre raison. Mais pour la pratique, où l'on se demande non ce qui est physiquement premier, mais ce qui l'est moralement pour l'usage du libre arbitre, c'est-à-dire où l'on veut savoir si nous devons partir de la foi à ce que Dieu a fait en notre faveur, ou bien de ce que nous avons à faire pour devenir dignes de ses bienfaits (de quelque nature qu'ils soient), la réponse n'est pas douteuse : c'est de notre devoir que nous devons partir.

En effet, la première condition de la sanctification, c'est-à-dire la foi à une satisfaction par procurateur, ne nous est nécessaire que pour le concept théorique ; nous ne pouvons pas autrement nous *rendre concevable* l'effacement de nos péchés. La nécessité du second principe est pratique au contraire et purement morale ; à coup sûr l'unique moyen qui puisse nous faire espérer de nous approprier les mérites d'une satisfaction étrangère et de devenir de la sorte participants de la béatitude est de nous en rendre dignes (*uns dazu... qualifizieren*) par nos efforts dans l'accomplissement de tous les devoirs humains, accomplissement qui doit être l'œuvre de notre propre application et ne pas consister lui-même en une influence étrangère où nous demeurerions passifs. Puisque, en effet, c'est là un commandement inconditionné, il est aussi nécessaire que l'homme en fasse, à titre de maxime, la base de sa foi, c'est-à-dire qu'il parte de l'amélioration de sa vie comme de la condition suprême seule susceptible de l'amener à une croyance sanctifiante.

La foi d'Église étant une foi historique commence avec raison par le premier principe ; mais comme elle n'est que le véhicule de la foi religieuse pure (où se trouve la fin à proprement parler), il faut que ce qui, dans cette dernière, en tant que croyance pratique, joue le rôle de condition, la maxime de *l'action*, constitue le point de départ, et que la maxime de la *science* ou de la croyance spéculative (*theoretischen Glaubens*) se borne à confirmer et à couronner la première.

On peut là-dessus remarquer encore que le premier principe fait de la foi (à une satisfaction par procurateur) un devoir pour l'homme, tandis qu'il lui attribuerait comme une grâce la croyance à la bonne conduite, — œuvre d'une influence supérieure. — D'après le second principe, c'est le contraire. Pour lui c'est la bonne *conduite*, condition suprême de la grâce, qui est un *devoir* inconditionné, tandis que la satisfaction d'en haut est simplement une *affaire de grâce*. — Au premier principe on reproche (souvent non sans raison) d'ouvrir la porte à la *superstition* dévote qui sait allier à la religion une vie coupable ; au second, de favoriser l'*impiété naturaliste* qui joint une conduite par ailleurs peut-être tout exemplaire, à l'indifférence ou même à l'hostilité vis-à-vis de toute révélation. — Mais c'est là trancher la difficulté (par une maxime pratique) au lieu de la résoudre (spéculativement), chose d'ailleurs permise incontestablement en matière de religion. — Les remarques suivantes peuvent cependant servir à calmer ces exigences théoriques. — La foi vive dans le modèle de l'humanité agréable à Dieu (la foi dans le Fils de Dieu) se rapporte, *en soi-même*, à une idée morale de la raison, en tant que cette idée nous sert non seulement de règle, mais encore de mobile, et, par conséquent, c'est tout un de prendre pour point de départ cette foi qui est *rationnelle*, ou le principe de la bonne conduite. Au contraire, la foi en ce même modèle *dans le monde phénoménal* (la foi en l'Homme-Dieu), étant une foi *empirique* (historique), ne se confond pas avec le principe de la bonne conduite (principe qui doit être tout à fait rationnel), et ce serait tout autre chose que de vouloir prendre cette croyance (1) comme point de départ et en dériver la bonne conduite. Il y aurait alors une contradiction entre les deux thèses sus-énoncées. Seulement, dans l'apparition phénoménale de l'Homme-Dieu, ce qui constitue, à vrai dire, l'objet de la foi sanctifiante, ce n'est pas ce qui est accessible à nos sens, ni ce que nous pouvons connaître de lui par l'expérience, mais bien le modèle idéal déposé dans notre raison et que nous donnons pour support à cette personne phénoménale (parce que, autant qu'on peut en juger d'après son exemple, elle est trouvée conforme à ce modèle), et cette foi est ainsi identique avec le principe d'une conduite agréable à Dieu. — On n'a donc pas ici deux principes en soi différents et qui nous conduiraient chacun dans une voie opposée à celle de l'autre, mais une seule et même idée pratique qui nous sert de point de départ, d'abord en tant qu'elle nous représente le modèle idéal comme existant en Dieu et procédant de Dieu, ensuite en tant qu'elle nous le représente comme existant en nous, mais chaque fois parce qu'elle nous le représente comme la règle de notre conduite ; et l'antinomie n'est donc qu'apparente, puisque c'est seulement par un malentendu que la même idée pratique, envisagée sous différents rapports, est regardée comme deux principes distincts. — Mais si l'on voulait faire de la foi historique à la réalité d'un Homme-Dieu qui s'est manifesté au monde la condition de l'unique foi sanctifiante, il y aurait alors incontestablement deux principes

---

(1) [Qui doit fonder sur des preuves historiques l'existence de l'Homme-Dieu] 2ᵉ éd.

tout différents (l'un empirique, l'autre rationnel) et sur ces principes se grefferait, que l'on dût partir de l'un ou de l'autre, un conflit véritable des maximes, sans qu'aucune raison pût jamais l'aplanir. — La proposition : il faut croire qu'il a existé autrefois un homme dont la sainteté et dont les mérites ont été si grands qu'il a satisfait à la fois pour lui et pour tous les autres (accomplissant tout son devoir et suppléant aux manquements relatifs à notre devoir), — chose dont la raison ne nous dit rien, — pour espérer qu'il nous est possible à nous-mêmes, en nous conduisant bien, d'être sanctifiés, mais seulement en vertu de cette croyance ; cette proposition énonce tout autre chose que la suivante : il faut s'appliquer de toutes ses forces à faire naître en soi la sainte intention d'une vie agréable à Dieu, afin de pouvoir croire que l'amour qu'Il a pour l'humanité (amour dont la raison nous assure déjà), si cette humanité s'efforce de tout son pouvoir d'exécuter les volontés divines, suppléera, par égard pour la bonne intention, aux imperfections du fait, de quelque manière que ce puisse être. — Le principe empirique n'est pas à la discrétion de tout homme [même de l'ignorant]. L'histoire nous montre que cette lutte entre deux principes de foi a existé dans toutes les formes de religion ; toutes les religions ont eu, en effet, des expiations, quelles qu'elles fussent. Mais la disposition morale inhérente à chacun des hommes ne manquait pas, de son côté, de faire entendre ses réclamations. Cependant, de tout temps, les prêtres se sont plaints plus que les moralistes ; les premiers tonnaient à grands cris (en sommant les autorités de remédier au désordre) contre l'abandon du culte divin établi pour réconcilier le peuple avec le ciel et détourner les calamités de l'État, tandis que les seconds déploraient le déclin des mœurs qu'ils attribuaient grandement aux moyens que les prêtres employaient pour purifier les hommes du péché et qui permettaient à chacun de se réconcilier aisément avec la divinité malgré les plus grossiers des vices.

Effectivement, dès que l'on admet que l'on a sous la main un fonds inépuisable servant à racheter les fautes commises ou même à commettre, et que l'on n'a qu'à y puiser pour acquitter ses dettes (ce que, malgré toutes les protestations de la conscience morale, on ne sera sans doute que trop pressé de faire), tandis qu'on peut s'abstenir de prendre le ferme propos de se bien conduire jusqu'à ce qu'on se soit au moins remis à flot, on ne peut guère alors concevoir d'autres conséquences de cette foi. — Et dans le cas où cette croyance elle-même nous serait, en outre, représentée comme ayant une force si particulière et une telle influence mystique (ou magique) que, tout en ne devant, autant que nous sachions, être regardée que comme historique, elle soit cependant capable, dès qu'on s'y attache et qu'on a les sentiments qu'elle comporte, d'améliorer foncièrement tout l'homme (de faire de lui un homme nouveau), il faudrait que cette croyance fût considérée elle-même comme un don qui nous vient immédiatement du ciel (avec et par la croyance historique), et tout se ramène dès lors, en définitive, même la constitution morale de l'homme, à un décret arbitraire *unbedingten Ratschluss*) de Dieu : « *il a pitié* de qui il veut, et *il endurcit* qui il veut (1) », parole qui, prise à la lettre, est le *salto mortale* de la raison humaine.

C'est donc une conséquence nécessaire de nos dispositions physiques et aussi des dispositions morales qui sont en

---

(1) Voici l'explication que l'on peut donner de cette parole. Nul ne saurait dire avec certitude d'où vient que tel homme est mauvais et tel autre bon (tous deux comparativement), alors que bien des fois la disposition qui les pousse à être ce qu'ils sont semble déjà tenir à leur naissance et que parfois aussi les contingences de la vie, à quoi personne ne peut rien, influent sur leur différence morale ; personne non plus ne peut dire ce qu'il adviendra de lui-même. Il faut donc laisser là-dessus le jugement à Celui qui voit tout, et c'est cela qui est exprimé par cette parole, comme si le décret divin, avant la naissance des hommes avait été prononcé sur chacun, lui assignant le rôle qu'il aurait à jouer. Dans l'ordre des phénomènes, pour le créateur de l'univers, surtout quand nous nous en faisons un concept anthropomorphique, *prévoir* est aussi *décider d'avance*. Mais dans

nous et qui servent à la fois de base et d'interprète à toute religion, que la religion se dégage enfin de tous ses principes empiriques de détermination, de tous ses statuts à base historique groupant les hommes provisoirement, au moyen d'une foi d'Église, en vue des développements du bien, et que la religion pure de la raison arrive seule à dominer ainsi toutes les autres religions « afin que Dieu soit tout dans tout ». — Les enveloppes dans lesquelles l'embryon a pris forme humaine doivent être écartées pour qu'il puisse venir au jour. Les lisières des traditions sacrées, les statuts et les observances, qui les complètent — choses qui ont rendu des services en leur temps — deviennent petit à petit inutiles et finissent par être des chaînes, quand l'homme n'est plus un enfant. Aussi longtemps qu'« il a été enfant, » l'homme (le genre humain) « a été prudent comme un enfant » et a su rattacher à des dogmes, qui lui avaient été imposés sans son aveu, une science et même une philosophie mises au service de l'Église ; « mais devenu homme il dépouille ce qui tient à l'enfance ». La différence humiliante entre les *laïques* et les *clercs* disparaît enfin, et l'égalité naît de la véritable liberté, mais sans anarchie cependant, car chacun obéit à la loi (non statutaire) qu'il se trace, il est vrai, lui-même, mais qu'il doit aussi regarder comme la volonté du souverain du monde que lui révèle sa raison et qui groupe invisiblement, sous un gouvernement commun, tous les hommes dans un État dont l'Église visible était auparavant la maigre représentation et l'esquisse préparatoire. — Cette transformation, il ne faut point l'attendre d'une révolution [extérieure], pleine de tumulte et de violence, et qui est grandement soumise au hasard des cir-

---

l'ordre des choses suprasensible où règnent les lois de la liberté et où le temps n'existe pas, prévoir n'est plus que *savoir tout d'avance,* sans qu'on puisse expliquer pourquoi l'un se conduit ainsi, l'autre suivant des principes contraires, ni concilier cette prescience avec la liberté des volontés humaines.

constances dans son action ; les défauts qui se trouveraient dans l'ordre nouveau établi par elle, seraient, quoique à regret, maintenus des siècles durant, parce qu'on ne pourrait plus y porter remède ou, du moins, parce qu'il serait impossible de les modifier autrement que par une nouvelle révolution (toujours dangereuse). — Dans le principe de la religion rationnelle pure, révélation divine (quoique non empirique) faite continuellement à tous les hommes, doit se trouver le fondement de ce passage à un nouvel ordre de choses, et ce progrès, une fois résolu après mûre réflexion, est réalisé peu à peu par des réformes progressives, dans la mesure où il doit être une œuvre humaine; car pour ce qui est des révolutions, qui peuvent le rendre plus brusque, elles sont abandonnées à la Providence, et l'on ne saurait sans nuire à la liberté, les amener suivant un plan.

Mais on peut dire avec raison « que le règne de Dieu est arrivé sur nous », alors même que le principe du passage progressif de la foi d'Église à la religion rationnelle universelle, et par suite à un état moral (divin) sur la terre, se borne à avoir pris racine *publiquement* partout ou même en un endroit, quoique l'avènement réel d'un pareil règne se trouve encore indéfiniment éloigné de nous. Car, puisque ce principe contient le fondement d'un progrès continu vers cette perfection, en lui, comme dans un germe vivant qui se développe et se multiplie dans la suite par la semence, se trouve contenu (de manière invisible) le Tout qui doit un jour éclairer et régir le monde. Quant au vrai et au bien, que tout homme, en vertu de sa disposition native, tend à connaître et à aimer, ils ne manquent pas, devenus publics, de se communiquer universellement, grâce à l'affinité naturelle qu'ils ont avec la disposition morale de tous les êtres raisonnables. Les entraves que des causes politico-civiles peuvent mettre de temps à autre à leur propagation, au lieu de les gêner, servent plutôt à rendre plus intime l'union des âmes en vue du bien (qui, une fois saisi par l'homme, reste toujours l'objet de ses pensées) (1).

Tel est donc le travail inaperçu de nous, mais toujours progressif, que fait le bon principe pour se constituer dans le genre humain, république soumise aux lois de la vertu, une puissance et un empire attestant sa victoire sur le mal et assurant au monde, sous sa domination, une paix éternelle.

(1) On peut conserver à la foi d'Eglise, sans l'exclure ni la combattre, son influence utile, en tant que véhicule, tout en la dépouillant, comme trop entichée du devoir cultuel, de toute influence sur le concept de la religion véritable (qui est la religion morale), et de cette manière, nonobstant la diversité des confessions statutaires, établir un rapprochement entre tous leurs adeptes au moyen des principes de la religion rationnelle unique, dans le sens de laquelle les docteurs ont à expliquer tous les dogmes et toutes les observances de ces religions différentes, jusqu'à ce que l'on puisse, avec le temps, quand aura triomphé l'*Aufklärung* véritable (c'est-à-dire la légalité sortant de la liberté [morale]), substituer, d'un accord unanime, aux formes dégradantes de croyances coercitives une forme ecclésiastique adaptée à la dignité d'une religion morale, c'est-à-dire la forme d'une croyance libre. — Concilier l'unité de foi ecclésiastique avec la liberté en matière de foi, c'est un problème que nous porte continuellement à résoudre l'idée de l'unité objective de la religion rationnelle par l'intérêt moral qu'elle nous inspire ; mais nous n'avons que peu d'espoir de réaliser cette conciliation dans une Eglise visible, si nous interrogeons là-dessus la nature humaine. C'est là une idée de la raison qu'il nous est impossible de représenter dans une intuition pleinement adéquate, mais qui est cependant, comme principe régulateur pratique, douée de réalité objective pour influer sur cette fin de < concert avec * > l'unité de la religion rationnelle pure. Il en est ici comme de l'idée politique d'un droit d'Etat qui devrait s'accorder aussi avec le droit des peuples universel et *souverain*. L'expérience ici nous refuse toute espérance. En vertu d'un penchant qui semble avoir été donné (peut-être intentionnellement) au genre humain, chacun des Etats pris à part, quand la fortune lui sourit, tend à subjuguer tous les autres et à fonder la monarchie universelle ; mais arrivé à une certaine grandeur, il se démembre de lui-même en plus petits Etats. Ainsi, chaque Eglise existante émet la fière prétention de devenir universelle ; mais une fois qu'elle s'est propagée et est devenue dominante, bientôt apparaît un principe de dissolution et de division en sectes diverses.

[La fusion des Etats trop hâtive et donc pernicieuse (parce qu'elle aurait lieu avant que les hommes soient devenus moralement meilleurs), — s'il nous est permis d'admettre en ce point une intention de la Providence — est surtout empêchée par deux puissantes causes, la multiplicité des langues et la différence des religions.]

(*) *Gemäss*, supprimé dans la 2ᵉ édition.

DEUXIÈME SECTION

REPRÉSENTATION HISTORIQUE DE LA FONDATION PROGRESSIVE DE LA DOMINATION DU BON PRINCIPE SUR LA TERRE

On ne peut exiger de la religion sur la terre (au sens le plus strict de ce mot) aucune *histoire universelle* portant sur tout le genre humain ; car, en tant que fondée sur la foi morale pure, elle n'est pas un état public et chacun ne saurait avoir que la conscience particulière de ses progrès dans cette foi. La croyance d'Église est, par suite, la seule dont il soit possible d'attendre un exposé général historique donné par la comparaison de cette croyance aux formes diverses et changeantes avec la foi religieuse pure toujours unique et immuable. A partir du moment où la foi ecclésiastique reconnaît officiellement qu'elle dépend des conditions limitatives de la croyance religieuse et qu'elle doit s'accorder avec elle, l'*Église universelle* commence à revêtir la forme d'un État moral gouverné par Dieu et à se rapprocher sans cesse, d'après un principe bien établi, perpétuellement identique pour tous, de la réalisation complète de cet état. — Il est à supposer d'avance qu'une pareille histoire sera simplement le récit de la lutte continuelle qui se livre entre les croyances de la religion cultuelle et de la religion morale, l'homme étant constamment enclin à placer plus haut la première, en tant que croyance historique, alors que la dernière n'a jamais renoncé au droit à la prééminence qui lui revient, en tant que seule croyance réformatrice (*seelenbessern-dem*), et finira certainement par l'affirmer.

Le seul moyen pour cette histoire d'avoir de l'unité, c'est d'être circonscrite à cette partie de l'espèce humaine chez laquelle actuellement la disposition à l'unité de l'Église universelle se trouve déjà amenée près de son développement, puisqu'elle a tout au moins déjà publiquement posé la question de la différence entre la croyance historique et la croyance rationnelle et attribué à la décision de ce point la plus grande importance morale ; car l'histoire des ((dogmes professés par)) (1) différents peuples, que ne relie entre eux aucune foi commune, ne saurait procurer à l'Église de l'unité. Or on ne peut pas mettre au compte de cette unité le fait que dans un même peuple a pris naissance, à un moment donné une certaine foi nouvelle notablement distincte de celle qui régnait avant, quand même la foi précédente eût contenu les *causes occasionnelles* de cette production nouvelle. Car il doit y avoir unité de principe pour que l'on puisse rapporter les différentes sortes de croyances qui se sont succédé entre elles aux modifications d'une Église toujours la même, Église dont l'histoire est proprement ce qui maintenant nous occupe.

Il n'y a qu'une histoire qui réponde à ces exigences : c'est celle de l'Église qui, dès ses débuts, porte en elle le germe et les principes de l'unité objective de la croyance religieuse véritable et *universelle*. — On voit de prime abord que la foi judaïque n'a pas de rapport essentiel avec cette foi ecclésiastique dont nous voulons considérer l'histoire, c'est-à-dire n'offre avec elle aucune unité suivant

---

(1) Le manuscrit de Kant (cf. E. Arnold, *Beiträge zu dem Material der Geschichte von Kants Leben*, etc., Königsberg, 1898) contient ce texte : *die Geschichte der Satzungen verschiedener Völker*, que Vorländer a rétabli dans son édition de la *Religion* (Leipzig, 1903). Nous avons cru devoir le suivre. A. T.

des concepts, bien que le Judaïsme ait immédiatement précédé l'Église chrétienne et ait été l'occasion matérielle de sa fondation.

La *croyance juive* n'est autre chose, dans son institution originaire, qu'un ensemble de lois simplement statutaires sur lequel se basait une constitution civile ; les compléments moraux qui alors même ou dans la suite lui furent *ajoutés* ne font point partie en effet, c'est une chose incontestable, du Judaïsme comme tel. En vérité le Judaïsme n'est point une religion ; on n'y peut voir que l'association d'un certain nombre d'hommes, qui, appartenant à une race particulière, avaient constitué non une Église, mais un État régi par de simples lois politiques ; cet État *devait* être même purement temporel, de sorte que, si le revers des temps parvenait à le morceler, il demeurât toujours au Judaïsme cette foi politique (qui lui appartient essentiellement) qu'un jour on en verrait le rétablissement (lors de la venue du Messie). La théocratie qui est à la base de cette constitution politique (sous la forme visible d'une aristocratie de prêtres ou de chefs qui disaient recevoir immédiatement de Dieu leurs instructions), ni par suite le nom de Dieu qui, en réalité, n'est ici honoré que comme un régent temporel qui n'a ni la prétention de régner sur les consciences, ni celle d'avoir de la conscience, ne sauraient la changer en constitution religieuse. La preuve qu'elle n'a pas dû être quelque chose de tel est de la plus grande évidence. *Premièrement*, toutes les prescriptions sont de telle nature qu'une constitution politique peut, elle aussi, les conserver et les imposer comme lois de contrainte, puisqu'elles sont relatives exclusivement à des actions extérieures, et bien que les dix commandements, même sans le secours d'une promulgation, aient déjà, en tant que moraux, leur valeur devant la raison, cette législation n'exige pas qu'on joigne à leur observation l'*intention morale* (dont le Christianisme fera plus tard l'œuvre essentielle), mais ne vise tout simplement que l'observation extérieure. C'est là d'ailleurs ce que met en lumière l'observation qui suit. *Deuxièmement*, toutes les conséquences de l'accomplissement ou de la transgression de ces commandements, toutes les récompenses et tous les châtiments n'étaient que d'ordre temporel, chacun pouvant sur cette terre recevoir le prix de ses œuvres, et ne répondaient pas à des concepts moraux, puisque la postérité, elle aussi, devait avoir sa part de faveurs ou de peines pour des faits ou pour des méfaits auxquels elle n'avait pris aucune part active, ce qui sans aucun doute, dans une constitution politique, est un moyen prudent de se concilier l'obéissance, mais serait contraire à toute équité dans une constitution morale. Comme sans la croyance à une vie future on ne peut concevoir aucune religion, le Judaïsme, en tant que tel, pris dans sa pureté, ne contient donc pas de foi religieuse. C'est ce qui sera confirmé par l'observation suivante. Il est difficile, en effet, de douter que les Juifs, comme les autres peuples, même les plus grossiers, n'aient eu une croyance à une vie future, par conséquent un ciel et un enfer, car cette croyance, en vertu de la disposition morale universelle dans la nature humaine, s'impose d'elle-même à tous. C'est donc sûrement *à dessein* que le législateur de ce peuple, bien qu'on nous le représente comme Dieu même, n'a pas *voulu* tenir le moindre compte de la vie future, ce qui montre bien que son intention n'était que de fonder un État politique et non pas un État moral ; quant à parler, dans cet État, de récompenses et de châtiments qui ne sauraient être visibles au cours de cette vie, c'eût été là, par hypothèse, un procédé tout à fait inconséquent et très maladroit. Dans la suite, les Juifs, on ne peut en douter, se sont fait, chacun pour lui-même, une certaine foi religieuse qu'ils mêlaient aux articles de leur foi statutaire, mais cette croyance supplémentaire n'a jamais, toutefois, fait partie intégrante de la législation du Judaïsme. *Troisièmement*, le

Judaïsme, au lieu d'être une époque du développement de l'*Église universelle* ou d'avoir lui-même, en son temps, constitué l'Église universelle, excluait au contraire de sa communauté toute l'espèce humaine, se considérant comme un peuple particulièrement élu de Jéhovah et ennemi de tous les autres peuples, par suite en butte aux hostilités de chacun. Au reste, il ne faut point surfaire l'honneur qui revient à ce peuple de s'être donné pour souverain maître un Dieu unique qu'aucune image visible ne saurait représenter. Car la doctrine religieuse de la plupart des autres peuples se trouve avoir le même objet (*darauf gleichfalls hinausging*) et ne devient suspecte de polythéisme que par la *vénération* de certaines puissances divines, dieux secondaires subordonnés à ce Maître absolu. En effet, un Dieu qui veut simplement l'obéissance à des commandements qui ne requièrent point une amélioration de l'intention morale, n'est pas à proprement parler l'Être moral dont le concept est nécessaire pour une religion. Cette religion se trouverait plutôt dans une croyance à de nombreux êtres invisibles et puissants, — en admettant qu'un peuple les conçût de telle manière que, malgré la diversité de leurs départements, ils s'accordent tous cependant à ne placer leur complaisance qu'en ceux qui s'attachent de tout leur cœur à la vertu, — que dans la croyance à un Être unique, mais qui ferait du culte mécanique la principale affaire.

Nous ne pouvons donc faire commencer l'histoire universelle de l'Église, en tant qu'elle doit former un système, qu'à l'origine du Christianisme lequel, étant un abandon complet du Judaïsme où il a pris naissance, et se fondant sur un principe entièrement nouveau, effectua dans les croyances une révolution totale. La peine que se donnent les docteurs du Christianisme, ou celle qu'ils ont pu se donner au début, pour établir un lien entre ces deux croyances, en déclarant que la nouvelle foi est simplement la suite de l'ancienne qui contenait, sous forme de symboles, tous les événements de la première, nous montre clairement qu'ils ne voient, ou ne voyaient là que le moyen le plus habile d'*introduire* une religion morale pure à la place d'un culte ancien, auquel le peuple était trop fortement habitué, sans toutefois heurter de front les préjugés. La suppression subséquente de la marque distinctive corporelle qui servait à mettre ce peuple entièrement à part de tous les autres nous permet déjà de juger que la nouvelle foi, n'étant pas plus liée aux statuts de l'ancienne qu'à des statuts quelconques, devait renfermer une religion valable, non pour un seul peuple, mais pour l'univers tout entier.

Donc c'est du Judaïsme, non du Judaïsme patriarcal, sans mélange et portant sur une constitution politique (d'ailleurs fort ébranlée déjà), mais du Judaïsme où déjà se mêlait une foi religieuse grâce à des doctrines morales qui insensiblement y étaient devenues publiques, à une époque où, dans ce peuple au reste ignorant, s'était déjà glissée beaucoup de sagesse étrangère (grecque), sagesse qui, sans doute, contribua aussi à faire naître en lui des concepts de vertu et à le préparer à des révolutions appelées par l'écrasant fardeau de sa foi dogmatique, quand l'occasion s'en présenta grâce à l'amoindrissement du pouvoir des prêtres résultant de leur soumission à la domination d'un peuple qui regardait avec indifférence toutes les croyances des autres peuples, — c'est de ce Judaïsme que s'éleva donc tout à coup, mais non sans avoir été préparé, le Christianisme. Le Maître de l'Évangile s'annonça comme un envoyé du ciel et se révéla digne d'une telle mission en déclarant nulle par elle-même la foi servile (toute en jours consacrés au culte, en professions de foi, en rites) et en proclamant que la foi morale, la seule qui rende les hommes saints « comme est saint leur Père qui est au ciel » et dont la pureté se prouve par la bonne conduite, est l'unique foi sanctifiante. Et après que, par ses leçons, par ses souffrances et par sa mort imméritée et en même temps méritoire (1) il eut donné dans sa personne un exemple conforme au type de l'humanité seule agréable à Dieu, il est représenté comme étant retourné au ciel, d'où il était venu, laissant ses volontés dernières énoncées (peut-on dire comme en un testament),

(1) Avec elle finit son histoire publique (celle qui peut aussi, par suite, servir universellement d'exemple à la postérité). L'histoire plus secrète, qui en est comme un appendice et qui narre des faits dont les disciples seuls ont été les témoins : sa *résurrection* et *son ascension* (qui, prises seulement pour des idées de la raison, signifieraient le commencement d'une autre vie et l'entrée dans le règne de la félicité, c'est-à-dire dans la communion de tous les gens de bien), cette seconde histoire, dont nous laissons intacte la valeur historique (*ihrer historischen Würdigung unbeschadet*), ne peut avoir aucune utilité pour la religion dans les limites de la simple raison ; non point parce qu'elle est un récit historique (car l'histoire qui la précède offre le même caractère), mais parce que, prise à la lettre, elle admet un concept sans doute très conforme au mode de représentation sensible des hommes, mais très gênant pour la raison dans sa croyance à l'avenir, le concept de la matérialité de tous les êtres du monde, — *matérialisme* de la *personnalité* de l'homme (matérialisme psychologique) qui fait du même corps la condition indispensable de la personnalité, aussi bien que *matérialisme* de la *présence* dans un monde en général (matérialisation cosmologique) qui pose en principe que la présence ne peut être que *spatiale* ; tandis que l'hypothèse de la spiritualité des êtres raisonnables du monde, spiritualisme en vertu duquel le corps peut demeurer mort dans la terre et la même personne être pourtant vivante, d'après lequel aussi l'homme, à titre d'esprit (en sa qualité non sensible), peut arriver au séjour des heureux sans être transporté dans un endroit quelconque de l'espace infini qui entoure la terre (et que nous appelons le ciel), est une hypothèse plus favorable à la raison, non seulement à cause de l'impossibilité qu'il y a concevoir une matière pensante, mais surtout en raison de la contingence où se trouve exposée notre existence après la mort quand elle doit uniquement dépendre de la conservation d'une certaine masse de matière ayant une certaine forme, au lieu que l'on peut concevoir la *permanence* d'une substance simple comme fondée sur sa nature. — Dans cette dernière hypothèse (celle du spiritualisme), d'une part, la raison n'a aucun intérêt à traîner dans l'éternité un corps qui (du moment que la personnalité a pour support l'identité physique) doit toujours, si purifié qu'on le suppose, être composé de la même matière que celle qui forme la base de notre organisme et pour laquelle au cours de sa vie l'homme même n'a jamais éprouvé une grande affection, et, d'autre part, enfin elle ne comprend pas ce que cette terre calcaire, dont il est formé, peut bien faire au ciel, c'est-à-dire dans une autre contrée du monde où, vraisemblablement, c'est à d'autres matières qu'il appartient d'être la condition de l'existence et de la conservation des êtres vivants.

bien que, sous le rapport de la force du souvenir lié à son mérite, à son enseignement ainsi qu'à son exemple, il ait pourtant pu dire qu' (Idéal de l'humanité agréable à Dieu) « il reste néanmoins avec ses disciples jusqu'à la consommation des siècles ». — A cet enseignement qui aurait eu besoin d'être confirmé par des miracles, si l'on avait, en quelque façon, eu affaire à une *croyance historique* à cause de la naissance et du rang peut-être supra-terrestre de la personne qui nous l'apporta, mais qui regardé simplement comme relevant de la foi morale réformatrice (*seelenbessernden*) peut se passer d'une telle démonstration par rapport à sa vérité, sont encore ajoutés, dans un livre sacré, des miracles et des mystères dont la divulgation est elle-même un miracle et qui requièrent une foi historique dont seule l'exégèse (*Gelehrsamkeit*) peut vérifier la valeur et assurer l'importance et le sens.

Mais toute croyance qui, en tant que croyance historique, se fonde sur des livres doit avoir comme garantie un *public éclairé*, au milieu duquel il lui soit possible d'être censément contrôlée par des auteurs contemporains échappant au soupçon de toute connivence avec ses premiers propagateurs et se trouvant sans interruption bien d'accord avec les auteurs actuels. La foi rationnelle pure ne réclame pas au contraire une pareille vérification, mais se démontre d'elle-même. Or, quand s'effectua cette révolution, il existait déjà, dans le peuple qui exerçait sa domination sur les Juifs et qui avait, d'ailleurs, en ces contrées conquises de nombreux citoyens (dans le peuple romain), un public éclairé qui, par une série ininterrompue d'écrivains, nous a transmis l'histoire des faits contemporains ayant rapport à l'ordre politique; au reste, quelque indifférent que pût être ce peuple à l'égard des croyances religieuses de ses sujets autres que les Romains, il n'était cependant nullement incrédule à l'endroit des miracles qui se seraient publiquement accomplis parmi eux; or ses auteurs contemporains ne font mention ni des miracles, ni de la révolution, publique elle aussi, que ces miracles opérèrent (au point de vue de la religion) dans ce peuple soumis à la domination de Rome. Ce ne fut que tardivement, après plusieurs générations, qu'ils essayèrent de se rendre compte de la nature de ce changement de croyance qui, jusqu'à ce moment, leur avait échappé (bien qu'il ne se fût pas accompli sans des commotions publiques), mais sans s'occuper de faire l'histoire des premiers débuts de ce changement et de la rechercher dans leurs propres annales. De ces débuts jusqu'à l'époque où le Christianisme se fut constitué un public éclairé, son histoire est par suite obscure, et nous ne savons pas quelle influence eut sa doctrine sur la moralité de ses adeptes, si les premiers Chrétiens furent réellement des hommes moralement meilleurs ou bien des gens d'une trempe ordinaire. Mais depuis le moment où le Christianisme est devenu lui-même un public éclairé, ou du moins un fait général (*oder doch in das allgemeine eintrat*), son histoire, sous le rapport de l'effet bienfaisant qu'on est en droit d'attendre d'une religion morale, ne lui sert nullement de recommandation. On peut y voir comment les extravagances mystiques de la vie des ermites et de la vie des moines et l'exaltation de la sainteté du célibat rendirent un grand nombre d'hommes inutiles au monde, comment de prétendus miracles liés à ces folies enchaînèrent le peuple avec des liens pesants dans la superstition aveugle; comment, sous une hiérarchie s'imposant à des hommes libres, la terrible voix de l'*orthodoxie* s'exprima par l'organe d'interprètes de l'Écriture, qui se prétendaient audacieusement les seuls autorisés, et divisa la chrétienté en des partis exaspérés à cause d'opinions ayant trait à la foi (où, si l'on a recours à la raison pure comme interprète, il est tout à fait impossible d'obtenir l'accord unanime); comment, en Orient, où l'État s'occupa lui-même ridiculement des règles de la foi et des dissensions cléricales, au lieu de maintenir les prêtres dans les strictes limites d'un corps purement enseignant (limites dont ils sont toujours disposés à sortir pour se transformer en corps dirigeant), comment, dis-je, cet État-là devait inévitablement devenir la proie d'ennemis extérieurs qui, en définitive, mirent fin à une croyance dominante; comment, en Occident, où la foi a dressé son véritable trône, indépendant des pouvoirs temporels, un prétendu représentant de Dieu a ébranlé et rendu sans force l'ordre civil ainsi que les sciences (qui en sont le soutien); comment les deux parties de la chrétienté, ainsi que les plantes et les bêtes qui, malades et tout près de leur dissolution, attirent des insectes rongeurs dont le rôle est de la parfaire, subirent l'invasion des barbares; comment, en Occident, le chef spirituel gouverna les rois comme des enfants en les frappant avec la baguette magique de son excommunication toujours levée, les porta à des guerres lointaines (aux croisades) entreprises pour dépeupler une partie du monde, les excita à se combattre entre eux, souleva les sujets contre l'autorité des princes, et insuffla dans l'âme des fidèles la haine sanguinaire qu'ils ont montrée contre d'autres adeptes, pensant autrement qu'eux, d'un seul et même Christianisme proclamé universel; comment ces dissensions que seul l'intérêt politique empêche, même de nos jours, d'éclater avec violence, ont leur source cachée dans le principe d'une foi ecclésiastique s'imposant despotiquement et laissent toujours craindre de semblables excès; — et cette histoire du Christianisme (qui, puisque son objet est une croyance historique, ne pouvait pas se trouver différente), vue d'ensemble, comme un tableau, pourrait justifier cette exclamation du poète :

Tantum religio potuit suadere malorum ! (Lucrèce.)

si l'institution du Christianisme ne faisait pas toujours assez clairement ressortir que son premier et son véritable objec tif était simplement d'introduire une foi religieuse pure, où il ne saurait y avoir d'opinions contradictoires, et que tout ce tumulte, dont le genre humain a souffert et qui le tient encore divisé, provient uniquement d'un mauvais penchant, propre à la nature humaine, qui lui fait transformer ce qui devait servir, dans les premiers temps, à l'introduction de cette foi pure — c'est-à-dire gagner à cette foi nouvelle la nation habituée à l'ancienne foi historique — en fondements définitifs d'une religion universelle.

Si l'on demande : quelle est la meilleure époque de toutes celles que, jusqu'à nos jours, comprend l'histoire de l'Église, je réponds sans hésitation : *c'est l'époque actuelle*, parce qu'on n'a qu'à laisser se développer librement de plus en plus le germe de la vraie foi religieuse, tel qu'il a été de nos jours déposé dans la chrétienté par quelques esprits seulement, mais publiquement toutefois, pour que se réalise un progrès continu vers cette Église qui réunira tous les hommes à jamais et qui est la représentation visible (le schème) d'un règne invisible de Dieu sur la terre. — La raison qui s'est dégagée, en ce qui regarde les choses qui doivent être en elles-mêmes (*ihrer Natur nach*) morales et moralisantes, du joug d'une croyance constamment exposée aux caprices des interprètes (*der Willkühr der Ausleger*), s'est imposé, dans tous les pays de l'Europe, deux principes admis universellement par les véritables hommes de religion (bien qu'ils ne le soient point publiquement partout). Le *premier* est celui d'une juste *mesure* dans les jugements qui s'appliquent à tout ce qu'on nomme révélation ; il consiste à dire qu'étant donnée l'impossibilité où nous sommes de refuser à un livre dont le contenu moral est purement divin la *possibilité* d'être considéré réellement aussi (dans ce qu'il contient d'historique) comme une révélation divine, lorsque nous savons, d'autre part, que l'union des hommes en une religion ne peut ni s'effectuer comme il faut, ni être rendue permanente, sans un livre sacré et sans une foi ecclésiastique ayant à sa base ce livre ; qu'étant donné en outre l'état actuel de l'esprit humain qui rend difficile à tout homme d'attendre une révélation nouvelle introduite par des miracles, — le plus raisonnable et le plus juste, c'est de nous en tenir à ce livre, puisqu'il est là, de le prendre pour base de l'enseignement ecclésiastique, de ne point en affaiblir la valeur par des attaques inutiles ou malignes, sans du reste imposer à personne la foi en ce livre comme condition du salut. Le *second* principe consiste à vouloir que l'histoire sainte — puisqu'elle n'a pas d'autre rôle que d'être utile à la foi chrétienne et que, par elle seule, elle ne peut ni ne doit exercer absolument aucune influence sur l'adoption de maximes morales, n'étant donnée à la foi ecclésiastique que pour servir à la représentation vivante de son véritable objet (la vertu aspirant à la sainteté) — soit toujours enseignée et expliquée comme ayant pour but des visées morales et qu'à ce propos l'on insiste soigneusement et à plusieurs reprises (le commun des hommes ayant en eux un irrésistible penchant qui les porte à la foi passive) (1) sur cette idée que la vraie religion n'est pas de connaître ou de professer ce que Dieu fait ou a fait pour notre sanctification, mais d'accomplir ce que nous devons faire pour nous en rendre dignes ; et ce ne peut jamais être que quelque chose ayant en soi une valeur indubitable et *absolue*, pouvant seul, par suite, nous

(1) Une des causes de ce penchant réside dans le principe de sûreté qui me fait imputer les vices d'une religion dans laquelle je suis né, dans laquelle on m'a élevé, que l'on m'a enseignée sans consulter mon choix et à laquelle je n'ai rien changé par mon propre raisonnement, non à moi-même, mais à mes parents ou aux maîtres qu'ils ont chargés, eux ou l'Etat de mon éducation ; c'est une des raisons qui nous font difficilement accorder notre approbation au changement public de religion d'un homme ; il est vrai qu'à cette raison s'en ajoute encore une autre (bien plus profonde) en vertu de laquelle, étant donnée l'impossibilité, bien sentie de chacun de nous, de choisir avec certitude (parmi les croyances historiques) celle qui est la véritable, tandis que la foi morale est partout la même, on trouve qu'il n'est pas utile de se faire ainsi remarquer.

rendre agréables à Dieu, quelque chose enfin dont tout homme peut reconnaître la nécessité avec une certitude parfaite sans nulle science de l'Écriture. — C'est donc un devoir pour les gouvernants de ne pas entraver la diffusion de ces principes; par contre, ceux-là se hasardent bien, engageant ainsi lourdement leur propre responsabilité, qui empiètent en ce point sur les voies de la providence divine et, pour complaire à certaines doctrines ecclésiastiques historiques n'ayant pour elles tout au plus qu'une vraisemblance que seuls peuvent démêler des savants, exercent une pression (1) sur la conscience de leurs sujets

(1) Quand un gouvernement ne veut pas qu'on taxe d'intolérance (*Gewissenszwang*) la défense qu'il fait aux hommes de *professer* publiquement leurs opinions religieuses, parce qu'il n'empêche personne de *penser* en lui-même et secrètement ce que bon lui semble, sa prétention ordinairement prête à rire et l'on dit qu'il n'y a point là une liberté octroyée par lui, parce que, le droit qu'il concède, il ne saurait point l'empêcher. Mais ce qui demeure impossible à la souveraineté temporelle ne l'est pas cependant au pouvoir suprême spirituel qui peut viser la pensée même dans ses prohitions et l'empêcher réellement, et cette contrainte qu'est la défense de penser seulement autrement qu'il ne le prescrit, il peut l'exercer même sur les chefs puissants de l'Eglise. — Car en raison du penchant qu'ont les hommes à une foi cultuelle servile, qu'ils sont portés non seulement à mettre au-dessus de la foi morale (laquelle veut que l'on serve Dieu en accomplissant des devoirs, en somme), mais à considérer comme étant la seule importante, la seule qui compense tous les autres défauts, il est toujours facile aux gardiens de l'orthodoxie, en leur qualité de pasteurs des âmes, d'inculquer à leurs ouailles une pieuse terreur de la moindre dérogation à certains dogmes établis sur l'histoire, la terreur même de tout examen, et cela à tel point qu'aucun n'ose, même en pensée, laisser un doute s'élever en lui contre ces dogmes imposés, ce qui serait comme prêter l'oreille au malin esprit. Il est vrai que pour s'affranchir de cette contrainte, il suffit de *vouloir* (ce qui n'est pas le cas de la contrainte temporelle visant les professions publiques); mais c'est justement à ce vouloir-là qu'on met un verrou intérieurement. Pourtant, cette oppression véritable des consciences, bien qu'elle soit assez fâcheuse (puisqu'elle mène à l'hypocrisie intérieure) n'est pas aussi mauvaise que l'atteinte portée à l'extérieure liberté de croire, parce que, grâce au progrès de lumières morales et à la conscience de la liberté individuelle, seules capables de faire naître le véritable respect du devoir, la première doit d'elle-même disparaître insensiblement, tandis que la seconde s'oppose à tout progrès librement accompli dans la communauté morale des croyants, qui constitue l'essence de la véritable Eglise, et soumet la forme de cette Église à des ordonnances toutes politiques.

(*die Gewissenhaftigkeit der Unterthanen... in Versuchung bringen*) en leur offrant ou en leur refusant certains avantages sociaux ordinairement départis à tous, ce qui, sans mettre en compte l'atteinte ainsi portée à une liberté sacrée en pareil cas, peut difficilement procurer à l'État de bons citoyens. Qui d'entre ceux qui s'offrent pour entraver le libre développement des dispositions divines ayant en vue l'amélioration du monde ou d'entre ceux qui proposent d'y faire obstacle, consentirait après avoir pris conseil de sa conscience, à répondre de tout le mal qui peut résulter de ces entreprises violentes capables d'arrêter peut-être pour longtemps le progrès dans le bien à quoi vise la Providence et même de le faire retourner en arrière, bien que nulle puissance et nulle institution humaines ne soient en état de le supprimer jamais tout à fait.

Le royaume des cieux est enfin, pour ce qui regarde la direction de la Providence, représenté dans cette histoire non seulement en train de s'approcher, certes fort lentement à certaines époques, quoique toujours sans arrêt cependant, mais encore en train de faire son entrée. Il est vrai qu'on peut expliquer comme une représentation symbolique ayant uniquement pour but de donner plus de force à notre espérance, à notre courage et à nos aspirations vers ce règne, la prophétie qui (dans l'*Apocalypse*, comme en des livres sibyllins) vient s'ajouter à ce récit historique, pour nous peindre l'achèvement de ce grand changement du monde sous la forme d'un règne visible de Dieu sur la terre (royaume gouverné par le représentant, le lieutenant de Dieu, descendu de nouveau du ciel), pour nous peindre aussi la félicité dont on jouira sur la terre après que le Seigneur aura mis à part et chassé les rebelles, qui essaieront encore une fois de lui résister, ainsi que le complet anéantissement de ces révoltés et de leur chef, de sorte que la *fin du monde* est la conclusion de l'histoire. Le Maître évangélique n'a montré à ses disciples que le côté moral, magnifique et sublime du règne de Dieu sur la terre, c'est-à-dire la dignité qu'il y a à faire partie, comme citoyens, d'un État divin ; et il leur a donné les indications nécessaires sur ce qu'ils devaient faire non seulement pour arriver eux-mêmes à ce royaume, mais encore pour s'y réunir avec d'autres hommes animés des mêmes sentiments et, si c'est possible, avec tout le genre humain. Quant au bonheur, qui est l'autre partie des vœux que forment inévitablement les hommes, il les avertissait de ne pas y compter dans cette vie terrestre. Il les préparait, par contre, à s'attendre aux plus grandes tribulations ainsi qu'aux plus grands sacrifices, ajoutant toutefois (parce qu'un entier renoncement à l'élément physique du bonheur ne saurait être demandé à un homme, tant qu'il existe) : « Réjouissez-vous et consolez-vous, tout cela vous sera payé au centuple au ciel. » Or, le complément ajouté, comme il a été dit, à l'histoire de l'Église, complément qui a pour objet la destinée future et dernière de cette Église, nous la représente enfin comme *triomphante*, c'est-à-dire comme ayant vaincu tous les obstacles et comme couronnée de bonheur même sur la terre. — La séparation des bons d'avec les méchants, qui, tant que l'Église s'avance vers sa perfection, n'aurait pas été compatible avec la fin par elle poursuivie (puisque le mélange des uns aux autres était nécessaire précisément soit pour servir à mettre la vertu des bons à l'épreuve, soit pour retirer les méchants du mal par l'exemple des gens de bien), nous est représentée comme l'ultime conséquence de la fondation complète de l'État divin ; à cela vient encore s'ajouter la dernière preuve de la stabilité de cet État, regardé comme une puissance, je veux dire sa victoire sur les ennemis extérieurs, qui eux aussi sont pareillement regardés comme étant membres d'un État (l'État infernal), victoire qui met fin à toute la vie d'ici-bas, puisque « le dernier ennemi (des hommes de bien), la mort, est vaincu » et que, des deux côtés, pour le salut des uns et pour la damnation des autres, commence l'immortalité, puisque la forme même d'une Église cesse d'exister, du fait que le lieutenant de Dieu sur la terre avec tous les humains qu'il a élevés jusqu'à lui, en qualité de citoyens célestes, forment une seule classe, et puisque Dieu est ainsi tout dans tout (1).

Cette représentation du monde à venir, qui nous est donnée sous la forme d'une narration historique, sans être elle-même une histoire, est un bel idéal de l'univers converti enfin tout entier à la moralité, ainsi que le *prévoit* la foi, grâce à l'introduction de la vraie religion universelle, d'une période morale arrivée à sa perfection, non pas à la perfection empirique que nous pourrions *embrasser d'un coup d'œil* (*absehen*), mais à la perfection que nous devons toujours *avoir devant les yeux* (*hinaussehen*) dans notre marche continue et dans nos progrès vers le plus grand bien réalisable sur la terre, c'est-à-dire vers le plus grand bien que nous puissions travailler à atteindre (et il n'y a ici rien de mystique, tout cela naturellement se rapportant à la façon morale). L'apparition de l'Antéchrist, le millénarisme, la prédiction de la fin du monde imminente peuvent avoir aux yeux de la raison un sens symbolique excellent; et l'idée de la fin du monde considérée comme un événement impossible

---

(1) Cette expression peut vouloir dire (laissant à part ce qu'elle contient de mystérieux, ce qui dépasse en elle toutes les limites de l'expérience possible et se rapporte simplement à l'*histoire* sainte de l'humanité, sans nous concerner, par suite, *pratiquement* sous aucun rapport) que la foi historique qui, en sa qualité de croyance d'Église, a besoin d'un livre sacré pour servir de lisière aux hommes, mais qui, justement pour cela, entrave l'unité et l'universalité de l'Église, s'éteindra d'elle-même et cédera la place à une foi religieuse pure qui brillera pour tout le monde également; c'est à faire arriver ce jour qu'il nous faut travailler dès maintenant avec application, en dépouillant constamment la religion pure de la raison de cette enveloppe qui pour le moment, lui est encore indispensable.

[Il faut vouloir, non qu'elle disparaisse (car peut-être il se peut qu'elle soit toujours utile et nécessaire comme véhicule), mais qu'elle puisse disparaître; c'est seulement ainsi que l'on peut se croire arrivé à la fermeté intérieure de la foi morale pure (*).]

(*) Ce dernier passage est une addition à la seconde édition.

à prévoir d'avance (la fin de la vie, par exemple, qu'elle soit proche ou éloignée), exprime fort bien la nécessité qui s'impose à tous de s'y tenir prêts constamment, mais elle exprime en fait (si l'on attribue un sens intellectuel à ce symbole) la nécessité où nous sommes de nous regarder constamment et effectivement comme des citoyens élus d'un État divin (d'un État moral). « Quand donc arrivera le royaume de Dieu ? » — « Le royaume de Dieu ne se présente pas sous une forme visible. On ne peut jamais dire : il est ici ou là. *Car voyez, le royaume de Dieu est au dedans de vous !* » (Luc, 17, 21, et 22) (1).

(1) [Le royaume de Dieu dont il s'agit ici, ce n'est pas celui qui répond à une alliance particulière (un royaume messianique), mais bien un royaume *moral* (reconnaissable par la raison seule). Le royaume messianique (*regnum divinum pactitium*) devrait se prouver par l'histoire, et il pourrait être *messianique* ou selon l'*ancienne* alliance ou encore selon la *nouvelle*. Or, c'est à remarquer, les partisans de l'ancienne alliance (les Juifs) se sont maintenus comme tels, quoique dispersés dans le monde entier, tandis qu'on voit d'ordinaire les autres hommes confondre leur foi religieuse avec celle du peuple où ils vivent disséminés. Ce phénomène semble si étrange à beaucoup de gens qu'ils ne peuvent se décider à l'estimer possible selon le cours de la nature, mais qu'ils y voient une disposition extraordinaire des choses (*ausserordentliche Veranstaltung*) en vue d'une intention divine spéciale. Cependant quand un peuple a une religion écrite (des livres saints) et se trouve en contact avec un autre peuple qui n'a rien de pareil, mais uniquement des usages (c'était le cas de l'empire romain, tout le monde civilisé d'alors), jamais il ne confond sa croyance avec l'autre ; il fait plutôt des prosélytes, après un temps plus ou moins long. C'est aussi parce qu'ils avaient des livres sacrés et parce que ces livres commencèrent à faire l'objet de lectures publiques après (*) la captivité de Babylone, que les Juifs, à partir de ce moment, ne se virent plus reprocher leur penchant à courir après les faux dieux : la culture alexandrine, en particulier, qui dut avoir sur eux de l'influence, put leur être très favorable pour donner à ces livres une forme systématique. Les *Parsis*, sectateurs de la religion de Zoroastre, ont, eux aussi, malgré leur dispersion, conservé leur croyance jusqu'à nos jours, parce que leurs *destours* possédaient le Zend-Avesta. Par contre, les *Hindous*, qui, sous le nom de Bohémiens, ont été dispersés au loin, n'ont pas su se garder de mêler leur croyance avec celle des autres peuples, parce qu'ils formaient la lie de la population (parce qu'ils étaient les *Parias*, auxquels il est même interdit de lire dans leurs livres saints). Et ce que les Juifs, à eux seuls, eussent été incapables

(*) Le texte de Kant porte « *vor* » ce qui certainement est une inadvertance, comme l'a noté Vorländer. A. T.

REMARQUE GÉNÉRALE

Dans toutes les croyances, quelle qu'en soit l'espèce, relatives à la religion, quand il veut étudier leur nature intrinsèque, l'esprit se heurte immanquablement au *mystère*, à quelque chose de *saint* que chacun, pris à part, peut sans doute *connaître*, mais non point *publier* (*was zwar von jedem einzelnen* GEKANNT, *aber doch nicht öffentlich* BEKANNT), c'est-à-dire qui n'est pas universellement communicable. — En tant que *saint*, le mystère doit être une

[de faire, la religion chrétienne et plus tard le mahométisme, surtout la première, le firent ; car toutes les deux présupposent la croyance juive et les livres saints qui en sont la base (bien que les Musulmans les prétendent falsifiés). Car chez les Chrétiens, issus de leur secte, les Juifs pouvaient constamment retrouver leurs anciens documents, s'il arrivait que leur aptitude à les lire et, par conséquent, le plaisir de les posséder eussent, pour plusieurs raisons, disparu au cours de leurs pérégrinations ; il leur suffisait de se souvenir qu'ils avaient autrefois eu de tels documents. Et cela nous explique pourquoi l'on ne trouve des Juifs que dans les pays chrétiens ou mahométans, si l'on excepte ceux qui, en tout petit nombre, vivent sur les côtes de Malabar et la société juive existant en Chine (et il se peut que ceux de Malabar aient eu avec leurs coreligionnaires d'Arabie des relations commerciales constantes) ; il n'est pas douteux, cependant, qu'ils n'aient dû se répandre à l'intérieur de ces riches pays, mais comme il n'y avait aucune parenté entre leur croyance et celles de ces pays, ils ont tout à fait oublié la leur. Quant à fonder des considérations édifiantes sur la conservation du peuple juif et de sa religion au milieu de circonstances si désavantageuses à l'un et à l'autre, c'est un procédé très scabreux parce que les deux partis croient chacun y trouver leur compte. Les uns voient dans la conservation du peuple auquel ils appartiennent et dans le fait que, malgré sa dispersion au milieu de races si différentes, ce peuple a pu garder son ancienne foi sans mélange la preuve d'une providence bienveillante particulière qui réserve ce peuple pour régner un jour sur la terre (*für ein künftiges Erdenreich*) ; les autres y voient seulement des ruines qui nous informent qu'un Etat a été détruit parce qu'il s'opposait à l'avènement du règne céleste, et qu'une providence particulière prend soin de toujours conserver intactes soit pour mieux graver dans nos cœurs l'ancienne prophétie annonçant qu'un Messie doit naître de ce peuple, soit pour nous montrer un exemple de la juste punition appliquée par elle à un peuple qui s'obstina à se faire du Messie une conception politique, et ne voulut pas s'en faire un concept moral.]

chose morale et par suite un objet du domaine de la raison que nous puissions connaître [intérieurement] de façon suffisante pour l'usage pratique; mais, en tant que mystère, il n'est pas accessible à la raison spéculative, car, s'il l'était, il devrait être aussi communicable à tous et, par suite, pouvoir être extérieurement et publiquement démontré.

La croyance qui porte sur une chose qu'on doit pourtant regarder aussi comme un saint mystère peut être envisagée soit comme une croyance *d'inspiration divine* (göttlich eingegeben), soit comme une croyance *émanée de la raison pure* (reinen Vernunftglauben). A moins d'être contraints par la plus extrême nécessité d'admettre la première espèce de croyance, nous aurons pour maxime de nous en tenir à la seconde. — Les sentiments ne sont pas des connaissances et, par suite, ne dénotent pas non plus de mystères; et les mystères ayant rapport à la raison, bien qu'ils ne soient pas toutefois universellement communicables, c'est uniquement dans sa raison propre que chacun devra les chercher (le cas échéant = *wenn je ein solches ist*).

Il est impossible de décider, *à priori* et objectivement, s'il y a ou non de pareils mystères. C'est donc sur le côté intérieur, subjectif, de notre disposition morale qu'il nous faudra porter immédiatement nos recherches pour voir s'il se trouve en nous rien de tel. Nous ne devons pas, cependant, mettre au nombre des saints mystères les *fondements* de la moralité (*die* Gründe *zu dem Moralischen*) qui sont pour nous impénétrables — parce que c'est là quelque chose qui se laisse communiquer publiquement, bien que la cause nous en soit cachée — mais seulement ce qui nous est donné comme connaissance sans pouvoir cependant être communiqué publiquement. Ainsi la liberté, cette propriété que révèle à l'homme la capacité qu'a son libre arbitre d'être déterminé par la loi morale absolue, n'est pas un mystère, attendu que la connaissance en peut être *communiquée* à tous; ce qui est un mystère, c'est le principe, insondable pour nous, de cette propriété, parce qu'il ne nous est *pas donné* de le connaître. Mais c'est cette liberté elle seule qui, appliquée à ce qui constitue l'objet final de la raison pratique, à la réalisation de l'idée de la fin morale suprême, nous mène immanquablement à de saints mystères (1).

Par lui-même incapable de réaliser l'idée du souverain bien (non seulement sous le rapport du bonheur qui en fait partie, mais eu égard encore à l'union nécessaire des hommes en vue du but total, alors que cette idée se trouve inséparablement liée à l'intention morale pure, et sentant toutefois qu'il est de son devoir de contribuer à cette œuvre, l'homme se trouve amené à cette croyance que

(1) Ainsi la *cause* de la pesanteur universelle de tout ce qui est matière en ce monde nous est inconnue, à tel point qu'on peut même affirmer qu'on ne la connaîtra jamais, parce que déjà son concept présuppose une force motrice primitive et absolument inhérente aux corps. Et pourtant, loin d'être un mystère, la pesanteur peut être rendue manifeste pour tous, attendu que la loi en est suffisamment connue. Lorsque Newton nous la donne, pour ainsi dire, comme l'omniprésence de Dieu dans le monde des phénomènes (*omni præsentia phænomenon*), ce n'est pas qu'il prétend ainsi nous l'expliquer (l'existence de Dieu dans l'espace, en effet, contient une contradiction), mais c'est toutefois en vertu d'une sublime analogie, qui donne pour principe au Tout formé dans l'univers par la réunion d'êtres corporels, seule chose qu'on ait en vue, une cause incorporelle qui les unit ; et l'on procéderait de même si l'on cherchait à voir le principe autonome qui réunit en un État moral les êtres du monde ayant la raison et si l'on expliquait leur union de cette manière. La seule chose que nous connaissions, c'est le devoir qui nous pousse à cette union : mais l'effet auquel nous visons est-il réalisable, même si nous écoutons le devoir? voilà qui dépasse totalement les limites de notre vue. — Il y a des mystères, des arcanes (*arcana*), de la nature, il peut y avoir des mystères, des secrets (*secreta*), de la politique, qu'on ne *doit* pas faire connaître à tous ; mais les uns et les autres, étant donné qu'ils ont des causes empiriques, *peuvent* cependant nous être connus. Dans les choses qu'il est de notre devoir à tous de connaître (dans celles qui ont trait à la moralité), il ne peut pas y avoir de mystère, et c'est seulement dans les choses qui sont du ressort de Dieu seul et où nous ne pouvons rien par nous-mêmes, car cela dépasse notre pouvoir, par conséquent aussi notre devoir, qu'il peut y avoir un mystère proprement dit, c'est-à-dire un mystère saint de la religion ; il peut nous être utile de savoir seulement qu'il existe de tels mystères et de comprendre qu'ils s'imposent à nous, mais non point de les pénétrer.

le Maître moral du monde coopère avec lui ou a tout disposé pour rendre cette fin possible, et dès lors devant nous s'ouvre l'abîme d'un mystère : nous ne connaissons pas ce que Dieu accomplit ici, si nous pouvons lui prêter un rôle *quelconque*, ni *ce que* nous devons lui attribuer (à Dieu) en particulier, puisque la seule chose qui nous soit connue en chaque devoir, c'est ce que nous avons à faire par nous-mêmes pour mériter ce supplément qui pour nous demeure inconnu, ou du moins incompréhensible.

Cette idée d'un Maître moral du monde est un problème dont s'occupe notre raison pratique. L'important pour nous n'est pas de savoir ce qu'est Dieu en lui-même (dans sa nature), mais ce qu'il est pour nous en tant qu'êtres moraux ; il est vrai qu'eu égard à cette relation nous devons concevoir et admettre en Dieu, comme choses essentielles à sa nature, les attributs qui, sous ce rapport-là, lui sont indispensables, dans leur perfection absolue, pour l'exécution de sa volonté (tels que l'immutabilité, l'omniscience et la toute-puissance, etc.), et qu'en dehors de cette relation nous ne pouvons rien connaître de lui.

Or, en vertu de ce besoin particulier à la raison pratique, la véritable foi religieuse universelle est la foi en un Dieu : 1° créateur tout-puissant du ciel et de la terre, c'est-à-dire législateur *saint*, au point de vue moral ; 2° conservateur du genre humain qui régit les hommes *avec bienveillance* et veille sur eux comme un père (*moralischen Versoger*) ; 3° gardien de ses propres lois saintes et, par conséquent, *juste* juge.

Cette foi, à vrai dire, ne renferme point de mystère, n'étant que la simple expression des rapports moraux qui existent entre Dieu et le genre humain ; elle vient d'ailleurs s'offrir d'elle-même à n'importe quelle humaine raison, et c'est ce qui fait qu'on la trouve dans la religion de la plupart des peuples civilisés (1). Elle est impliquée (*er liegt*)

(1) Les prophéties des livres saints qui décrivent la fin des choses

dans l'idée (*dem Begriffe*) d'un peuple considéré comme une république, car ces trois pouvoirs supérieurs doivent constamment y être conçus ; il y a cette différence qu'en ce qui nous occupe nous prenons les choses moralement ; aussi pouvons-nous concevoir la triple qualité du souverain moral du genre humain comme étant réunie dans un seul et même Être, alors que dans un État juridico-civil ces attributs devraient nécessairement être répartis entre trois sujets différents (1).

nous parlent d'un *juge du monde* (qui reconnaîtra comme siens et rangera sous sa domination, après les avoir séparés des autres, ceux qui feront partie du royaume du bon principe), et nous le représentent non comme Dieu, mais bien comme le Fils de l'homme. Cette appellation qu'ils emploient semble indiquer que *l'humanité elle-même*, consciente de ses bornes et de sa faiblesse, voudra procéder à ce choix (*in dieser Auswahl den Anspruch tun werde*) ; ce qui nous présage une bienveillance dont pourtant la justice n'aura pas à souffrir. — Au contraire, le juge des hommes, si nous l'envisageons dans sa divinité, c'est-à-dire comme l'Esprit-Saint qui parle à notre conscience par la loi que nous disons sainte ainsi que par les actes que nous nous imputons, ne peut être conçu que comme appliquant dans ses jugements toute la rigueur de la loi, puisque ignorant nous-mêmes absolument le degré d'indulgence que pourra nous valoir notre fragilité, nous n'avons sous les yeux que nos transgressions avec la conscience de notre liberté et des manquements au devoir qui sont pleinement notre faute, et que rien ainsi ne nous autorise à supposer de la bienveillance dans le jugement à porter sur nous.

(1) [On ne peut guère expliquer le motif qui a fait arriver tant de peuples anciens à se trouver ici du même avis si l'on n'admet que c'est là une idée inhérente à toute raison humaine et qui se fait jour dès qu'on veut concevoir le gouvernement d'un peuple et (par analogie) celui de l'univers. La religion de *Zoroastre* avait trois personnes divines : Ormuzd, Mithra et Ahriman ; la religion *hindoue* aussi : Brahma, Wischnou et Siva (il y a simplement cette différence que l'*une* fait de la troisième personne non seulement l'auteur du *mal* regardé comme châtiment, mais encore du *mal moral* qui mérite à l'homme ce châtiment, tandis que la *seconde* se borne à la représenter comme jugeant et punissant). La religion des *Egyptiens* avait aussi ses trois personnes : *Phta*, *Kneph* et *Neith*, qui, autant que l'obscurité des documents relatifs aux plus anciens temps de ce peuple nous permet de le deviner, devaient représenter l'une l'esprit distinct de la matière, en tant que *créateur* du monde, l'autre la bienveillance conservatrice et dirigeante, l'autre enfin la sagesse limitant cette bienveillance, ou autrement dit la *justice*. La religion des *Goths* adorait *Odin* (Père de l'univers), *Freia* (ou *Freier*, la bonté) et *Thor*, le Dieu qui juge (qui châtie). Même les *Juifs* paraissent avoir adopté ces

Mais étant donné que cette croyance, qui a purifié du nuisible anthropomorphisme le rapport moral des hommes à l'Être suprême, au profit de la religion en général, et l'a rendu conforme à la juste moralité d'un peuple de Dieu, s'est présentée d'abord dans une doctrine de foi (celle du Christianisme) qui, seule, l'a publiquement offerte au monde, il est bien permis d'appeler sa manifestation la révélation de ce qui était jusque-là pour les hommes un mystère par leur propre faute.

Cette doctrine, en effet, nous enseigne, *premièrement*, qu'il ne faut pas se faire du législateur suprême l'idée d'un législateur *complaisant* (*gnädig*), et, par conséquent, *indulgent* pour la faiblesse humaine, pas plus que celle d'un *despote* qui commanderait simplement d'après son droit illimité, et qu'il ne faut pas se représenter ses lois comme arbitraires, sans aucun lien avec nos concepts de la moralité, mais bien comme des lois qui ont rapport à la sainteté de l'homme; *deuxièmement*, qu'il ne faut pas faire consister sa bonté dans une *bienveillance* inconditionnée vis-à-vis de ses créatures, mais dans le soin qu'il prend de regarder d'abord les qualités morales par lesquelles ces créatures peuvent paraître *agréables* à ses yeux, pour suppléer ensuite, et alors seulement, à l'impuissance où elles sont de remplir d'elles-mêmes toutes les conditions; *troisièmement*, qu'on ne peut pas se représenter sa justice comme s'accompagnant de *bonté*, de *miséricorde* (ce qui renferme une contradiction), ni comme s'exerçant dans toute la rigueur de la *sainteté* du législateur (devant laquelle aucun homme n'est juste), mais simplement comme une limite à la bienveillance, la condition de cette

idées aux derniers temps de leur hiérarchique constitution. Car les Pharisiens accusant le Christ de s'être appelé *Fils de Dieu* ne semblent point faire peser spécialement leur inculpation sur la théorie que Dieu a un fils, mais uniquement sur ce fait que le Christ a voulu être ce Fils de Dieu (*).]

(*) Cette remarque est une addition de la 2ᵉ édition.

bienveillance étant l'accord des hommes avec la loi sainte, dans la mesure où ils ont pu, comme *enfants des hommes*, se conformer aux exigences de la loi. — En un mot, Dieu veut qu'on le serve sous ces trois attributs spécifiquement différents qui ont reçu le nom de personnes distinctes (non pas physiques, mais morales) existant dans un Être unique, dénomination assez convenable; dans ce symbole est exprimée aussi toute la religion morale pure qui, sans cette distinction, risquerait, en vertu du penchant qu'a l'homme à concevoir la divinité comme un chef humain, de se changer en foi servile et anthropomorphique (les souverains ne séparant point d'ordinaire ces trois attributs l'un de l'autre, mais les mêlant souvent et les employant l'un pour l'autre).

Mais si la croyance en question (qui admet en Dieu une trinité) était regardée non pas simplement comme l'expression d'une Idée pratique (*als Vorstellung einer praktischen Idee*), mais comme devant, au contraire, représenter ce qu'est Dieu en lui-même, elle serait alors un mystère qui dépasserait tous les concepts humains et qui serait, par suite, incapable d'admettre une révélation qui fût à la portée de l'humaine compréhension, et l'on pourrait dire, à ce point de vue, que cette croyance est bien un mystère. La regarder comme une augmentation de la connaissance spéculative (*theoretischen Erkenntniss*) de la nature divine, ce serait simplement professer un symbole de croyance ecclésiastique entièrement incompréhensible pour nous, et qui est anthropomorphique, dès que nous croyons le comprendre, ce qui n'aurait pas le moindre avantage au point de vue de l'amélioration morale. — Il n'y a que les choses susceptibles pratiquement d'être tout à fait bien comprises et pénétrées, mais qui, du côté théorique (par rapport à la détermination de la nature de l'objet en soi) dépassent tous nos concepts, qui soient des mystères (à un point de vue) et qui (à un autre) pourtant soient susceptibles de révélation. Tel est le mystère qui nous occupe, dans lequel on peut distinguer trois autres mystères que nous révèle à nous-mêmes notre raison.

1. Le mystère de la *vocation* (des hommes, qui les veut citoyens d'un État moral). — Le seul moyen pour nous de concevoir la soumission universelle et *inconditionnée* de l'homme à la législation divine, c'est de nous regarder en même temps comme des *créatures* de Dieu; Dieu ne peut de même être regardé comme l'auteur de toutes les lois physiques que parce qu'il est le créateur de toutes choses. Mais notre raison est absolument incapable de concevoir comment des êtres ont pu être *créés* avec le libre usage de leurs forces; car le principe de causalité ne nous permet d'attribuer à un être que nous supposons fabriqué, comme fondement interne de ses actions, que celui qu'y a mis sa cause efficiente, lequel par conséquent doit déterminer tous ses actes, et cet être (ainsi dirigé par une cause extérieure) ne serait plus conséquemment libre lui-même. Ainsi la divine législation, la législation sainte et qui, par conséquent, s'applique à des êtres libres, et à eux seuls, ne saurait se concilier avec l'idée d'une création de ces êtres aux yeux de notre raison d'hommes, mais il nous faut d'emblée considérer ces êtres comme des êtres libres et doués d'existence, et admettre que ce n'est pas le penchant naturel, qu'ils devraient à leur création, mais bien une contrainte uniquement morale et compatible avec les lois de la liberté, c'est-à-dire une vocation, qui les détermine à se faire citoyens de l'État divin. Ainsi la vocation, relativement à ce but, est tout à fait claire moralement, bien que pour la spéculation, la possibilité d'être ainsi appelés reste un mystère impénétrable.

2. Le mystère de la *satisfaction*. Tel que nous le connaissons, l'homme est corrompu et bien incapable de se conformer de lui-même à cette loi sainte. Pourtant, quand la bonté de Dieu l'a, pour ainsi dire, appelé à être, c'est-à-

dire l'a invité à exister d'une manière spéciale (en qualité de membre du royaume céleste), il faut qu'il y ait pour Dieu un moyen de suppléer aux aptitudes qui lui manquent, et qui sont requises pour cette fin, par l'abondance de sa propre sainteté. Mais ceci est contraire à la spontanéité (supposée de tout le bien ou tout le mal moral qui se peut rencontrer en l'homme [*das ein Mensch an sich haben mag*], spontanéité qui veut que ce bien, pour pouvoir lui être imputé, provienne de lui nécessairement et non point d'un autre. — Il est impossible, par conséquent, autant que la raison puisse l'apercevoir, qu'un autre le remplace, lui donne l'excédent de sa bonne conduite et lui transmette son mérite, ou si l'on admet tout cela, c'est seulement au point de vue moral qu'il est nécessaire de *l'admettre;* car théoriquement (*fürs Vernünfteln*), c'est là un mystère insondable.

3. Le mystère de *l'élection*. Si même, on accorde comme possible cette satisfaction par intermédiaire, l'acte de foi morale par lequel on l'admet n'en demeure pas moins une détermination au bien du vouloir, ce qui présuppose dans l'homme une intention d'être agréable à Dieu, chose qu'étant donnée sa corruption naturelle il ne saurait par lui-même produire en lui. Mais qu'en lui doive agir une *grâce* céleste, qui ne regarde pas au mérite des œuvres, procédant simplement par *décret* inconditionné pour accorder aux uns son assistance et pour la refuser aux autres, et qu'une partie de l'espèce humaine soit destinée d'avance à la félicité, tandis que l'autre l'est à une éternelle réprobation, voilà encore des choses qui ne donnent aucune idée d'une justice qui serait divine, mais qu'il faut en tout cas rapporter à une sagesse dont la règle pour nous est absolument un mystère.

Or, sur tous ces mystères, en tant qu'ils ont rapport à l'histoire morale de la vie de chacun de nous, — puisqu'ils posent ces questions: comment se fait-il qu'il y ait au monde un bien ou un mal quelconque moral, et (si le mal moral se trouve en tous et en tout temps) comment se peut-il que le bien en sorte et soit rétabli dans un homme ; ou pourquoi, si cela a lieu pour quelques-uns, d'autres sont-ils exclus des mêmes avantages ? — Dieu ne nous a rien révélé et ne peut rien nous révéler non plus, parce que nous serions incapables de le *comprendre* (1). C'est comme si nous voulions *expliquer* et nous *rendre compréhensibles* les actes que l'homme accomplit au moyen de la liberté ; bien que Dieu sur ce point nous ait fait connaître sa volonté par la loi morale qui est en nous, il a laissé les causes en vertu desquelles un acte libre s'accomplit ou non sur la terre dans l'obscurité où doivent rester pour les investigations humaines toutes les choses qui, en tant qu'événements (*als Geschichte*), quoique provenant de la liberté, doivent être conçues suivant la loi des causes et des effets (2). Quant à ce qui regarde la règle objective de

---

(1) [On ne se fait communément aucun scrupule d'exiger la foi aux mystères de ceux qu'on introduit dans la religion, parce que l'incapacité où nous sommes de les *comprendre*, c'est-à-dire d'apercevoir la possibilité de leur objet, ne saurait nous autoriser à refuser de les admettre, pas plus que l'on ne peut, si l'on veut un exemple, hésiter à admettre le pouvoir de reproduction dont est douée la matière organique, et que personne ne comprend, bien que ce pouvoir soit pour nous et doive rester un mystère. Mais dans ce cas nous *entendons* fort bien ce que cette expression veut dire et nous avons de son objet un concept empirique avec la conscience qu'il ne contient point de contradiction. — Or, de chaque mystère proposé à notre croyance nous pensons à bon droit exiger qu'on *entende* ce que sa formule veut exprimer ; ce qui n'a pas lieu du fait qu'on entend séparément les mots dont elle se compose, c'est-à-dire qu'on lie un sens à chacun d'eux, mais du fait que pris tous ensemble pour constituer un concept encore ils doivent présenter un sens, au lieu, pour ainsi dire, de se vider ainsi de toute pensée. — Quant à penser que Dieu, pourvu que nous ayons, en ce qui nous regarde, le désir sérieux et constant de connaître les mystères, puisse nous laisser par *inspiration* arriver à leur connaissance, c'est là une chose impossible ; car cette connaissance ne peut nullement trouver place en nous, notre entendement en étant incapable de sa nature.] (2ᵉ édition.)

(2) [C'est pour cela qu'au point de vue pratique (quand il est question du devoir) nous comprenons fort bien ce qu'est la liberté, mais qu'au point de vue théorique, où il s'agit d'en voir la causalité (la

notre conduite, tout ce qu'il nous faut nous est révélé suffisamment (par la raison et par l'Écriture), et c'est une révélation que tout homme aussi peut comprendre.

Qu'on soit appelé par la loi morale à une vie sainte, qu'on trouve en outre en soi, grâce au respect indélébile qu'on ressent pour la loi morale, la promesse qu'on peut avoir confiance en ce bon Esprit et nourrir l'espoir d'arriver de quelque manière à le satisfaire, qu'on doive enfin, conciliant cette espérance avec les injonctions sévères de la loi, s'examiner toujours comme il est requis de quelqu'un qui doit rendre compte à un juge, voilà des vérités que nous enseignent et dans le sens desquelles nous poussent à agir à la fois la raison, le cœur et la conscience. Il serait exagéré de vouloir que l'on nous dévoile encore autre chose, et cette nouvelle révélation, si par hasard elle se produisait, nous ne devrions pas la compter comme un besoin universel humain.

Mais bien que le grand mystère où sont contenus dans une formule unique tous ceux dont il a été fait mention, puisse être mis à la portée de chaque homme par sa raison à titre d'idée religieuse nécessaire pratiquement, on n'en peut pas moins affirmer qu'afin de devenir le fondement moral de la religion, surtout d'une religion publique, il ne fut d'abord révélé que lorsqu'on l'enseigna *publiquement* et que l'on en fit le symbole d'une époque religieuse entièrement nouvelle. Les *formules solennelles* sont habituellement revêtues d'une langue qui leur est propre, claire simplement pour ceux qui sont membres d'une société spéciale (d'une secte ou bien d'une république), parfois mystique et nullement intelligible à tous, qu'on ne doit employer naturellement (par respect) qu'en vue de rehausser une action solennelle (par exemple à la réception des

nature, pour ainsi dire) nous ne pouvons pas sans contradiction même songer à vouloir la comprendre.] (2ᵉ édition.)

membres d'une société qui veut se séparer des autres). Mais le terme suprême de la perfection morale à viser par des créatures finies, terme que les hommes jamais ne peuvent atteindre complètement, est l'Amour de la Loi.

Suivant cette idée, ce serait dans la religion un principe de foi que « Dieu est amour » ; on peut *adorer* en lui: l'être aimant (qui a pour les hommes l'amour de la *complaisance* morale, quand ils se conforment à sa loi sainte), le *Père*; on peut en lui, de plus, en tant qu'il se manifeste, dans son Idée de conservation souveraine, au type de l'humanité créée par lui-même et aimée de lui, adorer son *Fils*; on peut aussi enfin, en tant qu'il soumet cette complaisance conditionnelle à l'accord des hommes avec ce qu'il donne pour condition à cet amour de complaisance et qu'il montre ainsi un amour fondé sur la sagesse, l'adorer comme *Saint-Esprit* (1) : mais on ne saurait, à vrai dire, l'invo-

(1) Cet Esprit, grâce auquel l'amour du Dieu sauveur (*als Seligmachers*) (à proprement parler l'amour que nous lui portons en retour) s'unit à la crainte de Dieu considéré comme législateur, cet Esprit qui, par suite, unit le conditionné à sa condition, et que l'on peut donc se représenter comme « *procedens ab utroque* », outre qu' « il nous conduit constamment à la vérité (à l'observation du devoir) » est aussi le vrai juge des hommes (devant leur conscience). *Juger*, en effet, peut avoir deux sens : c'est constater le mérite ou bien son absence, c'est proclamer la culpabilité ou l'innocence de quelqu'un. Dieu envisagé comme *amour* (en son Fils) juge les hommes en s'attachant à voir, si leur dette acquittée, il leur reste encore un mérite, et alors sa sentence est : *dignes* ou *indignes*. Et il met à part, comme siens, ceux au compte desquels peut être porté un mérite. Les autres s'en vont les mains vides. Par contre, la sentence du juge selon la *justice* (de celui qu'il faut appeler à proprement parler le juge, et qui a nom le Saint-Esprit), visant ceux au compte desquels on ne peut trouver de mérite, est — ils sont *coupables* ou *non coupables* — c'est-à-dire qu'elle est ou condamnation ou absolution. — [*Juger*, dans le premier cas, signifie séparer en deux camps les candidats à un même prix (la béatitude), mettre d'un côté ceux qui la méritent et d'un autre côté ceux qui ne l'ont pas méritée. Et par *mérite* ici il ne faut pas entendre un excédent de la moralité relativement à la loi (car nous ne pouvons jamais observer la loi plus parfaitement que nous n'y sommes obligés), mais ce par quoi on vaut mieux que les autres hommes, au point de vue de l'intention morale. La *dignité* n'a jamais non plus qu'un sens négatif : on nous reconnaît (non-indignes) moralement susceptibles de recevoir une faveur si grande. — Celui qui juge donc

quer sous tant de personnalités (ce qui indiquerait une diversité d'essence, alors qu'il n'est jamais qu'un seul et même objet), tandis qu'on peut bien l'invoquer au nom de l'objet que lui-même honore et aime souverainement et avec lequel nous avons le désir comme le devoir de demeurer unis moralement. Au reste, il n'appartient qu'à la simple formule classique d'une foi ecclésiastique de professer spéculativement la foi en une nature divine sous cette triple qualité, pour distinguer cette croyance des autres variétés de croyances provenant de sources historiques, et fort peu d'hommes sont capables d'y lier un concept clair et déterminé (qui ne soit exposé à nul malen-

en la première qualité (exerçant les fonctions d'arbitre) porte un jugement de choix entre *deux* personnes (ou deux partis) concourant pour avoir le prix (la béatitude) ; mais celui qui opère en la seconde qualité (exerçant les fonctions de juge véritable) prononce, concernant *une seule et même* personne, la sentence rendue devant un tribunal (la conscience) décide comme de droit entre l'accusateur et l'avocat.] Or, si l'on admet qu'il se peut, bien que tous les hommes, sans exception, soient sous la coupe du péché, que quelques-uns d'entre eux se voient reconnaître un mérite, il y a place alors pour la décision du *juge par amour*, faute de laquelle serait porté un *jugement de refus* que suivrait (l'homme tombant alors entre les mains du juge selon la justice) *le jugement de condamnation*, sa conséquence inévitable. — De cette façon, à mon sens, ces deux propositions, qui paraissent contradictoires : « Le Fils viendra juger les vivants et les morts », et : « Dieu ne l'a pas envoyé dans le monde pour qu'il le juge, mais pour que par lui nous soyons sauvés » (Evangile S. Jean III, 17) peuvent être conciliées et mises d'accord avec ce passage où il est dit : « Celui qui ne croit pas au Fils est déjà jugé » (v. 18), entendez jugé par l'Esprit dont l'Ecriture nous apprend « qu'il jugera le monde d'après le péché et au nom de la justice ». Le soin scrupuleux que j'apporte à établir ces distinctions sur le terrain de la simple raison, car c'est vraiment pour elle que je les fais ici, pourrait aisément être pris pour une subtilité pénible et oiseuse ; et tel serait le cas si je les faisais en vue d'étudier ce qu'est la nature divine. Mais on sait que les hommes, en ce qui regarde leur religion, sont constamment enclins à se tourner vers la bonté divine en raison des fautes qu'ils ont commises, alors qu'ils ne sauraient éviter sa justice ; et comme il est contradictoire d'admettre en la même personne un *juge bienveillant*, il est aisé de voir que, même au point de vue pratique, leurs concepts là-dessus doivent être fort chancelants et bien peu concordants entre eux, et que, par suite, il est pratiquement d'une grande importance de les redresser et de les fixer d'une façon précise.

KANT, Religion.

tendu) ; la discussion de cette profession de foi est plutôt réservée aux docteurs qui (en leur qualité d'interprètes savants et philosophiques d'un Livre saint) ont entre eux des relations pour se mettre d'accord sur le sens qu'il faut lui donner, car tout n'y est pas du ressort de l'intelligence ordinaire et tout n'y répond pas aux besoins de nos temps, tandis que, d'autre part, la foi simplement littérale corrompt la véritable intention religieuse au lieu de l'améliorer.

QUATRIÈME PARTIE

DU VRAI CULTE ET DU FAUX CULTE SOUS L'EMPIRE DU BON PRINCIPE, OU DE LA RELIGION ET DU SACERDOCE.

C'est déjà un commencement de la domination du bon principe et un signe « de l'arrivée du règne de Dieu parmi nous » que la diffusion *publique* des seuls principes de la constitution de ce règne ; car dans le monde intelligible, le règne de Dieu existe déjà aussitôt qu'y ont pris racine universellement les principes qui seuls ont le pouvoir de le réaliser, bien que sa complète apparition dans le monde des phénomènes (*Sinnenwelt*) puisse encore être reculée dans un lointain inaccessible. Nous avons vu que la formation d'une république morale est pour tous un devoir de nature particulière (*officium sui generis*) et que, s'il est vrai que l'on peut conclure, de ce que chaque homme accomplit son devoir privé, à un *accord accidentel* de tous en vue du bien commun, sans qu'il soit besoin pour cela d'une disposition particulière, on ne saurait pourtant espérer cet accord de tous, à moins de leur donner pour tâche spéciale le devoir de s'unir entre eux, pour un même but à poursuivre, et de fonder une RÉPUBLIQUE placée sous l'égide des lois morales pour repousser en masse, et par suite avec plus de forces, les assauts du mauvais principe (auquel séparément les hommes ne sont que trop portés à servir d'instruments). — Nous avons vu aussi que cette république, en sa qualité de RÈGNE DE DIEU, l'homme ne saurait l'établir qu'au moyen de la *religion*, et que ce règne enfin, afin que la religion soit publique (ce qui est nécessaire dans une république), peut être représenté sous la forme sensible d'une *Église* que les hommes sont donc obligés de constituer, car son organisation est une œuvre dont on leur a laissé le soin et que l'on peut exiger d'eux.

Mais constituer une Église, c'est-à-dire une république régie par des lois religieuses, est chose qui semble exiger plus de sagesse (tant sous le rapport de l'esprit qu'au point de vue de la bonne intention) qu'on ne saurait vraiment en attendre des hommes ; il semble surtout que le bien moral, visé par cette institution, devrait déjà être *présupposé* en eux pour qu'ils la fondent. Au fait, c'est un non-sens de dire que *les hommes* devraient *fonder* un royaume de Dieu (comme l'on dit, à juste titre, qu'ils peuvent établir celui d'un roi humain); Dieu doit être lui-même l'auteur de son royaume. Mais étant donné que nous ignorons ce que Dieu fait directement pour traduire en faits l'idée d'un royaume dont il est le chef et dont nous devons être citoyens sujets, d'après la destination morale que nous trouvons en nous, alors que nous savons bien ce qu'il nous faut faire pour être susceptibles de devenir membres de ce royaume, cette idée — peu importe que la raison ou l'Écriture l'aient éveillée et rendue *publique* en l'espèce humaine — nous obligera cependant à organiser une Église, qui, dans le dernier cas, aura Dieu lui-même pour fondateur, et, par conséquent, pour auteur de sa *constitution;* mais où les hommes toutefois, en tant que membres et citoyens libres de ce royaume, sont, dans tous les cas, les auteurs de l'*organisation*, puisque ceux d'entre eux, en effet, qui ont reçu mission d'administrer ses affaires publiques, en constituent l'*administration*, sont les ministres de l'Église, tandis que le reste des hommes, collectivité soumise à leurs lois, constitue la *communauté*.

Une religion fondée sur la raison pure n'admet, en tant que foi publique religieuse, que la simple idée d'une Église (celle d'une Église invisible), et seule l'Église visible, qui est fondée sur des statuts, doit et peut recevoir des hommes une organisation; par conséquent, servir sous les ordres du bon principe dans la religion de la raison pure ne pourra pas être considéré comme s'acquitter d'un culte ecclésiastique, et cette religion n'a pas de ministres légaux en tant que *fonctionnaires* d'une république morale ; chaque membre y reçoit directement les ordres du souverain législateur. Mais comme toutefois, eu égard à tous nos devoirs (qu'il nous faut aussi regarder à titre de commandements divins) nous sommes constamment au service de Dieu, la *religion de la raison pure* aura tous les hommes bien pensants pour *ministres* (sans les avoir pour *fonctionnaires*) ; on ne pourra point, pour cela, les appeler ministres d'une Église (s'entend d'une Église visible, la seule qui soit en question ici). — Cependant, puisque toute Église basée sur des lois statutaires ne peut être l'Église vraie qu'autant qu'il y a en elle un principe qui la rapproche constamment de la foi rationnelle pure (celle qui, lorsqu'elle est pratique, constitue à vrai dire la religion dans toute croyance) et arrive à pouvoir la faire se passer de la foi ecclésiastique (de tout ce qu'il y a d'historique dans cette foi) ; nous pourrons, malgré tout, dire que ces lois et les officiers de l'Église fondée sur elles ont en vue un *service* (un *culte*) de l'Église, si les enseignements des ministres de cette Église et les dispositions qu'ils prennent visent constamment à ce but suprême (à une foi religieuse publique). Par contre, quand on voit les ministres d'une Église ne faire aucun cas de ce but, déclarer plutôt condamnable la maxime qui pousse à s'en rapprocher continuellement et proclamer que l'attachement à ce qu'il y a d'historique et de statutaire dans la foi ecclésiastique est la seule chose sanctifiante, on peut avec raison faire peser sur eux l'accusation de mal servir (*Afterdienstes*) l'Église ou (ce qui est représenté par elle) la collectivité morale gouvernée par le bon principe. — Par mauvais service ou faux culte (*cultus spurius*), il faut entendre la persuasion où l'on est de servir quelqu'un par des actes qui vont [en fait] à l'encontre de ses desseins. C'est ce qui se produit dans une république quand on emploie ce qui n'a que la valeur d'un moyen servant à satisfaire la volonté d'un chef pour ce qui nous rend *immédiatement* agréables à ses yeux, interversion de rôles qui rend vains les desseins du chef.

PREMIÈRE SECTION

DU CULTE DE DIEU DANS UNE RELIGION EN GÉNÉRAL

La *religion* (vue subjectivement) est la connaissance de tous nos devoirs *comme* commandements divins (1).

(1) Cette définition aura le mérite de prévenir plusieurs fausses interprétations du concept de la religion en général. *Premièrement*, en ce qui concerne la connaissance et la profession théoriques, elle ne requiert pas de science assertorique (pas même celle de l'existence de Dieu), parce qu'en raison de notre ignorance au point de vue d'objets suprasensibles, il se pourrait déjà qu'une profession de ce genre fût simulée ; elle présuppose tout simplement, au point de vue de la spéculation, en ce qui regarde la cause suprême des choses, une admission *problématique* (une hypothèse) et, en ce qui regarde l'objet vers lequel nous fait tendre notre raison qui commande moralement, une croyance *assertorique* pratique, et par conséquent libre, promettant un effet à la fin suprême de la raison ; il n'est ainsi besoin que de l'*Idée de Dieu*, où doivent aboutir inévitablement tous les efforts moraux ayant en vue le bien accompli sérieusement (et par conséquent avec foi), sans qu'on se prétende capable, par la connaissance spéculative, de garantir à cette idée la réalité objective. Dans les choses qui peuvent être données comme un devoir à tous, le *minimum* de connaissance (il se peut qu'il y ait un Dieu) doit, au point de vue subjectif, être suffisant à lui seul. *Deuxièmement* cette définition de la religion en général s'oppose à la fausse idée par laquelle on la représente comme un ensemble de devoirs spéciaux qui se rapportent immédiatement à Dieu, et nous empêche ainsi d'admettre (chose à laquelle l'homme se sent par ailleurs très enclin) outre les devoirs humains éthico-civils (les devoirs des hommes envers les hommes), un *service de courtisan* grâce auquel nous pourrions tenter de racheter nos manquements aux devoirs de la première espèce par l'accomplissement des autres. Il n'y a point de devoirs spéciaux envers Dieu dans une religion universelle ; car Dieu ne peut rien recevoir de nous ; nous ne pouvons agir ni sur lui, ni pour lui. Présen-

Celle où je dois savoir d'abord que quelque chose est un commandement divin pour reconnaître en cela mon devoir, est la religion *révélée* (ou qui exige une révélation); celle, au contraire, où il me faut d'abord savoir que quelque chose est un devoir avant d'y pouvoir reconnaître un ordre divin est la *religion naturelle.* — Celui qui professe que seule la religion naturelle est moralement nécessaire et constitue donc un devoir, peut être encore nommé *rationaliste* (dans les choses de la croyance). Quand il nie la réalité de toute révélation divine surnaturelle, le rationaliste est *naturaliste;* s'il en admet la possibilité, tout en soutenant qu'il n'est pas requis nécessairement, pour la religion, qu'on la connaisse ni qu'on la regarde comme réelle, on peut le dire alors *rationaliste pur;* mais celui par qui la croyance à une pareille révélation est considérée comme nécessaire à la religion générale peut recevoir le nom de pur *supranaturaliste* dans les choses de la croyance.

Il faut que le rationaliste, en vertu même de son titre, se cantonne dans les limites de l'humaine pénétration. Par

ter le respect que nous devons à Dieu comme un devoir de cette sorte, ce serait oublier qu'il ne constitue pas un acte de religion spécial, et qu'il est, au contraire, le sentiment religieux présent dans tous les actes conformes au devoir que nous accomplissons en général. Sans doute il est écrit : (a) « Il vaut mieux obéir à Dieu qu'aux hommes », mais cette parole veut simplement nous faire comprendre que si, par hasard, des lois positives, par rapport auxquelles les hommes peuvent être juges et législateurs, entrent en conflit avec des devoirs que la raison prescrit de manière absolue et dont l'accomplissement ou la transgression ne peut avoir que Dieu pour juge, il faut que les premiers cèdent le place aux autres. Mais si par ce en quoi l'on doit obéir à Dieu plus qu'aux hommes on voulait désigner les ordres positifs de Dieu que nous fait connaître une Eglise, un pareil principe pourrait aisément devenir le cri de guerre, hélas ! tant de fois entendu, de prêtres hypocrites et ambitieux excitant les foules à la révolte contre l'autorité civile. Car les actes licites qu'ordonne le pouvoir civil sont *certainement* un devoir ; tandis que les actes en soi licites, mais uniquement connaissables par révélation divine, nous ne savons jamais (au moins pour la plus grande part) que d'une manière fort incertaine s'il nous sont vraiment commandés par Dieu.

(a) Actes des apôtres, V, 29.

suite, il ne prendra jamais le ton décidé du naturaliste et ne contestera ni la possibilité intrinsèque d'une révélation quelconque, ni la nécessité d'une révélation comme moyen divin servant à introduire la religion véritable. Ainsi, le différend portera seulement sur les prétentions réciproques du pur rationaliste et du supranaturaliste dans les choses de la croyance, c'est-à-dire ne concernera que ce que l'un ou l'autre tient pour nécessaire et pour suffisant en vue de l'unique religion vraie, ou ce qu'il admet en elle de contingent.

Si l'on envisage la religion, non plus d'après sa première origine et sa possibilité intrinsèque (qui la font diviser en naturelle et révélée), mais simplement d'après ce qui la rend *apte à se communiquer extérieurement*, on peut en trouver deux espèces : la religion *naturelle*, à laquelle chacun (aussitôt qu'elle existe) peut arriver par sa propre raison, et une *religion savante*, où il est impossible d'amener les autres autrement que par l'intermédiaire de la science (dans et par laquelle il faut les guider). — Cette distinction est très importante ; car on ne saurait nullement conclure de l'origine seule d'une religion au pouvoir qu'elle a ou n'a pas d'être une religion humaine universelle, tandis qu'on le peut de sa qualité d'être ou de ne pas être communicable à tous ; et l'universalité constitue le caractère essentiel d'une religion qui veut embrasser tous les hommes.

Il se peut ainsi qu'une religion soit *naturelle* et en même temps révélée, quand elle est telle que les hommes, par le simple usage de leur raison, *eussent pu et dû y arriver* d'eux-mêmes, quoique moins de bonne heure et en moins grand nombre qu'on ne le souhaite, ce qui peut avoir fait de sa révélation, à un certain moment et dans un certain lieu, une chose sage et très profitable à l'espèce humaine, mais à la condition qu'une fois ainsi introduite, du moment qu'elle existe et s'est fait connaître publiquement, il soit possible à n'importe quel homme d'obtenir par lui-même et par sa raison propre la conviction qu'elle est vraie. En ce cas, *objectivement*, cette religion serait naturelle, tandis qu'elle serait, *subjectivement*, révélée; le premier qualificatif est donc celui qui lui appartient proprement. Car on pourrait, dans la suite des âges, perdre entièrement la mémoire du fait d'une pareille révélation surnaturelle, sans que pour cela cette religion vît diminuer en rien sa clarté ou perdît de sa certitude et de sa puissance sur les esprits. Il en est autrement d'une religion que sa qualité intrinsèque nous permet seulement de considérer comme révélée. A moins d'être gardée par une très sûre tradition ou d'être conservée dans les livres saints qui la prouvent, elle disparaîtrait du monde, et il faudrait qu'une révélation surnaturelle eût lieu dès lors périodiquement, si on la suppose publique, ou bien se produisît continuellement, dans le cas contraire, en chaque homme, sans quoi cette croyance ne serait pas capable de se répandre et de se propager.

Mais il faut qu'au moins en partie, toute religion, même révélée, ait encore certains principes de la religion naturelle. Car la révélation ne peut être ajoutée au concept d'une *religion* que par la raison, parce que ce concept lui-même, étant dérivé d'une soumission (*Verbindlichkeit*) à la volonté d'un législateur *moral*, est un pur concept de raison. Une religion révélée pourra donc elle-même être considérée d'un côté comme *naturelle* et de l'autre comme *savante*, et dans son examen on pourra distinguer ce qu'elle doit et combien elle doit à chacune de ces deux sources.

Or, pour parler d'une religion révélée (ou tout au moins tenue pour telle) nous devons emprunter un exemple à l'histoire; car, pour être compris, nous serions contraints sans cela d'inventer, à titre d'exemples, des cas dont on pourrait nous refuser d'admettre la possibilité. Le mieux, c'est de prendre un livre qui en contienne — surtout un de ces livres où se trouvent encastrés des préceptes moraux et par conséquent des doctrines apparentées à la raison — et d'en faire usage pour expliquer notre Idée d'une religion révélée en général ; nous nous servons en ce cas de ce livre comme d'un quelconque de ceux, si nombreux, qui traitent de la religion et de la vertu sous le couvert d'une révélation, pour y chercher des illustrations de la méthode, en soi utile, qui consiste à mettre en lumière ce qu'il peut contenir de religion pure de la raison, de religion par |suite universelle, sans vouloir, ce faisant, empiéter du reste sur le domaine de ceux qui ont la charge d'interpréter ce livre en sa qualité de sommaire de toutes les doctrines positives et révélées, ni attaquer leur interprétation, qui se base sur la science. Ces derniers, au contraire, ne pourront que gagner, puisqu'ils se proposent le même but, c'est-à-dire le bien moral, à voir les philosophes arriver par les propres forces des principes de leur raison, au même point où la révélation veut, par une autre voie, conduire les mortels. — Nous prendrons ici comme guide le Nouveau Testament, source des croyances chrétiennes, et, en appliquant notre point de vue, nous envisagerons dans les deux chapitres qui suivent, d'abord la religion chrétienne comme religion naturelle, puis la même religion comme religion révélée, dans son contenu et d'après les principes qui s'y présentent.

CHAPITRE PREMIER

LA RELIGION CHRÉTIENNE COMME RELIGION NATURELLE

La religion naturelle, en tant que morale (*als Moral*), (sous le rapport de la liberté du sujet), rattachée au concept de l'être qui peut donner de l'efficacité à cette fin qu'elle a pour but suprême (au concept de *Dieu* en sa qualité de créateur moral du monde) et projetée sur une durée qui, pour l'homme, cadre avec toute cette fin (et qui est l'immortalité), est un concept pratique et pur de la raison, qui, nonobstant sa fécondité infinie, présuppose assez de facultés rationnelles spéculatives et permet de convaincre de sa vérité tous les hommes, d'une façon suffisante pratiquement, et tout au moins de leur en imposer la pratique comme un devoir. Elle possède en soi le grand caractère exigé de la véritable Église, à savoir les qualités requises pour être universelle (*die Qualification zur Allgemeinheit*), si l'on entend par là ce qu'il faut pour qu'elle s'applique à tout homme en particulier (*universalitas vel omnitudo distributiva*), c'est-à-dire pour qu'elle atteigne l'unanimité absolue. Pour se répandre ainsi et se maintenir en ce sens comme religion universelle, elle a besoin, sans doute, d'un ensemble de serviteurs (*ministerium*) dévoués à l'Église purement invisible, mais non de fonctionnaires (*officiales*), c'est-à-dire qu'il lui faut des docteurs et non pas des chefs, car la religion rationnelle est particulière à chacun, sans que, grâce à elle, existe une église en tant qu'universelle *association* (*omnitudo collectiva*) et sans que cette Idée vise proprement à rien de pareil. — Mais comme une telle unanimité ne pourrait point d'elle-même se maintenir, ni, par suite, se propager dans son universalité sans l'institution d'une Église visible, et qu'elle a besoin pour cela de l'universalité collective, ou autrement dit de l'union des fidèles en une Église (visible) suivant les principes d'une religion rationnelle pure, et comme, d'autre part, un pareil groupement ne saurait résulter de cette unanimité par lui-même ou que, s'il était établi, ses libres adeptes ne pourraient point (ainsi que je l'ai démontré plus haut) lui procurer cette stabilité que doit avoir une *communion* des fidèles (puisque pas un de ces illuminés ne croit avoir besoin, pour ses sentiments religieux, d'être en communauté de croyance avec d'autres hommes professant la même religion); à moins qu'à ces lois naturelles, connaissables par raison seule, ne viennent aussi s'ajouter des prescriptions positives accompagnées du prestige législatif (c'est-à-dire d'autorité), on n'aura pas encore — et c'est cependant pour les hommes un devoir tout particulier et en même temps un moyen d'arriver à leur fin suprême — on n'aura toujours point l'union stable de tous sous forme d'une Église visible universelle; et l'autorité nécessaire pour fonder une telle Église présuppose un fait (*ein Factum*) et non pas simplement l'idée pure de la raison.

Or, si nous admettons qu'un docteur connu par l'histoire (ou tout au moins par une tradition universelle et solidement établi,) est venu proposer une religion pure, à la portée de tous (naturelle) et par suite convaincante pour tout le monde, dont il nous est conséquemment possible d'examiner nous-mêmes les doctrines, puisqu'elles nous sont immanentes (*uns aufbehalten*); que cette religion, il l'a enseignée en public malgré l'opposition d'une foi d'Église dominatrice, accablante et sans but moral (telle que nous pouvons en donner le culte servile comme le modèle de ceux qu'exigeaient les autres croyances, au fond purement statutaires, répandues alors dans le monde) ; si nous trouvons, en outre, qu'il a fait de la religion rationnelle et universelle la condition suprême indispensable de toute croyance religieuse, y ajoutant simplement des statuts contenant des formes et des observances destinées à servir de moyens pour mettre sur pied l'Église qu'il voulait basée sur ces principes ; malgré la contingence et l'arbitraire des dispositions par lui prises à cette fin, il est impossible de dénier à l'Église ainsi établie le nom de véritable Église universelle, ni à son fondateur le mérite d'avoir appelé les hommes à s'unir en elle, et cela, sans vouloir charger la croyance de prescriptions nouvelles et embarrassantes ou donner des actions accomplies par lui le premier comme des actions spécialement saintes et obligatoires par elles-mêmes, en tant que partie de la religion.

Après cette explication, il n'est pas possible de ne point trouver la personne qui peut être honorée comme ayant créé, je ne veux pas dire la *religion* pure de tout dogme et inscrite au cœur de tous les mortels (car elle n'est pas d'origine arbitraire), mais la première *Église* véritable. — Et pour confirmer à cette personne la dignité de sa mission divine, citons quelques-unes de ses doctrines, qui sont manifestement les vraies chartes d'une religion en général, quoi qu'en puisse dire l'histoire (car il y a déjà dans l'idée elle-même la raison suffisante de son acceptation), et qui évidemment ne peuvent être autre chose que des enseignements de raison pure ; car ceux-ci sont les seuls qui se prouvent eux-mêmes et sur lesquels on doit s'appuyer, par suite, de préférence pour faire accepter comme vrais les autres.

Tout d'abord, selon lui, ce n'est pas l'observation de devoirs ecclésiastiques extérieurs légaux, ou rituels (*bürgerlicher oder statutarischer*), mais seule la pure intention morale qui peut rendre l'homme agréable à Dieu

(Math. V, 20-48); le péché en pensée équivaut devant Dieu au péché par action (v. 28) et d'une façon générale c'est à la sainteté que nous devons viser (v. 48); la haine dans le cœur est, par exemple, équivalente au meurtre (v. 22); on ne peut réparer l'injustice faite au prochain que par les satisfactions données à lui-même et non par des actes de dévotion (*gottesdienstliche*) (v. 24); pour ce qui est de la véracité, le moyen légal en usage pour obtenir par contrainte la vérité (1), le serment, porte atteinte au respect de la vérité elle-même (v. 34-37); — le cœur humain doit complètement transformer ses penchants naturels mauvais; le sentiment si doux de la vengeance doit se convertir en résignation (v. 39, 40) et la haine des ennemis en bienfaisance à leur égard (v. 44). En parlant ainsi, nous dit-il, il croit accomplir la loi judaïque (V, 17), et par là il montre fort bien que ce n'est point la science de l'Écriture, mais la religion rationnelle pure qui doit en être l'interprète; car cette loi prise à la lettre autorisait exactement le contraire de tout

(1) On ne voit pas pourquoi cette claire interdiction d'un moyen de contrainte, basé sur la pure superstition, et non pas sur la conscience, auquel les tribunaux recourent pour obtenir des dépositions véridiques, passe pour avoir si peu d'importance aux yeux des docteurs de la religion. Que la superstition soit en effet la chose dont ici l'on escompte, plus que de toute autre, l'effet, on le reconnaît à ce que, d'un homme qu'on n'estime point capable de dire la vérité, dans une déposition solennelle sur la vérité de laquelle repose la décision du droit des hommes (tout ce qu'il y a de plus saint au monde), on croit pourtant qu'il sera poussé à la dire par une formule n'ajoutant rien à cette disposition elle-même et se bornant à lui faire appeler sur lui les châtiments de Dieu (auxquels à lui seul le mensonge ne lui permet pas d'échapper), comme s'il dépendait de lui de rendre des comptes ou de n'en pas rendre devant ce tribunal suprême. — Le passage de l'Écriture auquel nous nous référons représente ce mode de protestation comme une témérité *saugrenue* qui revient à vouloir, peut-on dire, réaliser, grâce à des paroles magiques, des choses cependant au-dessus de notre pouvoir. — Et l'on voit bien que le Maître avisé qui nous recommande dans ce passage de nous contenter du oui, oui! non, non! comme attestation de la vérité, parce que ce qu'on dit en plus vient du mal, avait sous les yeux les tristes conséquences que les serments entraînent avec eux : la trop grande importance qu'on leur attribue, en effet, rend presque autorisé le mensonge ordinaire.

cela. — Par les expressions qu'il emploie de « porte étroite » et de « chemin étroit », il nous prémunit encore, au surplus, contre la fausse interprétation de la loi, que les hommes se permettent afin de passer outre à leur véritable devoir moral et de se croire absous d'un pareil manquement par l'observation du devoir ecclésiastique (VII, 13) (1). D'autre part, il exige que ces intentions pures se traduisent aussi en *actes* (v.16) et détruit l'espoir astucieux des hommes qui pensent suppléer au défaut de bonnes actions par des témoignages de dévotion rendus au législateur souverain dans la personne de son envoyé qu'ils invoquent et qu'ils glorifient en vue de s'attirer ses faveurs par leurs flatteries (v. 21). Et ces œuvres, il veut qu'on les accomplisse en public, pour que la postérité les ait comme exemple (V ,16), et de plus avec bonne humeur, non comme des actes accomplis par force et servilement (VI, 16), afin qu'étant peu de chose au début, par communication et par diffusion de tels sentiments, comme un grain de blé dans la bonne terre ou comme un ferment du bien, la religion arrive par sa force intrinsèque à s'accroître insensiblement et à devenir un règne de Dieu (XIII, 31, 32, 33). — Enfin il rassemble tous les devoirs : 1) dans une règle *générale* (comprenant à la fois les relations morales internes et externes des hommes) qui est : fais ton devoir sans autre mobile que sa considération immédiate, c'est-à-dire, aime Dieu (législateur à l'égard de tous les devoirs) et aime-le par dessus tout ; 2) dans une règle *spéciale* portant sur les relations extérieures des hommes entre eux considérées en tant que devoir général : aime ton prochain comme toi-même, c'est-

---

(1) La *porte étroite* et l'étroite voie qui mène à la Vie doivent être entendues de la bonne conduite ; la *porte large* et la voie spacieuse que suivent les foules est l'Église. Non pas qu'elle soit responsable, ni ses dogmes non plus, de ce que les hommes se perdent, mais parce qu'on regarde l'*entrée* dans l'Église et le fait d'en admettre les règlements et d'en célébrer les rites usuels comme étant le culte que Dieu veut, à proprement parler, qu'on lui rende.

à-dire travaille à son bien dans un esprit désintéressé de bienveillance envers lui ; ces deux commandements ne sont pas seulement des lois de la vertu, mais aussi des préceptes relatifs à la *sainteté* vers laquelle nous devons tendre et par rapport à quoi l'effort, à lui seul, se nomme *vertu*. — A ceux qui croient pouvoir, les bras croisés et d'une façon tout à fait passive, attendre que ce bien moral leur tombe du ciel comme une autre manne, il dénie tout espoir. Laisser improductive la disposition naturelle au bien inhérente à notre nature (à titre de talent dont elle a le dépôt) et compter paresseusement sur une influence morale plus élevée qui viendra compléter quand même ce qui nous manquera en qualités et en perfection morales, c'est encourir la menace qui nous est faite de ne voir tenir aucun compte, précisément pour cette négligence, même du bien que nous aurons pu accomplir par simple disposition naturelle (XXV, 29).

D'autre part, en réponse à l'attente très naturelle qui porte l'homme à espérer, sous le rapport de la félicité, un sort approprié à sa tenue morale, étant donné surtout tant de sacrifices pénibles rendus nécessaires par la vertu, il lui dit qu'une récompense l'attend dans un monde futur (V, 11, 12); mais cette récompense sera différente des uns aux autres comme les intentions qui auront dicté leur conduite : ceux qui auront fait leur devoir *en vue de la récompense* promise (ou encore en vue d'échapper à un châtiment mérité) seront distingués des hommes meilleurs qui auront accompli leur devoir uniquement par amour du devoir. L'homme qui a pour maître l'égoïsme, Dieu de ce monde, mais qui, sans renoncer à cet intérêt personnel, se borne, par raison, à lui enlever son aspect grossier et l'étend par delà l'étroite limite de cette vie, nous est représenté (Luc, XVI, 3-9) comme un intendant qui trompe son maître en se servant de ce maître lui-même, auquel il arrache des sacrifices qui ont le devoir pour objet. Lorsqu'il réfléchit, en effet, qu'il lui faudra un jour quitter ce monde, et que ce sera peut-être bientôt, sans pouvoir emporter dans l'autre rien de ce qu'il aura possédé ici-bas, il se résout alors à rayer de ses comptes les sommes qu'il pourrait, lui ou l'égoïsme son maître, réclamer sur terre légalement à des hommes nécessiteux et à se procurer de la sorte, pourrait-on dire, des billets payables dans l'autre monde ; en quoi sans doute il procède plutôt *prudemment* que *moralement*, pour ce qui a trait aux mobiles de ces actes de bienfaisance, mais il se conforme à la loi morale, au moins à la lettre de cette loi, et il peut espérer que son procédé, malgré tout, aura sa récompense au ciel (*in der Zukunft*) (1). Si l'on compare avec cela le passage où il est question du bien qu'on fait aux pauvres sous l'impulsion des simples motifs du devoir (Math. XXV, 35-40), on y verra que le Juge du monde déclare que ceux-là qui ont secouru les nécessiteux sans même songer que par là ils méritent une récompense et, pour ainsi dire, obligent le ciel à la leur donner, justement parce qu'ils accomplissent ces actions sans avoir égard à la récompense, sont les élus véritables de son royaume ; et, par suite, on se rendra compte que le Maître de l'évangile, quand il parle de récompense à recevoir dans un monde futur, ne se propose pas d'en faire le mobile des actes humains, mais se borne à la présenter (en qualité d'image édifiante de la bonté et de la sagesse parfaites manifestées par Dieu dans la direction de

---

(1) Nous ne connaissons de la vie future et ne devons d'ailleurs chercher à en voir que ce qui se trouve en accord rationnel avec les mobiles de la moralité et avec leur fin. De cet ordre est aussi la croyance qui veut que toute bonne action doive infailliblement avoir pour son auteur, dans un monde futur, des conséquences bonnes ; et que, par conséquent, à quelque degré qu'il mérite la réprobation vers la fin de sa vie, l'homme ne doive pas cependant renoncer à faire au moins encore une *bonne* action, s'il le peut, parce qu'alors il a des raisons d'espérer que, dans la mesure où il y attache une pure et bonne intention, cette action aura plus de prix que toutes ces espèces de purifications inertes, qui, sans amoindrir en quoi que ce soit la culpabilité, visent à suppléer au défaut de bonnes actions.

l'espèce humaine) comme l'objet de l'adoration la plus pure et de la complaisance morale la plus grande pour une Raison qui appréciera la destinée tout entière de l'homme. Nous avons donc ici une religion intégrale que tous les hommes peuvent, par leur propre raison, comprendre et trouver convaincante et qui, de plus, s'est rendue visible dans un exemple qui peut et qui doit même nous servir de modèle (dans la mesure où l'homme est capable de l'imiter); et ni la vérité des doctrines qu'elle professe, ni l'autorité, ni la dignité de celui qui l'a enseignée n'ont besoin d'une autre confirmation (qui réclamerait science et miracles, choses qui ne sont pas du ressort de chacun). Lorsque ce docteur se réfère à une législation plus ancienne et à une antique figuration (à la religion mosaïque), comme s'il voulait y trouver la confirmation de ses dires, il ne le fait pas pour fonder la vérité même de ses doctrines, mais pour leur trouver un accès facile auprès d'hommes entièrement et aveuglément attachés aux anciens usages; car, nécessairement, on a toujours plus de difficultés à prêcher des hommes aux cerveaux farcis d'articles de foi statutaires, presque entièrement incapables de rien entendre à la religion rationnelle, qu'à s'adresser à la raison de gens ignorants, mais non déformés. Nul, par conséquent, ne doit s'étonner de trouver que cette manière, accommodée aux préjugés d'alors, rende énigmatique aujourd'hui l'exposé de cette doctrine et nécessite une explication attentive, bien que, de toutes parts, transparaisse, et s'énonce même explicitement bien des fois, une théorie religieuse que chacun doit comprendre et trouver convaincante sans aucun frais d'érudition.

CHAPITRE II

LA RELIGION CHRÉTIENNE EN TANT QUE RELIGION SAVANTE.

Quand une religion expose comme nécessaires des articles de foi que la raison ne peut reconnaître à ce titre, et qui doivent pourtant à perpétuité se transmettre aux hommes sans changement (pour ce qui est de leur fond essentiel), il faut (à moins d'admettre un miracle continuel de la révélation) regarder cette religion comme un bien sacré dont la garde est confiée à des *savants*. Car bien que, *aux premiers temps*, accompagnée de miracles et de faits, elle ait pu partout être admise, même en ce qui n'est point confirmé par la raison même, le récit lui-même de ces miracles et les enseignements qu'ils doivent confirmer rendent nécessaire, *aux siècles futurs*, pour l'instruction de la postérité, une doctrine scripturaire, documentée et immuable.

C'est à l'admission des principes d'une religion que l'on donne, par excellence, le nom de *foi (fides sacra)*. Nous aurons donc à regarder la foi et comme une *foi rationnelle* pure et comme une *foi révélée (fides statutaria)*. La première est la foi librement adoptée par tous *(fides elicita)*, tandis qu'on peut dire de la seconde qu'elle est une foi commandée *(fides imperata)*. L'existence du mal au cœur de tout homme sans exception, l'impossibilité de jamais nous considérer comme justifiés devant Dieu par notre conduite, et en même temps la nécessité d'avoir une justice qui soit valable devant lui, l'inutilité de vouloir suppléer à l'insuffisante moralité par des observances d'église et une dévotion servile et, parallèlement, l'obligation imprescriptible de nous transformer en hommes nouveaux, ce sont là des thèses dont la raison peut montrer à chacun la force convaincante, et qu'il appartient à la religion de nous présenter comme telles.

Mais hors de là, puisqu'elle s'appuie sur des faits, au lieu d'être construite sur de purs concepts rationnels, la doctrine chrétienne n'est plus uniquement la *religion* chrétienne, mais bien la *croyance* chrétienne, sur quoi s'est bâtie une Église. Une Église qui offre ce double caractère réclame, donc un double culte : d'une part, celui qu'on lui doit parce qu'elle est une foi historique ; d'autre part, celui qui lui appartient en sa qualité de foi rationnelle pratique et morale. Aucun des deux ne peut, dans l'Église chrétienne, être séparé de l'autre et envisagé comme subsistant à lui seul ; le second ne saurait aller sans le premier, parce que la foi chrétienne est une foi religieuse, ni le premier s'isoler du second, parce que cette foi est une foi savante.

La foi chrétienne, en tant que foi *savante*, s'appuie sur l'histoire, et dès lors (objectivement), basée sur l'érudition, elle n'est plus une *foi libre* en soi (*fides elicita*), une foi qui provienne de la pénétration de raisons probantes spéculatives. Si elle était foi rationnelle pure, bien que les lois morales sur lesquelles elle est établie, en sa qualité de croyance en un législateur divin, expriment des ordres inconditionnés, il faudrait lui donner le titre de foi libre, comme nous l'avons montré au premier chapitre. Je dirai plus : elle pourrait encore, pourvu qu'on ne fît pas une obligation d'y croire, même en tant que foi historique, être une foi théoriquement libre, si tout le monde était savant. Mais quand elle doit s'appliquer à tous et valoir aussi pour les ignorants, ce n'est plus simplement une foi commandée, mais encore une foi aveuglément soumise au commandement, c'est-à-dire qui lui obéit (*fides servilis*) sans s'informer si véritablement ce commandement émane de Dieu.

Or, dans l'enseignement de la révélation chrétienne, on ne saurait faire passer d'abord la *foi inconditionnée* à des dogmes révélés (cachés par leur essence à la raison) et faire venir après elle la connaissance savante ayant uniquement pour rôle, en quelque sorte, de nous couvrir contre l'attaque d'un ennemi survenant par derrière; car la foi chrétienne, en ce cas, serait non seulement *fides imperata*, mais encore *fides servilis*. Elle doit donc toujours être au moins enseignée comme *fides historice elicita*, c'est-à-dire que l'*érudition* dans une telle foi, en sa qualité de foi révélée, devrait constituer non l'arrière-garde, mais l'avant-garde, et que le petit nombre des hommes versés dans les Écritures (des clercs), gens qui ne devraient pas être entièrement dépourvus d'instruction profane, marcherait à la tête de la longue file des ignorants (des laïques), lesquels n'ont pas d'eux-mêmes étudié à fond l'Écriture (et dans cette foule se trouvent eux aussi les rois de la terre (*weltbürgerlichen Regenten*). — Pour que cela ne se produise pas, il faut que l'universelle humaine raison, souveraine maîtresse de la religion naturelle, soit reconnue et honorée, dans le système de la foi chrétienne, comme le souverain et suprême principe (*Princip*), mais que l'on y aime et qu'on y cultive les enseignements révélés, sur lesquels se fonde une Église et par rapport auxquels les savants jouent le rôle obligé d'interprètes et de gardiens, comme un simple moyen, mais extrêmement précieux, de donner à la religion la clarté nécessaire pour que les ignorants eux-mêmes la saisissent, et de lui procurer diffusion et durée.

C'est alors un vrai *culte* que celui de l'Église au service du bon principe (*Princip*); mais dès que la foi révélée prend le pas sur la religion, on voit paraître le *faux culte*, qui renverse totalement l'ordre moral et impose comme absolu (exactement comme si c'était une fin) ce qui a seulement la valeur d'un moyen. La croyance à des dogmes tels que l'ignorant ne peut les connaître comme vrais ni par la raison, ni encore par l'Écriture (dont il faudrait d'abord démontrer l'authenticité) se verrait transformée en devoir absolu (deviendrait *fides imperata*) et serait élevée, avec les observances qui ne peuvent s'en séparer, au rang d'une foi qui sanctifierait, en sa qualité de culte servile, sans que soient nécessaires des principes moraux nous déterminant à l'action. — Une Église fondée sur ce dernier principe (*Principium*) n'a pas de *serviteurs* (ministri) à proprement parler, comme c'était le cas pour la précédente organisation, mais bien des *fonctionnaires* qui commandent de haut (*officiales*), et ces dignitaires ecclésiastiques, sans toujours se montrer dans l'éclat de la hiérarchie, ou paraître investis d'un pouvoir extérieur, et même en protestant là-contre (c'est ce qui se produit dans une église protestante), veulent toujours, en fait, se savoir regardés comme les interprètes, les seuls autorisés, de la sainte Écriture, après avoir ravi à la religion rationnelle pure, la dignité, qui lui appartient en propre, d'être toujours la souveraine interprète de l'Écriture, et avoir imposé la seule science de l'Écriture comme le vrai moyen d'appuyer la foi de l'Église. Au lieu de *serviteurs* de l'Église qu'ils devraient être, ils se transforment en *commandeurs* des croyants (changeant *ministerium* en *imperium*), bien que, pour masquer cette usurpation, ils se donnent toujours le titre modeste de serviteurs. Mais ce rôle de commandeurs leur coûte cher à soutenir ; la raison aurait pu aisément gouverner, eux, pour gouverner, doivent dépenser une immense somme d'érudition. Car leur domination, « aveugle pour ce qui regarde la nature, se charge sur la tête toute l'antiquité et s'ensevelit sous ce faix ». — Voici quelle est la marche que prennent les choses une fois mises sur ce pied :

D'abord, on considère la méthode suivie prudemment

par les premiers Apôtres pour propager la doctrine du Christ et lui frayer les voies parmi le peuple, comme une partie intégrante de la religion elle-même, applicable à tous les pays et valable pour tous les temps, de sorte qu'il faut regarder *tout chrétien comme un Juif dont le Messie est arrivé;* mais, quoique les deux choses ne s'accordent pas bien, on n'exige pas des chrétiens à proprement parler qu'ils obéissent aux lois du Judaïsme (à aucune loi positive), tout en leur réclamant d'accepter avec foi tous les livres saints de ce peuple comme une divine révélation qui s'adresse à tous les mortels (1). — Or, on a tout de suite de nombreuses difficultés avec l'authenticité de ce livre (qui n'est point prouvée, tant s'en faut, du fait seul que certains passages de ce livre, on peut même dire toute l'histoire sainte qu'il raconte, se trouvent reproduits dans les Livres chrétiens, en vue de la fin plus haut indiquée). Avant les commencements du Christianisme, et même

(1) MENDELSSOHN, très adroitement, mettait à profit ce point faible de l'idée que l'on donne ordinairement du christianisme pour repousser complètement toute prétention des chrétiens à la conversion des fils d'Israël. En effet, disait-il, d'après leur propre aveu, la foi judaïque est la construction sur laquelle repose l'édifice plus élevé du christianisme ; autant vaudrait alors vouloir pousser quelqu'un à quitter le rez-de-chaussée pour loger au premier étage. Et sa véritable pensée transparaît assez clairement. Il veut dire : commencez donc par jeter vous-mêmes le judaïsme hors de votre religion (il peut cependant demeurer comme une antiquaille dans l'exposé historique de la croyance) et nous pourrons alors prendre en considération vos propositions. (En fait, on n'aurait guère plus, en ce cas, qu'une religion purement morale et sans addition de lois positives). Notre faix ne sera nullement allégé, lorsque nous aurons rejeté les observances extérieures, si vous remplacez ce joug par un autre : la profession de foi aux saintes Ecritures, bien plus lourd et plus accablant pour les gens consciencieux. — [Les livres saints du peuple juif seront toujours d'ailleurs conservés et appréciés à cause des services qu'ils rendent non pas à la religion, mais à la science; car l'histoire d'aucun peuple ne remonte aussi haut, et avec un même air d'authenticité, que ces livres (où nous est décrite même la naissance du monde); ils parlent des époques les plus reculées dans la nuit des temps, où l'on peut faire entrer tout ce que nous savons de l'histoire profane ; et la grande lacune laissée par cette histoire est ainsi comblée grâce à eux.]

avant l'époque où la diffusion de cette doctrine fut devenue déjà considérable, le Judaïsme n'avait pas encore pénétré dans les *milieux savants*, c'est-à-dire que les savants étrangers de la même époque ne l'avaient pas encore bien connu ; son histoire n'avait pas encore été contrôlée, peut-on dire, et c'était en raison de son antiquité que son livre sacré s'était vu concéder l'authenticité historique. Admettons, nous aussi, cette authenticité ; il n'en reste pas moins que ce n'est pas assez de connaître ce livre dans des traductions et de le transmettre ainsi à la postérité ; au contraire, pour la sureté de la foi ecclésiastique établie sur lui, il sera requis, en outre, qu'il y ait, en tout temps et en tous pays, des savants qui sachent l'hébreu (autant qu'il est possible de savoir une langue dont nous n'avons plus qu'un seul livre) ; ce n'est point seulement la science historique en général, mais l'humanité tout entière, puisque son salut en dépend, qui sont intéressées à ce qu'il se trouve des hommes connaissant assez la langue hébraïque pour garantir au monde la religion véritable.

Il est vrai qu'en un sens la religion chrétienne se trouve dans le même cas. Les saints épisodes qu'elle raconte se sont déroulés, sans doute, en public et sous les yeux mêmes d'un peuple instruit ; mais son histoire a mis plus qu'un âge d'homme à pénétrer dans le public savant, et par suite n'a point une authenticité confirmée par des témoignages contemporains. Mais cette religion a sur le Judaïsme le grand avantage d'être donnée comme sortie *de la bouche du premier Maître* sous la forme non pas d'une religion statutaire, mais d'une religion morale, si bien que, se trouvant très étroitement unie avec la raison, elle peut, grâce à elle, se propager d'elle-même et sans le secours de l'érudition historique, avec la plus grande sécurité, en tous temps et en tous pays. Les premiers fondateurs de la *communion* chrétienne, il est vrai, estimèrent devoir fondre avec ces données l'histoire du Judaïsme, et c'était le leur part un acte de prudence dans la position où ils se trouvaient ; mais ce procédé qui peut-être ne convenait qu'à cette époque s'est transmis jusqu'à nous dans leur saint héritage. Et les fondateurs de l'*Église* mirent au rang d'articles de foi essentiels ces moyens d'apologétique d'une période de transition et en augmentèrent le nombre en ayant recours à la tradition ou à des interprétations auxquelles des conciles accordèrent force de loi ou que confirmèrent les érudits, sans qu'on puisse prévoir toutes les modifications que feront subir à la foi l'exégèse savante ou, ce qui en est l'antipode, la lumière intérieure où tout laïque peut prétendre ; et ces modifications sont inévitables tant qu'au lieu de chercher la religion en nous, nous la chercherons en dehors de nous.

DEUXIÈME SECTION

DU FAUX CULTE DE DIEU DANS UNE RELIGION STATUTAIRE

La véritable et unique religion ne renferme pas autre chose que des lois, c'est-à-dire des principes pratiques tels que nous pouvons en voir par nous-mêmes la nécessité absolue, et que nous les reconnaissons, par suite, comme révélés par raison pure (et non d'une manière empirique). C'est uniquement en vue d'une Église — et il peut y en avoir différentes formes également bonnes — que sont promulgués des statuts, c'est-à-dire des prescriptions considérées comme divines, mais qui, selon notre jugement moral pur, sont arbitraires et contingentes. Or, estimer cette foi statutaire (en tout cas restreinte à un peuple et qui ne saurait contenir la religion universelle) comme essentielle à tout culte divin, et en faire la condition suprême de la complaisance de Dieu en l'homme, c'est une *folie religieuse* (1) qui

---

(1) La folie est l'illusion qui consiste à considérer comme équivalente à la chose même sa simple représentation. Ainsi, la folie *avaricieuse* fait trouver au riche grigou dans l'idée qu'il peut, quand il le voudra, faire usage de ses richesses, l'équivalent de l'acte même, si bien qu'il s'en tient là et ne dépense rien. La folie des honneurs attribue aux marques d'estime qui, dans le fond, ne sont pas autre chose que la représentation extérieure d'un respect (que peut-être intérieurement les autres sont loin d'éprouver pour nous) le prix qu'on ne devrait accorder qu'au respect lui-même ; de cette folie fait aussi partie le désir des titres, ainsi que l'amour des décorations, puisque ces distinctions ne sont pas autre chose que des représentations

aboutit à un *faux culte*, c'est-à-dire à une manière d'adorer la divinité directement contraire au vrai culte divin exigé de nous par Dieu même.

§ 1. — *Du principe subjectif universel de l'illusion religieuse.*

L'anthropomorphisme qui est, dans la représentation théorique de Dieu et de son être, difficilement évitable aux hommes, mais, en revanche, assez inoffensif (pourvu qu'il n'influe pas sur l'idée du devoir), devient très dangereux quand il est question des rapports pratiques que nous avons avec la volonté divine et de notre moralité même; car alors *nous nous faisons un Dieu* (1) que nous croyons pouvoir très facilement gagner à nos intérêts, ce qui nous permet de nous supposer dispensés de l'effort ininterrompu et pénible consistant à agir sur ce qui est le fond intime de notre intention morale.

Le principe que d'ordinaire pose l'homme pour ces rap-

extérieures d'une supériorité sur les autres. La folie elle-même est appelée *Wahnsinn* parce qu'elle prend d'habitude pour la présence de la chose même une simple représentation (de l'imagination) et lui donne même valeur. — Or, croire qu'on possède (avant de s'en être servi) un moyen d'atteindre une fin quelconque, c'est ne le posséder, ce moyen, qu'en idée ; par suite, s'en tenir à la conscience qu'on le possède regardée comme tenant lieu de la possession elle-même, c'est *être fou pratiquement* ; la folie pratique est la seule dont il soit question ci-dessus.

(1) [Il semble évidemment étrange, et pourtant il est vrai de dire que tout homme se *fait un Dieu* et que même il doit s'en faire une grâce à des concepts moraux (auxquels il ajoute les propriétés infiniment grandes qui se rapportent à la faculté de représenter dans le monde un objet adéquat à ces concepts moraux) afin d'adorer en lui *Celui qui l'a fait*. En effet, de quelque façon qu'on ait pu nous dépeindre et nous faire connaître un être comme *Dieu*, et quand même un tel être (si possible) condescendit à nous apparaître lui-même, il nous faudrait pourtant confronter avant tout cette représentation avec l'Idéal que nous nous faisons de cet être, afin de voir si nous avons le droit de le regarder et de l'adorer comme une divinité. Par révélation pure et simple et sans qu'on l'appuie sur la base d'un pareil concept *préalable* entièrement pur et capable de servir de pierre de

ports, c'est que tout ce qu'on fait uniquement pour plaire à la divinité (à condition de n'être pas contraire directement à la moralité, sans avoir besoin d'y contribuer en quoi que ce soit) est un témoignage d'empressement à servir Dieu comme des sujets soumis qui lui plaisent par cela même, et constitue un culte (*in potentia*) envers Dieu. — Ce n'est pas toujours par des sacrifices que l'homme croit rendre ce culte à Dieu ; on a dû souvent recourir à des fêtes pompeuses, même à des jeux publics, comme chez les Grecs et chez les Romains, en usage encore aujourd'hui, avec l'illusion de pouvoir ainsi rendre la divinité favorable à un peuple ou bien même à des particuliers. Mais les sacrifices (tels que les expiations, les mortifications, les pèlerinages, etc.) ont toujours été regardés comme plus puissants et plus efficaces pour obtenir la faveur du ciel et la rémission des péchés, parce qu'ils servent plus fortement à témoigner une soumission infinie (quoique non morale) à sa volonté. Et ces tourments qu'on s'inflige à soi-même nous paraissent d'autant plus saints qu'ils sont moins utiles et qu'ils visent moins à l'amélioration morale universelle de l'homme ; c'est précisément parce qu'ils sont tout à fait inutiles et que pourtant ils coûtent de la peine, qu'ils semblent avoir uniquement pour but de témoigner notre dévouement envers Dieu. — Bien que ces pratiques, dit-on, soient en fait sans utilité au regard de Dieu, Dieu y voit, cependant, la bonne volonté et le cœur de l'homme, qui, sans doute, est trop faible pour obéir aux préceptes moraux, mais qui rachète cette imperfection par l'empressement ainsi témoigné. Or on saisit ici le penchant qui nous porte à prendre une attitude, qui n'a par elle-même d'autre valeur morale que de nous servir, peut-on dire, de moyen propre à élever notre faculté de représentation sensible assez haut pour qu'elle accompagne les idées intellectuelles de fin, ou à l'abaisser

touche, il ne peut pas y avoir de religion, et toute adoration de Dieu serait donc une idolâtrie] 2ᵉ édition.

dans le cas où elle agirait contre ces dernières (1); nous attribuons pourtant à cette attitude la valeur même de la fin ou, ce qui revient au même, nous accordons à l'état d'esprit qui nous rend capables d'éprouver à l'égard de Dieu des sentiments tout dévoués (état qu'on appelle la *dévotion*) la valeur de ces sentiments; nous n'avons là, par suite, qu'une illusion religieuse, susceptible de revêtir toute espèce de formes plus ou moins capables l'une que l'autre de lui donner l'aspect moral; mais sous toutes ces formes, au lieu d'une illusion simple et involontaire, nous trouvons la maxime de donner au moyen une valeur en soi afin qu'il tienne lieu de fin; et pour cette raison, sous toutes ses formes, cette illusion offre la même absurdité et mérite qu'on la rejette comme une inclination secrètement trompeuse.

§ 2. — *Le principe moral de la religion opposé à cette illusion religieuse.*

Je pose d'abord ce principe qui n'a pas besoin de démonstration : *hormis une bonne conduite, tout ce que les hommes*

---

(1) Pour ceux qui, dans tous les passages où les distinctions entre le sensible et l'intellectuel ne leur sont pas assez familières, croient trouver des contradictions de la Critique de la Raison pure avec elle-même, je ferai remarquer ici que partout où il est question de moyens sensibles au service d'une fin intellectuelle (de la pure intention morale) ou des obstacles mis à cette dernière par les premiers, il ne faut jamais concevoir comme étant *directe* cette influence de deux principes aussi hétérogènes. En effet, nous pouvons, en tant qu'êtres sensibles, jouer un rôle dans les *manifestations du principe intellectuel*, c'est-à-dire dans la détermination de nos forces physiques par le *libre arbitre*, détermination qui se traduit en actes; nous pouvons agir pour ou contre la loi; si bien que la cause et l'effet sont représentés comme étant homogènes en réalité. Mais pour ce qui est du suprasensible (du principe subjectif de la moralité en nous, qui se trouve enfermé dans la propriété incompréhensible de la liberté), par exemple, du pur sentiment religieux, en dehors de sa loi (ce qui est déjà suffisant, nous n'en connaissons rien qui ait trait au rapport de cause et d'effet dans les hommes, ou, autrement dit, nous ne pouvons pas nous *expliquer* la possibilité de regarder comme imputables aux hommes leurs actes, phénomènes de ce monde sensible qui

croient pouvoir faire pour se rendre agréables à Dieu est pure illusion religieuse et faux culte qu'on rend à Dieu. — Je dis : ce que l'homme croit pouvoir faire ; car je ne veux pas contester qu'au-dessus de tout ce qu'il est en notre pouvoir de réaliser, il ne puisse y avoir encore, dans les secrets de la sagesse suprême, quelque chose que Dieu serait seul à même de faire pour nous rendre agréables à sa divinité. Mais si l'Église avait à nous annoncer un pareil mystère comme une chose révélée, il y aurait une dangereuse illusion religieuse à prétendre que, par elle-même, la *foi* donnée à cette révélation, telle que nous la rapporte l'Histoire sainte, et la *profession* (interne ou externe) de cette foi nous rendent agréables à Dieu. En effet, cette foi, en tant qu'aveu intime de la vérité profonde de son objet (*als inneres Bekenntniss seines festen Fürwahrhaltens*), est un *acte* extorqué par la terreur ; et cela est si vrai qu'un homme loyal aimerait mieux se voir imposer n'importe quelle autre condition, — parce que tous les autres cultes serviles ne pourraient jamais lui donner à faire que des actions superflues, tandis qu'ici on exige de lui un acte contraire à sa conscience, en voulant qu'il déclare vrai ce dont il n'est point convaincu. Donc, quand il réussit à se persuader que sa foi proclamée est capable par elle-même (comme acceptation d'un bien qui lui est offert) de le rendre agréable à Dieu, l'homme croit voir en cette profession une chose qu'il peut, en dehors d'une vie conforme aux lois morales et toute consacrée aux actes vertueux qu'on doit accomplir dans le monde, faire pour son salut en dirigeant son culte directement vers Dieu.

Premièrement, sous le rapport des imperfections de notre justice à nous-mêmes (justice qui vaut devant Dieu), la

---

auraient leur raison dans la nature morale de l'homme, précisément parce que ces actes sont libres et qu'il faut tirer du monde sensible les principes d'explication de tous les événements qui s'y réalisent.

raison ne nous laisse pas tout à fait sans consolation. Quiconque, nous dit-elle, inspiré par le vrai sentiment du devoir et de la soumission au devoir, fait tout son possible pour s'acquitter de ses obligations (en s'approchant au moins de plus en plus de la conformité parfaite avec la loi) peut espérer qu'à ce qui dépasse ses forces la sagesse suprême suppléera de *quelque manière* (capable de rendre immuable l'intention de cette progression constante); mais elle ne se flatte pas de pouvoir en déterminer le mode, ni de savoir en quoi consiste une pareille assistance divine qui est peut-être entourée de tant de mystère que Dieu, pour nous la révéler, pourrait tout au plus nous en faire avoir une représentation symbolique, dont le côté pratique nous serait seul intelligible et où nous ne pourrions pas voir spéculativement ce qu'est en soi ce rapport de Dieu à l'homme, ni l'exprimer par des concepts, alors même que Dieu voudrait nous dévoiler un tel mystère. — Supposons maintenant qu'une certaine Église affirme qu'elle sait, d'une façon précise, la manière dont Dieu supplée à l'imperfection morale du genre humain et qu'elle voue, en même temps, à la damnation éternelle tous les hommes qui, n'ayant point connaissance de ce moyen de justification naturellement inconnu à la raison, n'en font pas un principe fondamental de religion et ne le proclament point comme tel; quel serait en ce cas l'homme de peu de foi? celui qui garderait sa confiance en Dieu, sans savoir de quelle manière se produira ce qu'il espère, ou celui qui voudrait connaître exactement comment l'homme sera délivré du mal pour ne pas rejeter tout espoir de salut? — Au fond, ce dernier se rend compte qu'il n'a pas un grand intérêt à la connaissance de ce mystère (car sa raison lui enseigne déjà que savoir quelque chose, sans y contribuer en rien, n'offre pour lui aucune utilité); mais s'il veut le savoir, c'est seulement afin de pouvoir (ne serait-ce qu'en son for intérieur) faire de *la foi* qu'il professe à l'égard de tout cet objet de la révélation par lui acceptée et glorifiée, un culte divin susceptible de lui mériter la faveur du Ciel, avant que, de toutes ses forces, il ait travaillé à se bien conduire, et par suite d'une manière absolument gratuite, un culte de Dieu qui serait capable de lui fabriquer surnaturellement une bonne conduite, ou du moins, s'il venait à être pris en faute, de réparer sa transgression.

Deuxièmement, dès que l'homme s'écarte, aussi peu que ce soit, de la maxime énoncée ci-dessus, le faux culte de Dieu (la superstition) n'a *plus de limites;* en dehors de cette maxime toutes les pratiques sont arbitraires (quand elles ne sont pas directement contraires à la moralité). Depuis le sacrifice des lèvres, le moins difficile de tous, jusqu'à celui des biens de cette terre, qui, du reste, pourraient être mieux employés au profit de l'humanité, jusque à l'immolation même de sa propre personne qu'il fait en quittant le monde (pour vivre en ermite, en fakir, en moine), l'homme offre tout à Dieu, sauf son intention morale; et quand il dit à Dieu : « Je vous offre mon cœur », il n'entend point parler de l'intention de vivre comme il est agréable à Dieu, mais exprimer de tout cœur le désir de voir ce sacrifice accepté par Lui comme tenant lieu d'une vie conforme au devoir. (*Natio gratis anhelans, multa agendo nihil agens.* Phèdre.)

Enfin, quand on a pris comme règle d'action (*Maxime*) un culte qu'on prétend agréable à Dieu en lui-même et capable même au besoin de nous réconcilier avec Lui sans être purement moral, il n'y a plus dès lors entre les diverses manières de servir Dieu mécaniquement, peut-on dire, de différence essentielle qui donne l'avantage à l'une plus qu'aux autres. Toutes ont la même valeur (chacune n'en ayant aucune) et c'est grimace pure que de se regarder, parce que l'on s'écarte avec plus de *finesse* du principe intellectuel, qui est le seul principe de l'adoration de Dieu véritable, comme étant d'une essence plus raffinée que ceux qui ont le tort de pencher davantage et d'une façon qu'on dit *plus grossière* vers la sensibilité. Se rendre à l'*église* aux jours obligés, faire des pèlerinages aux sanctuaires de *Lorette* ou de *Palestine*, envoyer ses prières aux magistrats célestes en formules exprimées des *lèvres*, ou les leur expédier par la *poste-aux-prières*, comme les Thibétains (qui croient que leurs souhaits, exposés par écrit, atteignent aussi bien leur but poussés par le vent, par exemple, quand ils sont consignés sur un pavillon, ou lancés avec la main qui sert de catapulte quand on les enferme dans une boîte), toutes ces pratiques de dévotion, quelles qu'elles soient, par lesquelles on cherche à remplacer le culte moral de Dieu, reviennent au même et n'ont point plus de valeur l'une que l'autre. — La différence entre les formes extérieures du culte n'est pas ce qui importe ici ; la seule chose à envisager, au contraire, c'est le principe unique, qu'on adopte ou que l'on rejette, de se rendre agréable à Dieu par la seule intention morale qui trouve dans les actes son expression vivante, ou par des puérilités et des fainéantises pieuses (1). Mais ne peut-on pas dire qu'il y a aussi en *morale* une *illusion* de ce genre : la superstition du sublime qui s'élève au-dessus des facultés humaines, et qu'on pourrait ranger, avec la superstition religieuse rampante dans la classe générale des illusions qui viennent de nous ? Non, car l'intention vertueuse ne s'occupe que du *réel*, d'une chose par elle-même agréable à Dieu et en harmonie avec le plus grand bien du monde. Sans doute, une folie de présomption peut s'y joindre, en

(1) C'est un phénomène psychologique que les adeptes d'une confession dans laquelle il y a moins de dogmes à croire se sentent par là même comme ennoblis et comme plus éclairés, bien qu'ils aient gardé cependant assez de croyances statutaires pour n'avoir pas le droit de jeter (comme ils font) du haut de leur pureté prétendue, un regard de mépris sur leurs frères plongés dans la même erreur ecclésiastique. Leur sentiment s'explique par ce fait qu'ils se trouvent, aussi peu que ce soit, plus rapprochés ainsi de la vraie religion morale, bien qu'ils demeurent encore toujours attachés à l'illusion qu'ils peuvent compléter cette religion par des observances pieuses, où la raison n'est qu'un peu moins passive.

vertu de laquelle on se croit adéquat à l'idée de son saint devoir; mais ceci n'est qu'accidentel. Donner à l'intention morale la valeur la plus élevée, ce n'est pas tomber dans une illusion, mais contribuer, au contraire, et d'une manière efficace, à ce qui est le mieux du monde.

Il est d'usage en outre (tout au moins dans l'Église) d'appeler *nature* ce que les hommes peuvent accomplir au moyen du principe de la moralité, et de donner le nom de *grâce* à ce qui a uniquement pour but de suppléer aux imperfections de tout notre pouvoir moral; cette grâce, du fait que c'est un devoir pour nous d'avoir un pouvoir moral suffisant, nous ne pouvons que la souhaiter ou aussi l'espérer et la demander; on regarde les deux ensemble comme les causes efficientes de l'intention qui suffit à nous faire adopter une vie agréable à Dieu, mais on a l'habitude non seulement de distinguer entre la nature et la grâce, mais encore de les opposer radicalement l'une à l'autre.

Croire que l'on peut distinguer les effets de la grâce de ceux de la nature (de la vertu) ou que l'on est à même de les produire en soi est une pure *extravagance*, car nous ne pouvons reconnaître d'aucune façon dans l'expérience un objet suprasensible, ni encore moins agir sur un pareil objet de manière à le faire descendre jusqu'à nous, bien qu'il se produise parfois dans notre âme (*Gemüth*) des mouvements qui nous poussent à être moraux, mouvements que nous ne pouvons nous expliquer et par rapport auxquels nous sommes contraints d'avouer notre ignorance : « Le vent souffle où il veut, mais tu ne sais pas d'où il vient », etc. C'est une sorte de folie que de vouloir *percevoir* en soi des influences célestes; cette folie, sans doute, peut bien avoir de la méthode (parce que ces prétendues révélations internes doivent toujours se rattacher à des idées morales, et par conséquent rationnelles), mais cela ne l'empêche pas d'être une illusion personnelle préjudiciable à la religion. Tout ce qu'on peut dire de la grâce, c'est que ses effets peuvent se produire, que peut-être même ils sont nécessaires, pour suppléer à l'imperfection de nos aspirations morales ; par ailleurs, nous sommes impuissants à rien déterminer relativement à ses caractères et encore plus à rien faire pour produire la grâce en nous.

L'illusion où l'on est de pouvoir, par des actes religieux cultuels, travailler, si peu que ce soit, à sa justification devant Dieu, porte le nom de *superstition* religieuse ; de même, l'illusion qui consiste à vouloir arriver à ce but par une aspiration à un prétendu commerce avec Dieu est l'extravagance religieuse. — C'est une folie superstitieuse que de vouloir être agréable à Dieu par des actions que tout homme peut accomplir sans avoir besoin d'être homme de bien (par la profession, v. g., d'articles de foi positifs, par la fidélité à l'observance ecclésiastique de même qu'à la discipline, etc.). On l'appelle superstitieuse parce qu'elle a recours à de simples moyens physiques (et non moraux) qui ne sauraient avoir absolument aucun effet par eux-mêmes sur une chose qui n'est pas d'essence physique (c'est-à-dire sur le bien moral). — Mais une illusion se nomme extravagante quand le moyen même qu'elle imagine, étant de nature suprasensible, ne se trouve pas au pouvoir de l'homme, sans qu'il soit besoin de considérer l'impossibilité d'atteindre la fin suprasensible que l'on vise par ce moyen ; car pour avoir ce sentiment de la présence immédiate de l'Être suprême et pour distinguer un tel sentiment de n'importe quel autre, même du sentiment moral, l'homme devrait être capable d'une intuition pour laquelle il n'est point de sens dans sa nature. — La folie superstitieuse, contenant un moyen en lui-même capable de servir à plusieurs sujets et de leur permettre au moins de lutter contre les obstacles opposés chez eux à une intention agréable à Dieu, est, à ce titre, apparentée à la raison et n'est qu'accidentellement condamnable, du fait qu'elle transforme en objet agréable immédiatement à Dieu ce qui ne peut être qu'un pur moyen ; en revanche, l'illusion religieuse extravagante est la mort morale de la raison, sans laquelle pourtant nulle religion n'est possible, puisque toute religion, de même que toute moralité, d'une manière générale, doit se fonder sur des principes (*Grundsätze*).

Pour écarter ou prévenir toute illusion religieuse, une foi ecclésiastique doit donc se faire une règle fondamentale (*Grundsatz*) de contenir, outre les dogmes positifs dont, pour l'instant, elle ne peut pas se passer entièrement, encore un principe (*Princip*) qui fasse de la religion de la bonne conduite le vrai but où l'on doit viser, afin qu'on puisse un jour se passer des dogmes en question.

§ 3. — *Du sacerdoce* (1) *en tant que pouvoir consacré au faux culte du bon principe.*

L'adoration d'êtres invisibles et puissants, arrachée à l'homme en détresse par la crainte naturelle basée sur le sentiment de son impuissance, ne donna pas, de prime abord, naissance à une religion, mais bien à un culte servile de Dieu (ou des dieux); puis ce culte reçut une certaine forme officielle et légale qui en fit un *culte de temples*, mais il ne devint un *culte d'églises* que lorsque, peu à peu, aux lois qui le réglaient eut été reliée la culture morale des hommes; sous ces deux formes, il reposait sur une croyance histo-

---

(1) [Ce terme (*Pfaffentum*) ne désignait que l'autorité propre à un père spirituel (πάπα), mais il a pris la signification d'un blâme simplement parce qu'on y joint l'idée de ce despotisme spirituel qui peut se rencontrer dans toutes les formes d'Eglises, si dépouillées de prétentions et si populaires qu'elles se donnent. Aussi, qu'on n'aille pas se méprendre sur ma pensée ; je ne veux nullement établir de comparaison entre les différentes sectes, ni déprécier l'une au profit des autres en en rabaissant les usages ou les ordonnances. Toutes méritent un égal respect, en tant que leurs formes sont des essais par lesquels les pauvres mortels ont voulu se rendre sensible le règne de Dieu sur la terre ; mais toutes sont également blâmables quand elles tiennent pour la chose même la forme sous laquelle est représentée cette idée (dans une Eglise visible).] Addition de la 2e édition.

rique qu'on a fini par trouver provisoire et que l'on s'est *mis* à considérer comme la représentation symbolique d'une croyance de religion pure, et comme le moyen de travailler à la développer.

D'un *chaman* des Tongouses à ce *prélat* d'Europe qui gouverne à la fois et l'Église et l'État, ou (si, au lieu des chefs et des pasteurs, nous considérons seulement les adeptes de ces croyances dans leur propre façon de se les figurer) du *Vogoul* tout matériel, qui, le matin, met sur sa tête la patte d'une peau d'ours, en faisant cette courte prière : « Ne me tue pas ! » au *Puritain* et à l'Indépendant raffinés du *Connecticut*, la distance est grande, sans doute, pour ce qui est des *façons extérieures* (*Manier*), mais il n'est point de différence pour ce qui est du *Principe* de la croyance ; car les uns et les autres appartiennent, sous ce rapport, à une seule et même classe, à la classe de ceux qui font consister le culte divin dans une chose qui ne rend pas en soi les hommes meilleurs (dans la croyance à certains dogmes positifs ou bien dans la pratique de certaines observances arbitraires). Ceux-là seuls pour lesquels le culte ne peut consister que dans l'intention d'une bonne conduite se distinguent de tous les autres parce qu'ils s'éloignent de ce principe pour en prendre un autre tout différent et de beaucoup plus élevé, qui est le principe en vertu duquel ils se regardent comme membres d'une Église (invisible) comprenant tous les gens animés de bonnes intentions (*alle Wohldenkenden*) et qui seule, d'après sa nature essentielle, peut être la véritable Église universelle.

Le même but leur est commun à tous ; ils cherchent à tourner à leur avantage la puissance invisible qui préside au destin des hommes ; le seul point où ils se distinguent, c'est dans la façon de s'y prendre. S'ils se font de cette puissance l'idée d'un Être intelligent et doué, par suite, de volonté, et d'une volonté qui doit décider de leur sort, tous leurs efforts ne peuvent consister que dans le choix de la manière par laquelle ils pourront, en tant qu'êtres soumis à la volonté de cet Être, lui devenir agréables par leur conduite. Si la conception qu'ils s'en font est celle d'un Être moral, ils se persuadent aisément par leur propre raison que pour gagner sa complaisance la condition doit être de bien se conduire moralement, et surtout d'avoir des intentions pures comme principe (*Princip*) subjectif de la conduite. Il se pourrait, pourtant, que cet Être suprême voulût peut-être, en outre, être encore servi d'une autre manière que la simple raison ne peut pas nous faire connaître, je veux dire au moyen d'actions, qui par elles-mêmes, à nos yeux, ne contiennent rien de moral, mais que nous accomplissons cependant, soit à titre d'actions commandées par Dieu même, soit comme des actions que nous nous imposons arbitrairement et dans le seul but de témoigner notre soumission envers lui (d'une manière générale); ces deux groupes d'actions, quand ils constituent un ensemble d'occupations ordonnées systématiquement, nous paraissent en général établir un *culte* de Dieu. — Or si les deux sortes de culte doivent se lier l'un à l'autre, il faudra ou que tous les deux soient regardés comme atteignant immédiatement leur fin, ou que l'un des deux, en tant que moyen, se subordonne à l'autre, seul culte de Dieu, au vrai sens du mot, et seule manière de plaire à Dieu. Que le culte moral (*officium liberum*) plaise directement à Dieu, c'est chose évidente par elle-même. Mais on ne pourrait pas admettre qu'il est la condition suprême de la complaisance de Dieu en l'homme (ce qui pourtant est déjà contenu dans le concept de la moralité), si l'on avait la possibilité de considérer le culte servile (*officium mercenarium*) comme étant *par lui-même et sans aucune aide* agréable à Dieu; car nul ne saurait en ce cas (1) à quel culte il serait préférable de recourir dans telle ou telle circonstance pour

---

(1) 1ʳᵉ édition : car personne alors ne pourrait savoir.

juger par là quel est son devoir, ni comment ces deux cultes se complètent l'un l'autre. Par suite, des actions qui n'ont pas en soi de valeur morale ne devront être admises comme agréables à Dieu qu'à titre de moyens servant au développement de ce qui dans les actes est immédiatement bon (contribuant à la moralité), c'est-à-dire qu'elles ne sont bonnes *qu'en raison du culte moral de Dieu.*

Or, quand il emploie des actions qui, par elles-mêmes, n'ont rien d'agréable à Dieu (de moral) comme des moyens propres à lui procurer immédiatement les faveurs divines et à satisfaire ainsi ses désirs, l'homme a la folie de se croire en possession d'un art de produire par des moyens tout à fait naturels un effet surnaturel ; ordinairement à ces tentatives on donne le nom de *magie*, auquel (pour éviter l'idée accessoire impliquée par lui d'un commerce avec le mauvais principe, attendu que ces tentatives peuvent, au contraire, fort bien être supposées entreprises, par suite d'un malentendu, dans une intention morale par ailleurs bonne) nous préférons substituer celui de *fétichisme*, nom qui est du reste connu. Mais un effet surnaturel, l'homme ne pourrait le produire qu'en supposant qu'il agit sur Dieu et qu'il s'en servît comme d'un moyen de provoquer dans le monde un effet auquel ses forces ne pourraient suffire, ni même son intelligence (*Einsicht*), quelque agréable au reste qu'elle pût être à Dieu ; on voit que cette idée est déjà absurde par elle-même.

Quant à l'homme qui, par delà ce qui le fait immédiatement l'objet de la complaisance divine (l'intention active d'une bonne conduite), cherche, encore au moyen de certaines pratiques (*Förmlichkeiten*), à se rendre *digne* de voir suppléer à son impuissance par une assistance surnaturelle et qui, dans cette vue, a recours à des observances, qui n'ont pas de valeur morale immédiate, mais qui cependant servent de moyen au développement du sentiment moral, et croit simplement se rendre par là *susceptible* d'atteindre l'objet de ses bons souhaits moraux, il escompte, sans doute, qu'à sa naturelle impuissance viendra suppléer quelque chose de *surnaturel*, mais un quelque chose que *l'homme*, au lieu de pouvoir provoquer (par son action sur la volonté divine), peut uniquement recevoir, qu'il peut espérer, mais non point produire. — Mais si des actions qui, par elles-mêmes, autant que nous pouvons le voir, ne contiennent rien de moral, rien qui soit agréable à Dieu, doivent, toutefois, dans son opinion, lui servir de moyen, même de condition, pour qu'il attende immédiatement de Dieu l'accomplissement de ses vœux, il faut qu'en ce cas l'homme ait la folie de croire que, sans avoir ni le pouvoir physique ni la capacité morale de recevoir un tel secours surnaturel, il peut néanmoins le déterminer par des actions *naturelles* et que rien en soi n'apparente à la moralité (pour l'accomplissement desquelles n'est pas requise une intention agréable à Dieu, et telles, par suite, que l'homme le plus pervers peut les accomplir aussi bien que le meilleur des hommes) — formules d'invocation, profession d'une foi servile, observances ecclésiastiques et ainsi de suite — et qu'il peut ainsi, peut-on dire, *s'attirer par enchantement* l'assistance de la divinité; car entre des moyens uniquement physiques et une Cause agissant moralement il n'y a aucune relation possible selon une loi que puisse connaître la raison, loi d'après laquelle une telle cause pourrait être représentée comme déterminable à produire certains effets par l'action de moyens physiques.

Par suite, accorder la place d'honneur à l'observation de lois statutaires qui ont besoin d'une révélation et la regarder comme nécessaire à la religion, non pas en vérité à titre de simple moyen utile à l'intention morale, mais bien en qualité de condition objective qui nous rend agréables immédiatement à Dieu, enfin subordonner à cette croyance historique tous les efforts en vue d'une bonne conduite (alors que cette observation, ne pouvant plaire à Dieu que *d'une manière conditionnelle*, doit venir, au contraire,

après la pratique morale, seule chose qui plaise *absolument*
à Dieu), c'est transformer le culte en un simple *fétichisme*
et rendre au Seigneur un faux culte qui fait retourner
en arrière l'évolution vers la vraie religion. Tellement il
importe, pour lier entre elles deux bonnes choses, de
voir dans quel ordre il faut les unir ! — Le vrai *progrès*
(*Aufklärung*) consiste en cette distinction ; le culte de Dieu,
grâce à elle, est désormais un culte libre et par suite un
culte moral. Que si l'on s'en écarte, au lieu de la liberté des
enfants de Dieu, on impose à l'homme, au contraire, le joug
d'une loi (positive), et comme on le met de la sorte dans
l'obligation absolue de croire à des choses que nul ne peut
connaître autrement qu'historiquement et qui sont, par suite,
hors d'état d'être convaincantes pour tout le monde, c'est
là pour les hommes consciencieux un joug bien plus lourd
encore (1) que ne saurait l'être jamais toute la pacotille des
pieuses observances dont on le charge, parce qu'il suffit de
les pratiquer pour être en parfait accord avec la communauté ecclésiastique établie, sans que l'on ait besoin, ni intérieurement ni extérieurement, de professer qu'on regarde
ces observances comme une institution ayant Dieu pour

---

(1) « Le joug est doux et la charge est légère » quand le devoir,
qui oblige tout homme, peut être regardé comme imposé à l'homme
par lui-même et par sa propre raison ; quand c'est, par suite, un joug
volontairement accepté. Tel est uniquement le joug des lois morales
à titre de commandements divins, les seuls dont le fondateur de
l'Eglise pure ait pu dire : « mes commandements ne sont pas lourds ».
C'est-à-dire que ces préceptes ne sont *onéreux* à personne, parce que
tout homme aperçoit lui-même la nécessité de les suivre et que, conséquemment, rien ne les lui impose, tandis que des prescriptions qui
nous sont données d'une manière despotique et que l'on nous impose
en vue de notre perfectionnement (sans toutefois que notre raison
intervienne) et sans que nous puissions en voir l'utilité, sont en quelque sorte des vexations (des tracasseries) auxquelles ce n'est que
par force que nous nous soumettons. Mais en soi et considérés dans
la pureté de leur source, les actes commandés par ces lois morales
sont justement ceux qui paraissent les plus pénibles à l'homme, et
c'est volontiers qu'à la place de ces actes il accepterait les tracasseries pieuses les plus gênantes, s'il pouvait les mettre en ligne de
compte en leur attribuant une égale valeur.

auteur ; et c'est là proprement ce qui pèserait à la conscience.

Le *sacerdoce* est donc la constitution d'une Église où règne un *culte fétichiste*, ce qui se rencontre toutes les fois qu'au lieu de principes moraux ce sont des commandements statutaires, des règles de foi et des observances qui constituent la base et l'essence du culte. Et certes, il se trouve plusieurs formes d'Églises dont le fétichisme est si varié et si mécanique qu'il semble en écarter presque toute moralité, par suite aussi toute religion, pour s'installer à leur place lui-même, et où l'on est ainsi bien près du paganisme ; mais le plus ou le moins n'ont rien à faire ici : la valeur d'une Église ou la nullité de son culte tiennent à la nature du principe d'obligation auquel est donnée la première place. Quand ce principe impose l'humble soumission à des dogmes et, par suite, un culte servile, au lieu du libre hommage qu'on doit rendre à la loi morale *élevée au-dessus de tout*, peu importe le petit nombre des observances imposées ; il suffit qu'elles soient données comme absolument nécessaires pour qu'on ait affaire à une croyance fétichiste ayant pour résultat l'asservissement de la foule, à laquelle elle vole sa liberté morale, du fait qu'elle la met au service d'une Église (et non pas de la religion). Extérieurement cette Église (ou du moins sa hiérarchie) peut être monarchique, aristocratique ou démocratique, car cela n'en concerne que l'organisation ; mais sous toutes ces formes la constitution en est et en demeure immuablement despotique. Sitôt que des statuts relatifs aux croyances sont mis au rang des lois constitutionnelles, la domination du *clergé* commence, et d'un clergé qui se regarde comme parfaitement en droit de se passer de la raison et même, en fin de compte, de la connaissance de l'Écriture, parce que, seul chargé de garder et d'interpréter la volonté du législateur invisible, il a l'autorité exclusive de décider sur les prescriptions de la foi, et qu'ayant ce pouvoir, il n'a pas besoin de convaincre, mais uniquement d'*ordonner*. — Or, comme, hors du clergé, il ne reste que des *laïques* (dont font partie les chefs des communautés politiques), en définitive, l'Église étend sur l'État sa domination, non en l'imposant par la force, mais en usant de l'influence qu'elle exerce sur les esprits et aussi, par ailleurs, en faisant ressortir les prétendus avantages que peut offrir une obéissance inconditionnée, à laquelle, elle-même, la *pensée* du peuple est habituée par la discipline ecclésiastique; mais, de cette manière et sans qu'on le remarque, les sujets s'accoutument à agir hypocritement; leur loyauté, leur fidélité sont minées ; ils en viennent à ne s'acquitter qu'en apparence même de leurs devoirs civils, et l'on obtient ainsi, comme toutes les fois qu'on part de principes vicieux, justement le contraire de ce qu'on s'était proposé.

*
* *

Toutes ces conséquences sont les suites inévitables de la transposition, insignifiante à première vue, des principes de la croyance religieuse seule sanctifiante, puisque ce qu'on y décidait, au fond, c'était la question de savoir auquel des deux principes l'on devait donner la première place en qualité de condition suprême (à laquelle est subordonné l'autre principe). Il est juste, il est raisonnable d'admettre non seulement que les sages selon la chair, les savants et les philosophes (*Vernünftler*) se verront appelés à la connaissance des choses qui ont trait à leur vrai salut — car tout le genre humain doit être capable de cette foi — mais aussi que « les hommes les plus fous au regard du monde », les ignorants eux-mêmes et les pauvres d'esprit doivent pouvoir prétendre à cet enseignement et à cette conviction intérieure. Or, il semble, il est vrai, qu'une foi historique, surtout quand elle emploie, pour envelopper ses données, des concepts tout à fait anthropologiques et parfaitement en rapport avec la sensibilité, soit justement de cette espèce. Quoi de plus facile, en effet, que de saisir et de transmettre à d'autres une narration de ce genre toute simple et rendue sensible, ou que de répéter, à propos des mystères, des mots où l'on ne doit rattacher aucun sens ? Combien facilement des récits de ce genre trouvent partout créance, surtout avec l'appât des grands avantages promis, et quelles profondes racines la croyance à la vérité de ces narrations pousse en tous les cœurs, quand elle se base d'ailleurs sur des documents regardés depuis de longs siècles comme authentiques ! Par là, certainement, une telle croyance se trouve en harmonie, même avec les plus ordinaires des facultés humaines. Mais, quoique la divulgation de ces événements et la croyance aux règles de conduite appuyées sur eux n'aient pas besoin d'avoir été données directement ou spécialement pour les savants ou les sages du monde, ces derniers, toutefois, n'en sont pas tenus à l'écart; or, en ces matières, on rencontre des difficultés si nombreuses concernant, d'une part, la vérité des faits et, de l'autre, le sens à donner à leur exposé, que l'adoption d'une telle croyance, en butte à tant d'objections (même soulevées très sincèrement), comme suprême condition de la foi sanctifiante unique autant qu'universelle est la chose la plus absurde qu'on puisse concevoir. — Or, il existe une connaissance pratique qui, bien que uniquement fondée sur la raison et sans avoir besoin d'aucune doctrine historique, est tellement à la portée de tous, même des hommes les plus simples, qu'on la croirait écrite littéralement dans nos cœurs; c'est une loi qu'il suffit de nommer pour que l'autorité en soit reconnue par tous sur-le-champ, une loi qui comporte pour la conscience de tous une obligation *inconditionnée*, la loi de la moralité pour tout dire; au surplus, cette connaissance nous conduit d'elle-même à la croyance en Dieu ou est la seule, tout au moins, qui puisse déterminer l'idée de Dieu, comme législateur moral, nous conduisant par suite à une foi religieuse pure non seulement compréhensible à tous, mais encore honorable au suprême degré ; elle y conduit, du reste, si naturellement que, l'on peut en faire l'expérience, en interrogeant un homme quelconque, qui n'en aura jamais été instruit, on pourra trouver qu'il possède cette foi entière et complète. Non seulement, c'est donc un acte de prudence que de partir de cette connaissance et de mettre après elle la croyance historique qui se trouvera d'accord avec elle, mais encore c'est un devoir que de la présenter comme la condition suprême nous permettant seule l'espoir de participer au salut, quelles que soient les promesses d'une foi historique, et cela, de telle manière que, seule, l'interprétation que la foi religieuse pure nous donnera de la foi historique nous autorisera à lui attribuer une valeur d'obligation générale (puisque la doctrine qu'elle contient se trouve universellement valable), tandis que le croyant qui a la foi morale peut encore adopter la croyance historique, si elle lui paraît apte à vivifier ses sentiments de religion pure, auquel cas seulement cette foi historique acquiert une valeur morale pure, attendu qu'elle est libre et qu'aucune menace ne vient nous l'arracher (ce qui l'empêcherait toujours d'être sincère).

Mais étant donné que le culte rendu à Dieu dans une Église a surtout pour objet l'adoration morale pure de cet Être divin conformément aux lois prescrites à l'humanité tout entière, on peut se demander encore si c'est toujours la *doctrine de la piété* ou bien la *théorie* pure *de la vertu* qui doivent seules, et chacune séparément, constituer le contenu de l'exposition de la religion. Par la première dénomination : *doctrine de la piété*, le sens du mot *religio* (tel qu'on le comprend aujourd'hui) est peut-être mieux exprimé dans l'acceptation objective.

La *piété* suppose deux déterminations de l'intention

morale dans ses relations avec Dieu ; cette intention est *crainte* de Dieu, en tant qu'elle obéit aux commandements du Souverain Maître par devoir *imposé* (*schuldiges*) (obligation de sujets), ce qui revient à dire par respect pour la loi ; elle est *amour* de Dieu, quand elle procède par libre *choix* et qu'elle exécute les ordres par complaisance en la loi (devoir filial). Dans les deux cas, par suite, elle contient, en plus de la moralité, le concept d'un Être suprasensible doué des qualités requises pour réaliser le souverain bien que la moralité se propose d'atteindre, mais qui est au-dessus des facultés humaines ; or, si pour concevoir la *nature* d'un pareil Être, nous sortons du rapport moral que son Idée a avec nous, nous courons constamment le risque de nous en former un concept entaché d'anthropomorphisme et par là souvent préjudiciable à nos principes de moralité ; l'Idée de cet Être, par conséquent, ne peut pas subsister en soi dans la raison spéculative, mais son origine et toute sa force n'ont d'autre fondement que le rapport unissant cette Idée à la détermination de nos devoirs, qui repose sur elle-même. Pourtant est-il rien de plus naturel que de voir exposer dans les catéchismes, ou même dans la grande prédication, la doctrine de la vertu avant celle de la piété, ou bien la piété avant la vertu (qu'on ne mentionne même pas). Les deux doctrines, manifestement, présentent une connexion nécessaire. Mais puisqu'elles sont *différentes*, cette connexion n'est possible que si l'une est conçue et présentée comme fin, l'autre comme simple moyen. Or, c'est la doctrine de la vertu qui subsiste par elle-même (même sans le concept de Dieu) ; la doctrine de la piété renferme l'idée d'un objet que nous nous représentons, par rapport à notre moralité, comme la cause qui supplée à notre impuissance relativement à la fin dernière morale. La doctrine de la piété ne peut donc pas constituer en soi le but final de l'aspiration morale, elle n'est qu'un moyen destiné à fortifier ce qui en soi rend les hommes meilleurs, à savoir l'intention morale, du fait qu'à cette intention (qui est une aspiration vers le bien, et même vers la sainteté), elle promet et elle garantit la possession de cette fin dernière, que seule elle ne pourrait pas atteindre. L'idée de vertu, au contraire, est puisée dans l'âme de l'homme. Nous l'avons tout entière en nous, sous une forme enveloppée, sans doute, mais sans avoir besoin, comme pour l'idée de religion, d'y arriver par raisonnements déductifs. Dans la pureté d'une telle idée, dans la conscience éveillée en nous d'un pouvoir, que, sans elle, nous n'aurions jamais soupçonné et qui nous rend capables de surmonter en nous les plus grands obstacles, dans la dignité de l'humanité que doit respecter l'homme en sa propre personne et dans la destinée qu'il s'efforce de lui gagner, il y a quelque chose qui élève l'âme si haut et la conduit si bien vers la divinité, qui n'est digne d'adoration qu'en raison de sa sainteté et de sa qualité de législatrice de la vertu, que, même quand il est très éloigné encore d'accorder à cette idée-là la force d'influer sur ses maximes, l'homme aime toutefois à s'en entretenir, parce qu'il se sent lui-même ennobli, jusqu'à un certain point, par cette seule idée, alors que le concept d'un Maître universel qui fait de ce devoir un commandement pour les hommes est plus éloigné encore de nous, si bien qu'à commencer par lui, nous courrions le risque de voir tomber notre courage (partie essentielle de la vertu) et de transformer la piété en une soumission bassement servile et flatteuse vis-à-vis d'un pouvoir à commandements despotiques. Ce courage, requis pour marcher tout seul, est fortifié postérieurement par la doctrine de la réconciliation, attendu que cette doctrine nous présente comme aboli ce qui ne peut être changé et ouvre devant nous le sentier d'une vie nouvelle, au lieu qu'en partant de cette doctrine l'homme se voit privé de tout courage (1) par l'effort inutile à rendre le passé non

---

(1) Les différentes croyances des peuples leur donnent aussi, insen-

avenu (l'expiation), par la crainte relative à l'appropriation de cette expiation, par la représentation de son impuissance totale en ce qui concerne le bien et par l'appréhension angoissante d'une rechute dans le mal, toutes choses qui doivent le jeter dans un état déplorable de passivité morale où il n'entreprend rien ni de grand, ni de bon, mais attend tout de son désir. — Pour ce qui touche au sentiment moral, tout dépend du concept suprême auquel on subordonne ses devoirs. Si le *culte* (*Verehrung*) rendu à Dieu occupe la première place et se subordonne donc la vertu, il a pour objet une *idole*, c'est-à-dire que Dieu est alors conçu comme un Être auquel nous ne saurions avoir l'espoir de nous rendre agréables par une conduite morale, la meilleure qui soit au monde, mais qu'il faut adorer et flatter pour lui plaire : et la religion, en ce cas, est de l'idolâtrie. La piété n'est donc pas l'équivalent de la vertu et ne peut pas en tenir lieu ; elle en

siblement, un caractère dont ils portent, même extérieurement, la marque dans les relations sociales et qui leur est, par suite, attribué comme s'il était, somme toute, la qualité de leur tempérament. C'est ainsi que le *Judaïsme*, dans son institution première, qui obligeait les Juifs, de toutes les manières et, en partie, par des observances pénales à s'isoler de tous les autres peuples et à ne pas avoir de mélange avec eux, se vit accuser de *misanthropie*. Le *mahométisme* se distingue par sa *fierté*, car ce n'est pas à des miracles, mais bien à des victoires et aux peuples nombreux qu'il a mis sous le joug qu'il a dû de trouver la confirmation de sa foi ; toutes ses pratiques pieuses sont d'une espèce courageuse (*a*). La croyance *hindoue* donne à ses

(*a*) [Ce remarquable phénomène (de la fierté qu'inspire sa croyance à un peuple ignorant, bien qu'intelligent) peut avoir sa source dans l'opinion qu'avait de lui-même le fondateur de la religion en question, s'imaginant que seul il avait retrouvé et rapporté au monde l'idée de l'unité de Dieu et de sa nature suprasensible ; assurément il y aurait là pour ce peuple un ennoblissement ayant pour motif son affranchissement de l'adoration des images et de l'anarchie du polythéisme, si le fondateur de sa religion pouvait s'attribuer à bon droit ce mérite. — Au sujet du trait distinctif de la troisième classe religieuse, fondée sur l'humilité mal comprise, je ferai remarquer que, si la considération de la sainteté de la loi rabaisse l'orgueil des humains dans l'appréciation de leur valeur morale, nous devons pourtant nous garder d'en arriver au mépris de nous-mêmes et prendre, au contraire, la résolution de nous rapprocher toujours davantage de la sainteté absolue, conformément aux dispositions nobles qui sont en nous ; au lieu d'agir ainsi, les dévots de cette catégorie repoussent

KANT. — Religion. 15

est, par contre, l'achèvement, qui lui permet d'espérer le succès final, la réalisation de toutes nos fins bonnes, ce qui est pour elle un couronnement.

§ 4. — *Du fil conducteur de la conscience dans le domaine de la foi.*

La question qu'on se pose ici n'est pas de savoir de quelle manière on doit guider la conscience (car elle ne veut pas de guide; il nous suffit de l'avoir, elle), mais plutôt de quelle manière cette conscience elle-même peut servir de fil conducteur dans les décisions morales délicates.

La conscience (das Gewissen) *est une connaissance* (Bewusstsein) *qui, par elle-même, est un devoir.* Or, comment peut-on concevoir cela, étant donné que la connais-

---

adeptes le caractère du *découragement* pour des raisons directement contraires à celles qui agissent dans la foi musulmane. — Or, bien certainement, ce n'est pas sa nature interne qui mérite à la foi chrétienne une imputation analogue, mais un tel reproche a pour cause l'attitude des âmes qui l'embrassent de tout leur cœur, mais qui, ayant en vue la corruption humaine et doutant de toute vertu, placent leur principe de religion dans la seule *dévotion* (par où il faut entendre la passivité posée en principe par rapport à la piété qu'on ne peut espérer que d'un secours d'en haut); n'ayant jamais confiance en eux-mêmes, ils vivent toujours dans les transes, les yeux tournés vers une assistance surnaturelle, et croient avoir dans ce mépris d'eux-mêmes (qui n'est pas de l'humilité) un moyen de gagner les faveurs divines ; or les manifestations extérieures de ces sentiments (dans le piétisme [ou la bigoterie]) dénoncent des âmes *serviles*.

dans le paganisme, trouvant qu'elle a un nom déjà suspect d'orgueil, la vertu qui consiste réellement à avoir ce courage et célèbrent, en revanche, les moyens d'obtenir les faveurs divines par platitude. — *La fausse dévotion* (bigoterie, *devotio spuria*) est une habitude qui porte à faire consister l'exercice de la piété non dans les actes agréables à Dieu (dans l'accomplissement de tous les devoirs humains) mais dans les marques de respect qui s'adressent à Dieu sans occupations intermédiaires ; de telles pratiques doivent, par suite, être rapportées au *culte servile* (*opus operatum*), et, par ailleurs, ajoutent à la superstition l'illusoire folie de sentiments tenus pour suprasensibles (célestes)(*).]

(*) Tous les passages en crochets des notes des pp. 225 et 226 sont des addition de Kant lui-même à sa 2ᵉ édition.

sance (*Bewusstsein*) de toutes nos représentations paraît seulement être nécessaire quand on se place au point de vue logique, et par suite toujours conditionnellement, quand on veut rendre claire sa représentation, et que, par conséquent, elle ne saurait être un devoir inconditionné?

Il y a en morale un principe fondamental qui n'a pas besoin d'être démontré : c'est *qu'on ne doit rien se permettre, si l'on n'est pas sûr que c'est bien (quod dubitas, ne feceris !* Pline). *Avant d'entreprendre* une action, *connaître* qu'elle est juste est, par suite, pour moi un devoir absolu. Juger d'une action quelconque qu'elle est bonne ou qu'elle est mauvaise, c'est affaire à l'entendement, non à la conscience. Il n'est pas d'ailleurs absolument nécessaire qu'on sache, de toutes les actions possibles, si elles sont bonnes ou mauvaises. Mais pour entreprendre une action, je dois non seulement la juger et la croire bonne, mais encore être *sûr* qu'elle n'est point mauvaise; et cette exigence est un postulat de la conscience morale avec lequel se trouve en opposition le *probabilisme*, c'est-à-dire le principe qui permet d'accomplir un acte dès qu'on croit seulement qu'il peut être permis (*könne wohl recht sein*). — On pourrait encore définir la conscience : la *faculté morale de juger se jugeant elle-même;* mais cette définition aurait bien besoin d'être précédée d'une explication des concepts dont elle se sert. Ce n'est pas des actions, à titre de cas tombant sous la loi, que la conscience doit juger; cela, c'est l'affaire de la raison, en tant qu'elle est subjective et pratique (s'occupant, à ce titre, des *cas de conscience* et forgeant la casuistique, sorte de dialectique de la conscience morale); ici, au contraire, c'est la raison qui doit se juger elle-même et décider si réellement elle a apporté à l'appréciation des actes toute la circonspection nécessaire (pour voir s'ils sont bons ou mauvais), et qui cite l'homme à la barre pour s'aider de son témoignage, *favorable* ou *défavorable*, à se prononcer sur ce point.

Prenons, par exemple, un inquisiteur tellement convaincu de la vérité de sa foi, seule croyance positive vraie, qu'il se ferait martyriser pour elle, et supposons qu'il ait à se prononcer sur un hérétique (d'ailleurs bon citoyen) accusé d'incrédulité; eh bien, je vous le demande, s'il se décide pour une condamnation à mort, peut-on dire qu'il a jugé selon sa conscience (erronée, c'est certain) et ne peut-on pas, au contraire, lui reprocher d'avoir absolument agi *sans conscience*, soit qu'il se soit trompé, soit qu'il ait fait mal sciemment, attendu que l'on peut lui jeter à la face qu'en pareil cas jamais il ne pouvait être entièrement sûr de ne pas risquer peut-être quelque injustice en prononçant la peine capitale. Il croyait fermement, sans doute, tout nous porte à le présumer, qu'une volonté divine connue de manière surnaturelle, grâce à une révélation (analogue peut-être au *compellite intrare*), lui permettait ou même lui faisait un devoir (*wo nicht gar zur Pflicht macht*) d'extirper à la fois l'incrédulité prétendue et le mécréant. Mais avait-il donc effectivement de la doctrine révélée et du sens qu'il faut lui donner une certitude aussi absolue qu'il le faut pour immoler d'après elle un homme? Qu'il lui est interdit d'enlever la vie à un homme pour des raisons de croyance religieuse, voilà une chose certaine, à moins que toutefois (faisons les plus grandes concessions) une volonté divine, extraordinairement parvenue à sa connaissance, en ait ordonné autrement. Mais cette volonté terrible, Dieu l'a-t-il jamais exprimée? c'est un fait qui repose sur des documents historiques et n'est jamais apodictiquement certain. Somme toute, c'est par les hommes que lui est venue la révélation, et ce sont eux qui l'ont interprétée; et quand même il lui semblerait qu'elle lui arrive de Dieu lui-même (tel l'ordre qu'Abraham reçut d'immoler son fils comme une brebis), il serait tout au moins possible qu'il y eût erreur là-dessus. Il s'exposerait, en ce cas, à accomplir un acte souverainement illicite (*unrecht*), et par là-même il agirait sans conscience. On doit conserver la même attitude vis-à-vis de toute croyance historique et phénoménale; il est toujours *possible* qu'une erreur s'y rencontre, et c'est, par conséquent, agir sans conscience, étant donné que ce qu'elle prescrit ou permet peut être coupable (*unrecht*), que de donner suite à cette croyance au risque de violer un devoir humain certain par lui-même.

Allons plus loin; considérons un acte prescrit par une loi révélée de ce genre — positive (ou tenue pour telle) — et qui est permis en lui-même : les autorités ecclésiastiques ou les maîtres de la croyance peuvent-ils, en raison de leur prétendue certitude (*Ueberzeugung*) imposer au peuple de l'accepter (au grand détriment de leur profession) *ainsi qu'un article de foi* ? Leur conviction n'étant basée que sur des preuves historiques et (pour peu qu'il s'examine) le peuple jugeant qu'il est toujours absolument possible qu'une erreur soit venue se glisser dans les textes ou dans leur interprétation, le clergé contraindrait le peuple à regarder, au moins intérieurement, comme étant aussi vraie que sa foi en Dieu, ou, en d'autres termes, à professer, en quelque sorte en présence de Dieu, une chose que cependant il ne connaît pas être telle avec certitude : à tenir, par exemple, la désignation d'un jour fixe en vue des manifestations publiques et périodiques de la piété comme directement faite par Dieu lui-même à titre d'élément essentiel de la religion, ou à professer qu'il croit fermement à la vérité d'un mystère qu'il n'est même pas capable d'entendre. Le supérieur ecclésiastique, en ce cas, chargerait lui-même sa conscience en imposant aux autres une foi dont lui-même ne peut avoir la conviction parfaite, et il serait donc convenable qu'il réfléchît à ce qu'il fait parce qu'il aura à répondre de tous les abus qui naîtront d'une pareille foi servile. — Il est ainsi possible que ce qui est cru soit la vérité et qu'en même temps il y ait insincérité (*Unwahrhaftigkeit*) dans la foi (ou même dans la simple profession interne de cette foi), ce qui est en soi condamnable.

Nous avons remarqué plus haut que, dès qu'ils ont goûté à la liberté de penser (1), des hommes courbés autrefois sous le joug servile de la croyance (par exemple les protestants) se regardent en quelque sorte tout de suite comme ennoblis, du fait qu'ils ont moins de choses à croire (moins de ces choses positives qui font l'objet des prescriptions des prêtres); or, c'est exactement le contraire qui se produit chez ceux qui n'ont encore ni pu ni voulu faire un essai de ce genre, car ils ont pour principe qu'il est prudent de croire plutôt davantage que pas assez. Ce qu'on fait de trop, par excès de zèle, ne peut jamais être, en effet, nuisible, et peut quelquefois être avantageux. Sur une illusion de ce genre, qui fait de la mauvaise foi (*Unredlichkeit*) dans les aveux de croyance religieuse, un principe (que l'on accepte avec d'autant plus de facilité que la religion efface toutes les fautes et tourne à bien, par suite, cette même mauvaise foi) se fonde ce que l'on appelle la maxime de sûreté dans les choses de la

---

(1) J'avoue que je ne puis me faire à cette façon de parler, propre même à des gens fort sages, proclamant que tel peuple (en travail de liberté civile et politique) n'est pas mûr pour la liberté ; que les serfs de tel grand seigneur ne sont pas encore mûrs pour la liberté, et de même aussi que les hommes, d'une manière générale, ne sont pas encore mûrs pour la liberté de croyance. Mais, dans cette hypothèse, la liberté n'arrivera jamais, car on ne peut *mûrir* pour la liberté qu'à la condition préalable d'être placé dans cette liberté (il faut être libre afin de pouvoir user comme il convient de ses facultés dans la liberté). Il est certain que les premiers essais seront grossiers et qu'ordinairement même ils se relieront à un état de choses plus pénible et plus dangereux que celui où l'on vit sous les ordres d'autrui, mais aussi sous sa prévoyance ; seulement, on ne peut mûrir pour la raison que par des essais *personnels* (qu'on ne peut accomplir qu'à la condition d'être libre). Que ceux qui ont l'autorité en mains, contraints par des circonstances de temps, renvoient à une époque encore éloignée, très lointaine, le moment de briser ces trois chaînes des hommes, je n'ai rien à dire là contre. Mais poser en principe que tous ceux qui jamais ont été soumis au pouvoir, n'ont aucun avantage à recouvrer la liberté (*überhaupt die Freiheit nicht tauge*) et que l'on a le droit de les en priver pour toujours, c'est empiéter sur les droits souverains de la divinité, Dieu ayant fait l'homme pour qu'il soit libre. Certes, il est plus commode de régner dans l'État, dans sa famille et dans l'Église, une fois qu'on a pu faire admettre un pareil principe. Mais est-ce également plus juste ?

croyance (*argumentum a tuto*) : Si ce que je proclame comme étant de Dieu se rencontre vrai, j'aurai, dans ce cas, touché juste; si c'est faux, mais que, par ailleurs, ce ne soit rien en soi de défendu, j'aurai cru seulement quelque chose de trop, ce qui évidemment n'était pas nécessaire, m'imposant par là un surcroît de peine, mais ne commettant pas un crime. La mauvaise foi d'une telle excuse expose l'homme à *la violation de sa conscience morale*, en lui permettant de donner pour certaine, devant Dieu lui-même, une chose dont il sait bien qu'elle est d'un caractère tel qu'on ne peut l'affirmer avec une confiance absolue; mais tout cela *pour l'hypocrite n'a absolument aucune importance*. — La vraie maxime de sûreté, la seule compatible avec la religion veut exactement le contraire : tout ce qui m'est donné à titre de moyen ou de condition du salut, non par ma raison personnelle, mais seulement par la révélation, tout ce que je ne puis admettre dans mes professions de foi qu'en raison d'une croyance historique et à quoi cependant ne contredisent pas les principes purs de morale, si je ne puis le croire et l'affirmer certain, je ne peux pas non plus l'écarter davantage comme sûrement faux. Pourtant, sans rien décider sur ce point, s'il se trouve en cela quelque chose de salutaire, je compte que j'y aurai part, si je ne m'en rends pas indigne [en quelque manière] par le défaut d'intention morale dans ma bonne conduite. Dans cette maxime est comprise la sûreté morale véritable, celle qui est valable au regard de la conscience (la plus grande qui puisse être exigée par l'homme); tandis qu'il y a le summum des risques et l'insécurité suprême dans ce qu'on prétend être un moyen de prudence servant à éviter astucieusement le grave préjudice qui pourrait nous venir de la non-profession, car en voulant être des deux partis on s'expose à perdre les bonnes grâces de l'un et de l'autre.

Si le rédacteur d'un symbole, le docteur d'une Église ou un homme quelconque enfin, puisque chacun doit pouvoir s'avouer intérieurement à lui-même qu'il croit fermement aux propositions qui lui sont révélées par Dieu, se posait la question suivante : Oserais-tu bien affirmer, en présence de l'Être qui scrute le fond de nos cœurs, sur tout ce que tu as de précieux et de saint, la vérité de ces propositions ? Il me faudrait avoir de la nature humaine (qui cependant n'est pas incapable de bien dans une pareille mesure) une idée très défavorable pour ne point supposer que le plus hardi docteur de la foi serait alors saisi de crainte (1). Mais, s'il en est ainsi, peut-on en conscience continuer à demander aux hommes une déclaration de croyance sans restriction et avoir la témérité de leur présenter ces protestations comme un devoir et une exigence du culte, foulant ainsi aux pieds la liberté humaine, requise cependant dans toutes les choses morales (telle qu'est l'acceptation d'une religion), et ne laissant pas même une petite place à la bonne volonté qui proclame : « Je crois, Seigneur, aidez mon incrédulité (2) ! »

(1) Il faudrait, quand un homme est assez hardi pour prétendre qu'*on est damné* si l'on n'accepte pas comme une vérité certaine telle ou telle foi historique, qu'il pût dire aussi : « *Je consens,* si ce que je vous conte ici est faux, *à être moi-même damné !* » — S'il se rencontrait un homme capable de proférer cette imprécation effroyable, je vous conseillerais de vous comporter vis-à-vis de lui comme le veut ce proverbe persan dirigé contre les *hadji* : aussitôt qu'un homme est allé (en pèlerinage) à la Mecque, change de logement, s'il habite dans ta maison ; quand il y est allé deux fois, quitte la rue où il demeure ; mais s'il y est allé trois fois, abandonne sa ville, même le pays où il vit.

(2) [*Sincérité !* Ô toi qui t'es enfuie, Astrée, de la terre jusques au ciel, comment te faire redescendre (fondement de la conscience et, par suite, de toute religion intérieure) de ces hautes régions vers nous ? Je puis concéder, à la vérité, bien que ce soit fort regrettable, que l'on ne trouve pas dans la nature humaine la *candeur* (qui consiste à dire *toute* la vérité qu'on sait). Mais ce qu'on doit pouvoir exiger de tout homme, c'est la *sincérité* (par quoi *tout ce qu'on dit* demeure véridique), et s'il n'y avait pas dans la nature humaine une disposition qui nous porte à être sincères, mais que nous négligeons, hélas ! de cultiver, la race des hommes, à ses propres yeux, devrait être un objet souverainement méprisable. Or, cette qualité de l'âme indispensable est exposée à de nombreuses tentations et souvent impose des sacrifices, nécessitant ainsi de la force morale,

REMARQUE GÉNÉRALE

Le bien dont est capable l'homme par lui-même en vertu des lois de la liberté, par opposition à celui qu'il ne peut accomplir qu'avec l'assistance surnaturelle, nous pouvons l'appeler *Nature* pour le distinguer de la *Grâce*. En employant la première expression, nous ne voulons pas faire entendre qu'il s'agit, en l'espèce, d'une propriété physique distincte de la liberté, mais simplement que nous avons affaire à un pouvoir que règlent les *lois* (de la vertu), dont nous avons au moins la connaissance, et auquel la raison, puisqu'il est *analogue à la nature*, applique une méthode visible et compréhensible pour elle; pour ce qui est de la *grâce*, au contraire, nous demeurons plongés dans une ignorance totale, ne sachant ni quand, ni en quoi, ni à quel degré elle agit en nous, la raison se trouvant ici, comme sur toutes les questions ayant trait au surnaturel (dont la moralité, comme *sainteté*, fait partie) entièrement privée de la connaissance des lois, en vertu desquelles opère la grâce.

Qu'à notre faculté morale, incomplète, il faut l'avouer, et même à notre intention imparfaitement pure, ou faible tout au moins, vienne s'ajouter quelque chose de surnaturel qui nous aide à remplir tout notre devoir, c'est là un

c'est-à-dire de la vertu (chose qu'il nous faut acquérir); elle a besoin, plus que tout autre, d'être surveillée de bonne heure et adroitement cultivée, car une fois qu'il a pris racine en notre âme, le penchant opposé est très difficile à détruire. — Et maintenant, confrontez avec cette règle tout notre système d'éducation, surtout en matière de religion, ou mieux de doctrine de foi; vous verrez que tout porte sur la fidélité que montre la mémoire à répondre aux questions posées, sans qu'on se préoccupe de la fidélité des professions de foi (qu'on ne soumet à aucun examen), et que cela seul paraît suffisant pour faire un croyant qui demeure incapable de comprendre même ce qu'il dit saint; et vous ne pourrez plus, dès lors, vous étonner du manque de sincérité qui fait, dans leur for intérieur, de purs hypocrites de tous les hommes*.]

(*) Addition à la 2ᵉ édition.

concept transcendant et une simple Idée dont nulle expérience ne peut nous garantir la réalité. Et, même comme idée, à un point de vue purement pratique, il y a à l'admettre une audace très grande, car elle est difficilement compatible avec la raison, étant donné qu'il faut, pour qu'on nous attribue un mérite comme celui de nous bien conduire moralement que nos actes ne soient pas dus à une influence étrangère, mais soient au contraire le résultat du meilleur usage possible de nos énergies personnelles. Cependant qu'il soit impossible à ces deux agents de coexister (et de marcher l'un à côté de l'autre), c'est ce qu'on ne peut point prouver, car la liberté elle-même, bien qu'il n'entre dans son concept rien de surnaturel, nous demeure pourtant, quant à sa possibilité, tout aussi incompréhensible que le surnaturel, qu'on voudrait regarder comme le complément de sa détermination spontanée, mais défectueuse.

Mais alors que nous connaissons de la liberté tout au moins les *lois* suivant lesquelles elle doit se déterminer (je veux dire les lois morales), nous sommes incapables de savoir la moindre des choses touchant l'assistance surnaturelle; nous ignorons si d'elle provient réellement en nous une perceptible force morale, ou même dans quel cas et sous quelles conditions il nous est permis de compter sur elle; et par conséquent, en dehors de la supposition générale que ce dont la nature est incapable en nous, la grâce viendra l'accomplir, pourvu que nous ayons employé la nature (c'est-à-dire nos propres forces) dans la mesure du possible, nous ne trouvons à faire aucun autre usage de cette Idée : nous ne savons ni de quelle manière (outre nos constants efforts à nous bien conduire) nous pourrions attirer sur nous cette coopération de la grâce, ni comment il serait possible de déterminer en quel cas nous aurions à compter sur elle. — Cette idée nous dépasse ainsi totalement (*ist gänzlich überschwenglich*), et d'ailleurs il est convenable que nous nous en tenions à une distance respectueuse, comme d'une chose sacrée ; nous y gagnerons d'éviter une illusion qui nous ferait croire que nous accomplissons nous-mêmes des miracles ou bien que nous voyons des miracles se faire en nous, ce qui nous rendrait incapables de tout emploi de la raison et nous convierait à cette indolence par laquelle on attend d'en haut, dans une passive inaction, ce que l'on devrait chercher en soi-même.

On donne le nom de *moyens* à toutes les causes intermédiaires que l'homme trouve *à sa disposition* pour réaliser une fin ; et la seule chose qui puisse nous mériter l'assistance céleste (aucun autre moyen n'existe) est une application sérieuse à perfectionner, autant que possible, le côté moral de notre nature pour nous rendre ainsi susceptibles d'être rendus parfaits ainsi qu'il faut l'être pour plaire à Dieu — ce qui n'est pas à la portée de l'homme — le secours divin que nous attendons, n'ayant pas lui-même d'autre fin, à vrai dire que notre moralité. Mais qu'au lieu de chercher son salut de cette manière, l'homme impur aime mieux recourir à certaines institutions sensibles (évidemment à sa disposition, mais qui, incapables par elles-mêmes de rendre aucun homme meilleur, devraient cependant le sanctifier d'une façon surnaturelle), c'est à quoi l'on pouvait s'attendre *a priori* et c'est ce qui arrive en fait. Le concept de ce qu'on appelle le *moyen d'attirer la grâce*, bien que contradictoire en soi (d'après ce qui vient d'être dit), donne pourtant naissance à une illusion personnelle aussi commune que préjudiciable à la vraie religion.

Le vrai culte (moral) de Dieu, celui que les fidèles doivent lui rendre à titre de sujets faisant partie de son royaume et aussi comme citoyens d'un État céleste (régi par les lois de la liberté), est sans doute invisible comme cet empire lui-même, c'est-à-dire qu'il doit être un *culte des cœurs* [(en esprit et en vérité)] et ne peut consister que dans l'intention d'accomplir tous les vrais devoirs regardés comme des préceptes divins, au lieu de se réduire à certaines actions ayant Dieu en vue exclusivement. Seulement l'invisible a besoin, malgré tout, chez l'homme d'être représenté par quelque chose de visible (de sensible), d'en être accompagné, ce qui est plus encore, ainsi que le veut l'intérêt pratique (*zum Behuf des Praktischen*), et, bien que d'essence intellectuelle, de se rendre pour ainsi dire susceptible d'intuition (par une certaine analogie); ce moyen, dont sans doute nous ne pourrions point nous passer, nous expose pourtant au danger du malentendu qui consiste à nous figurer notre devoir comme se ramenant au seul et unique culte de Dieu, et, par une *illusion* qui se glisse en nous aisément, l'on arrive à l'envisager comme étant lui-même ce *culte*, et d'ailleurs c'est ce nom qu'ordinairement on lui donne.

Ce prétendu culte de Dieu, si on lui restitue son véritable esprit et sa vraie signification, qui est d'être une intention consacrée au règne de Dieu en nous tout comme hors de nous, peut être divisé, même par la raison, en quatre devoirs spéciaux à côté desquels des cérémonies qui n'ont pas avec eux de lien nécessaire, sont venues se placer comme correspondantes, parce qu'on y a vu, dès l'antiquité, de bons moyens sensibles propres à servir de schème aux devoirs et à nous porter, de cette manière, à maintenir notre attention fixée sur le véritable culte de Dieu. Tous ces devoirs ont une fin commune : favoriser le bien moral. 1) Il nous faut tout d'abord *fonder ce bien en nous*, l'y établir *solidement* et réveiller constamment dans nos âmes l'intention d'agir moralement (à cela correspond la prière privée). 2) Nous devons travailler ensuite *à l'extension extérieure* du bien, en fréquentant les assemblées publiques, qui se font aux jours consacrés, pour y exposer à voix haute des doctrines, pour y exprimer des souhaits religieux (et des intentions religieuses), qui, de cette manière, se communiquent à tous (à cela correspond la fréquentation de l'église). 3) Il nous faut encore *transmettre* ce bien à la postérité, en faisant de nouveaux adeptes que nous recevrons comme membres dans la communauté de la foi, et que nous devrons élever dans notre croyance (à cela correspond le *baptême* dans la religion chrétienne). 4) Nous devons enfin *maintenir cette communauté de foi* par le moyen d'une cérémonie publique et souvent répétée, cérémonie qui rend tout à fait permanent l'union des fidèles en un corps moral, et cela, suivant le principe de l'égalité de leurs droits et d'une participation commune aux fruits du bien moral (à cela correspond la communion).

Dans les choses de religion, tout acte qui n'est point uniquement moral, mais auquel pourtant on recourt comme à un moyen capable *en lui-même* de nous rendre agréables à Dieu pour satisfaire ainsi, grâce à lui, tous nos vœux, dénote une *foi fétichiste*, la persuasion où l'on est que pour qu'un effet se produise, quand ni les lois physiques, ni les lois morales de la raison ne seraient à même de le produire, il suffit qu'on croie fermement que ce qu'on désire se produira et qu'on accompagne cette croyance de certaines cérémonies. Même s'il a déjà la conviction que tout dépend ici du bien moral auquel seule l'action peut donner l'existence, l'homme esclave des sens (*der sinnliche Mensch*) cherche des détours qui lui permettront d'échapper à cette pénible condition et les trouve dans cette idée que, si seulement il se plie aux *rites* (à la cérémonie), Dieu prendra cela pour le fait lui-même ; ce qui, assurément, devrait être appelé une immense grâce accordée par Dieu, si l'on pouvait y voir quelque chose de plus qu'une grâce dont nous rêvons dans une fausse confiance, ou même, on peut le dire, qu'une confiance hypocrite. Et c'est ainsi que l'homme, dans toutes les croyances qui existent dans l'univers, s'est imaginé posséder des *moyens de grâce* en certains usages, qui, cependant, dans tous ces cultes, ne se rapportent pas, comme dans le christianisme, aux concepts pratiques de la raison et aux sentiments qui leur sont conformes (c'est le cas, par exemple, dans la foi musulmane des cinq grands préceptes : les ablutions, la prière, le jeûne, l'aumône, le pèlerinage à la Mecque ; il serait convenable d'en excepter l'aumône, si elle procédait d'un vrai sentiment vertueux, et en même temps religieux, de nos devoirs envers l'humanité : ce qui la rendrait assurément digne d'être regardée effectivement comme un moyen de mériter la grâce ; mais étant donné, au contraire, qu'elle peut, dans cette croyance, s'allier au larcin, qui arrache à d'autres les dons que, dans la personne des pauvres, on offre en sacrifice à Dieu, l'aumône n'est pas digne d'être ainsi mise à part).

Trois sortes de *foi illusoire* peuvent naître, en effet, pour nous dès que nous dépassons les limites de la raison par rapport au surnaturel (qui, d'après les lois rationnelles, n'est un objet ni de l'usage théorique, ni de l'usage pratique). C'est, *premièrement*, la croyance à la connaissance empirique de choses qu'il nous est pourtant impossible de regarder comme arrivant conformément aux lois [objectives] de l'expérience (la croyance aux *miracles*) ; *deuxièmement*, l'illusion par laquelle nous nous considérons comme obligés d'admettre, parmi nos concepts rationnels, des choses dont pourtant nous sommes incapables, de nous-mêmes et par la raison, d'arriver à avoir l'idée, parce que nous les estimons nécessaires à notre perfection morale (la croyance aux *mystères*) ; *troisièmement*, l'illusion qui nous porte à croire que par l'emploi de simples moyens naturels nous pouvons produire un effet qui reste pour nous un mystère, c'est-à-dire provoquer l'influence de Dieu sur notre moralité (la croyance aux *moyens de grâce*). — Les deux premières sortes de croyance artificielle ont fait l'objet des deux remarques générales qui servent d'appendice aux deux parties immédiatement précédentes. Il ne nous reste donc à traiter maintenant que des moyens de grâce (qu'il ne faut pas confondre avec les *effets de la grâce* (1), influences morales surnaturelles, dans lesquelles nous sommes uniquement passifs, mais dont la prétendue expérience est une extravagante erreur du ressort du pur sentiment).

1. La *prière* conçue comme culte *formel*, comme culte *intérieur* de Dieu, par conséquent comme moyen de grâce, est une erreur superstitieuse (un fétichisme) ; car elle n'est pas autre chose qu'une *déclaration* faite de nos *souhaits* à un être qui n'a aucun besoin de se voir expliquer nos sentiments intimes ; elle équivaut conséquemment à rien ; on n'accomplit par elle aucun des devoirs imposés par les commandements de Dieu, et, par suite, elle ne saurait effectivement servir Dieu. Souhaiter d'être agréables à Dieu par nos intentions et nos actes, et le souhaiter de tout cœur, en accompagnant toutes nos actions du sentiment que nous les consacrons au service de Dieu, voilà *l'esprit de la prière* qui peut et qui doit « sans relâche » exister en nous. Quant à revêtir ce souhait (ne fût-ce qu'intérieurement) de paroles et de formules (2), cela peut tout au plus avoir la valeur

(1) Voyez la Remarque générale à la fin de la première partie.
(2) Dans le souhait intérieur, dont nous faisons l'esprit de la prière, l'homme tend seulement à agir sur lui-même (à vivifier ses sentiments au moyen de l'*Idée de Dieu*), tandis que dans celui qu'il exprime par des paroles, et par suite extérieurement, il cherche à influer sur Dieu. Les prières du premier genre peuvent donc être faites avec la plus grande sincérité, bien que l'homme soit loin d'avoir la prétention de pouvoir assurer même l'existence de Dieu comme une chose absolument certaine ; les prières du second genre, *discours* que l'on adresse à Dieu, supposent cet objet suprême comme étant présent personnellement, et nous font prendre au moins (même intérieurement) l'attitude requise de gens pour qui sa présence n'est pas douteuse, dans l'espoir que, si même il n'en était rien, au lieu de nous nuire, cette attitude pourra plutôt nous gagner sa faveur ; ce genre de prière (la prière parlée) ne peut donc présenter un degré de sincérité aussi parfait que le premier (le simple esprit de la prière). — Pour trouver confirmée la vérité de cette observation, vous n'avez qu'à imaginer un homme pieux, bien pensant, mais par ailleurs borné par rapport aux concepts religieux ainsi purifiés, qui serait surpris

d'un moyen propre à vivifier, à diverses reprises, ces sentiments qui existent en nous-mêmes, mais cela ne saurait immédiatement avoir aucun rapport avec la complaisance divine, ni par conséquent être un devoir pour chacun ; car un moyen ne peut être prescrit qu'à celui qui en *a besoin* en vue de fins déterminées, et il s'en faut bien que tout homme ait besoin du moyen dont nous nous occupons (je veux dire

par un autre, je ne dis pas en train de prier à voix haute, mais dans une attitude qui dénote qu'il prie ainsi. Sans que je vous le dise, vous vous attendrez de vous-mêmes à le voir trahir l'embarras et la confusion de quelqu'un qui se trouve dans une position dont il a à rougir. Et pourquoi cela ? parce qu'un homme qui se surprend en train de se parler haut à lui-même se soupçonne aussitôt atteint d'un petit accès de folie ; et c'est exactement ce qu'on pense de lui (sans trop se tromper) quand on voit que, bien qu'il soit tout seul, il est occupé à gesticuler comme on ne peut le faire que lorsqu'on a quelqu'un devant les yeux, ce qui pourtant n'est pas le cas ici. — Or, le Maître de l'Évangile a très excellemment su exprimer l'esprit de la prière dans une formule qui est la suppression de toute prière sans en excepter même celle dont nous parlons (en tant que prière à la lettre). On n'y trouve pas autre chose que la ferme résolution d'avoir une bonne conduite, résolution qui, jointe à la conscience que nous avons de l'humaine fragilité, renferme un souhait permanent d'être des membres dignes du royaume de Dieu ; nous n'y demandons pas, à proprement parler, quelque chose que Dieu pourrait, dans sa sagesse, préférer ne pas nous donner ; nous y exprimons un souhait, qui, s'il est sérieux (agissant), produit son objet de lui-même (nous rend agréables à Dieu). Même le souhait qui concerne le pain quotidien, c'est-à-dire tout ce dont nous avons besoin pour conserver notre existence pendant un jour, par cela même qu'explicitement il ne vise pas la durée prolongée de cette existence, mais qu'il est, au contraire, l'effet du sentiment d'un besoin purement physique, est plutôt l'expression des volontés de la *nature* en nous qu'une demande réfléchie et visant ce que l'*homme* veut : l'homme, en effet, réclamerait le pain de tous les autres jours et une pareille demande se trouve ici assez clairement écartée. — Une telle prière, imprégnée d'intention morale (et que seule anime l'idée de Dieu), produit d'elle-même, en sa qualité d'esprit moral de la prière, son objet (qui est d'être agréable à Dieu) et peut seule, à ce titre, être faite avec *foi* (im Glauben *geschehen*), c'est-à-dire se regarder comme sûre d'*être exaucée* ; mais un privilège de cette espèce ne peut appartenir qu'à la moralité en nous. Car même en limitant au pain de chaque jour les demandes de sa prière, nul ne peut être sûr de la voir exaucée par Dieu, comme si, pour la sagesse divine, c'était une nécessité que de lui donner cette grâce ; il se peut que cette sagesse trouve plus conforme à ses fins de laisser aujourd'hui mourir de faim le quémandeur. C'est, par ailleurs, une folie absurde et en même temps téméraire, que d'essayer, par l'imde converser en lui-même et *avec lui-même*, en supposant que, de cette manière, il s'entretiendra avec Dieu bien plus intelligiblement) ; c'est, au contraire, en nous efforçant d'épurer continuellement et d'élever notre intention morale, que nous devons chercher à vivifier en nous cet esprit seul de la prière [et d'une façon suffisante] pour que nous puis-

portunité agaçante de nos prières, d'amener, s'il se peut, Dieu à se départir (pour notre avantage actuel) du plan tracé par sa sagesse. Il ne nous est donc point possible, si son objet n'est point moral, de compter avec certitude voir notre prière exaucée, c'est-à-dire de demander avec *foi* quoi que ce soit. Je vais plus loin : son objet serait-il moral, si cependant il n'est possible que par influence surnaturelle (ou si, du moins, nous nous bornons à l'attendre de cette source parce que nous ne voulons pas nous efforcer nous-mêmes de l'atteindre : ce serait le cas, par exemple, de la conversion qui consiste à revêtir l'homme nouveau et qu'on nomme une renaissance), il est alors tellement peu sûr que Dieu trouve conforme à sa sagesse de suppléer par voie surnaturelle à notre imperfection (dont nous sommes seuls responsables) que l'on a plutôt des motifs de s'attendre à tout le contraire. L'homme donc, même dans ce cas, ne peut pas prier avec foi. — On peut conséquemment expliquer ce qu'on peut entendre par une foi qui accomplirait des miracles (et qui serait toujours inséparable de la prière intérieure). Dieu ne pouvant pas concéder à l'homme la puissance d'agir surnaturellement (parce que c'est là une contradiction), et l'homme étant incapable de son côté, étant donné les concepts qu'il se fait des bonnes fins possibles dans le monde, de déterminer d'après eux le jugement que porte sur de pareilles fins la sagesse divine et, par conséquent aussi, d'employer en vue de ses desseins la puissance divine, au moyen d'un souhait produit en lui et par lui-même ; le don des miracles dès lors, je veux dire celui qu'il dépend de l'homme d'avoir ou non (« Si vous aviez la foi comme un grain de moutarde », etc.), est inconcevable, pris à la lettre. Pour que cette foi ait un sens, il faut donc entendre par elle la simple idée de la décisive prépondérance de la qualité morale de l'homme — à condition qu'il la possède dans la perfection entière agréable à Dieu — sur les autres motifs que, dans sa sagesse suprême, Dieu pourrait avoir pour agir ; c'est-à-dire que, grâce à elle, nous pouvons avoir confiance que si nous étions un jour, ou nous devenions, *absolument* ce que nous devons être et que nous pourrions devenir (dans une approximation toujours progressive), la Nature devrait plier à nos désirs qui, eux-mêmes, alors ne seraient jamais insensés.

Pour ce qui est de l'*édification*, à quoi vise surtout la prière à l'église, il faut reconnaître que si les prières publiques ne sont pas non plus un moyen de grâce, elles sont cependant une cérémonie morale, tant par l'union de toute l'assistance dans le chant de l'hymne de foi que par les *oraisons* (Anrede) officiellement adressées à Dieu par la bouche de son ministre au nom de toute la communauté et compre-

KANT. — Religion. 16

sions enfin nous passer de la lettre de la prière (du moins pour ce qui nous regarde). Car, ainsi que tout ce qui tend indirectement à un but précis, cette lettre affaiblit plutôt l'action de l'idée morale (qui, envisagée subjectivement, porte le nom de *dévotion*). Il y a, par exemple, dans la contemplation de cette sagesse profonde que la création divine révèle dans les choses les plus petites et de la majesté que l'ensemble nous manifeste, telles que de tout temps les hommes ont pu les voir, mais qui, dans les temps modernes, sont arrivées à nous frapper d'admiration extrême, non seulement une très grande force qui nous porte à cet état d'âme où, pour ainsi dire, les hommes sont anéantis à leurs propres yeux et que l'on nomme *adoration*, mais aussi une force qui, relativement à notre spéciale destination morale, élève tellement notre âme que devant elle les paroles, même les prières du roi David (qui savait peu de ces merveilles) doivent disparaître comme un son vide, car c'est quelque chose d'inexprimable que le sentiment de cette intuition [de la main de Dieu]. — Mais sachant par ailleurs qu'avec la propension de leur âme à la religion (*bei der Stimmung ihres Gemüths zur Religion*), volontiers les hommes trans-

nant tous les intérêts moraux des humains ; et ces cérémonies, où les intérêts en question sont représentés comme des intérêts publics et où les souhaits de chacun doivent être donnés comme se confondant avec les souhaits de tous par rapport à la fin (l'arrivée du règne de Dieu), peuvent élever l'émotion jusqu'à l'enthousiasme moral (tandis que l'oraison privée, manquant de cette idée sublime, perd peu à peu, par habitude, toute influence sur notre âme) et ont de plus, mieux que l'autre prière, des motifs rationnels de revêtir le souhait moral, qui constitue l'esprit de la prière, du vêtement des formules oratoires, — sans que, pour ce motif, on aille cependant croire à l'évocation obligée de l'Etre suprême ou attribuer à cette figure de rhétorique une valeur toute particulière, la valeur d'un moyen de grâce. C'est qu'en effet, ici, on se donne un but spécial, qui est de se servir d'une cérémonie par laquelle est représentée l'*union* extérieure de *tous les hommes* dans ce souhait commun du royaume de Dieu, pour porter en chacun les mobiles moraux à leur maximum d'énergie, ce qu'on ne saurait faire d'une manière plus habile qu'en s'adressant au chef de ce royaume comme s'il se trouvait spécialement présent en ce lieu.

forment tout ce qui ne vise en réalité qu'à leur perfection morale personnelle en un culte de courtisan où les actes d'humilité ainsi que les chants de louanges sont ordinairement d'autant moins sincères et moraux qu'ils s'expriment en plus de mots ; il est nécessaire, au contraire, même quand on exerce de bonne heure à prier les enfants qui encore ont besoin de la lettre, de leur faire entendre soigneusement que le discours parlé (même quand il l'est intérieurement, ainsi que les tentatives qui ont pour but de mettre l'âme en état d'avoir de l'Idée de Dieu une conception qui doit être très voisine d'une intuition) ne valent rien par elles-mêmes et servent seulement à vivifier en nous l'intention de vivre de manière à nous rendre agréables à Dieu, auquel cas la parole a simplement le rôle d'un moyen qui agit sur l'imagination ; car tous ces hommages dévotieux risqueraient sans cela de ne pas produire autre chose qu'une adoration de Dieu hypocrite remplaçant le culte pratique qui ne consiste point en de purs sentiments (*der nicht in blossen Gefühlen besteht*).

2. *La fréquentation de l'église*, conçue comme une façon solennelle de rendre à Dieu dans une Église un *culte extérieur quelconque*, est, à ce point de vue, la représentation sensible de la communion des fidèles et constitue non seulement, par rapport aux *individus*, un moyen précieux d'*édification* (1), mais encore, en ce qui les touche comme

(1) Si l'on cherche à ce mot un sens qui lui soit propre, on ne peut guère entendre par édification que la *conséquence morale de la piété sur le sujet*. Elle ne saurait se confondre avec l'émotion (déjà contenue dans le concept de piété), bien que le plus grand nombre des gens qui s'estiment pieux (et que pour cela on nomme *dévots*) la fassent consister tout entière en ce sentiment ; par suite, le mot *édification* doit exprimer l'*effet* exercé par la piété sur l'amélioration réelle de l'homme. Or, pour arriver à se réformer, il est indispensable de se mettre à l'ouvrage systématiquement, d'ancrer profondément en son cœur de fermes principes selon des idées bien comprises, d'élever là-dessus les sentiments requis par la différente importance des devoirs qui leur correspondent, de les défendre et de les prémunir contre les agressions de nos inclinations et d'*édifier* de cette manière, peut-on dire, un homme nouveau qui sera le *temple de Dieu*. Il est aisé de voir qu'un pareil édifice ne peut monter que lentement ; mais il faut

citoyens d'un État divin à représenter sur la terre, un devoir immédiatement obligatoire pour eux *tous* ; en supposant qu'une pareille Église ne contienne pas des cérémonies conduisant à l'idolâtrie ou pouvant gêner la conscience : ce qui, par exemple, serait le cas de certaines adorations adressées à Dieu personnifié dans sa bonté infinie sous le nom d'un homme, puisque la représentation sensible de l'Être suprême est contraire au précepte de la raison : « *Tu ne t'en feras point d'image* », etc. Quant à vouloir faire, par elle-même, de cette fréquentation un *moyen de grâce*, comme si c'était là immédiatement servir Dieu, et qu'à la célébration d'une telle cérémonie (qui est la simple représentation sensible de l'*universalité* de la religion) Dieu avait attaché des *grâces* spéciales, c'est une erreur qui est en parfait accord, je l'avoue, avec la façon de penser de tout bon *citoyen* d'un *État politique* et avec les convenances extérieures, mais qui non seulement ne contribue en rien à donner à l'homme la qualité de bon *citoyen du règne de Dieu*, mais qui fausse encore cette qualité et sert à déguiser sous des couleurs trompeuses, aux yeux des autres et à ses propres yeux, le peu de fond moral de son intention.

3. La *consécration* solennelle, qui n'a lieu qu'une fois, à la communauté de l'Église, c'est-à-dire l'*admission d'un nouveau membre dans l'Église* (dans le christianisme la cérémonie du *baptême*) est une solennité d'une haute importance qui impose de grandes obligations, tant au néophyte, s'il est capable de professer lui-même sa croyance, qu'à ses témoins qui s'engagent à l'élever avec soin dans cette croyance ; le

---

au moins que l'on s'aperçoive que quelque chose a été *fait*. Si des hommes se croient très *édifiés* (par une homélie, une lecture ou un cantique), alors que, cependant, rien absolument n'est *construit* et qu'ils n'ont même point mis la main à l'ouvrage, c'est que, vraisemblablement, ils espèrent que cet édifice moral, à l'exemple des murs de Thèbes, s'élèvera tout seul, grâce à la musique de leurs soupirs et de leurs désirs ardents.

but qu'elle se donne est saint (puisqu'elle vise à faire l'homme citoyen d'un État divin), mais en elle-même elle n'est pas sainte ; il ne faut pas y voir une action accomplie par d'autres et produisant dans le sujet, en même temps que la sainteté, la capacité de recevoir la grâce divine ; elle n'est donc pas un *moyen de grâce*, malgré l'excessive importance qu'on lui attribuait dans les premiers temps de l'Église grecque, où l'on estimait que par le baptême tous les péchés pouvaient être effacés d'emblée, ce qui révélait manifestement la parenté de cette erreur avec une superstition presque plus que païenne.

4. Il y a une autre cérémonie qui est répétée plusieurs fois et dont l'objet est de *renouveler*, de *perpétuer* et de *propager la communauté de l'Église* en suivant les lois de l'*égalité* (je veux parler de la *communion*); pour nous conformer à l'exemple du fondateur de cette Église (en même temps qu'en mémoire de lui) nous pouvons lui donner la forme d'une jouissance commune savourée à la même table ; elle contient en soi quelque chose de grand, quelque chose qui élargit la façon de penser des hommes, étroite, égoïste et intolérante, jusqu'à l'Idée d'une *communauté morale* universelle, et l'on y trouve un excellent moyen d'exciter les membres d'une paroisse au sentiment moral de l'amour fraternel qu'elle représente à leurs yeux. Quant à prêcher que des grâces particulières aient été attachées par Dieu à la célébration de cette cérémonie et à donner comme un dogme de foi que la communion, acte purement ecclésiastique (*bloss... kirchliche Handlung*), est en outre un *moyen de grâce*, c'est une erreur dont l'effet ne peut être que directement opposé à l'esprit de la religion. — Le *sacerdoce* ainsi serait en général la domination usurpée que le clergé s'arroge sur les âmes en leur faisant croire qu'il a la possession exclusive des moyens d'obtenir la grâce.

*
* *

Toutes les illusions semblables que l'homme se forge à lui-même en matière de religion partent d'un principe commun. De tous les attributs de Dieu, sainteté, bonté et justice, il ne veut retenir, d'ordinaire, que le second et s'y attache immédiatement pour échapper ainsi à la condition qui l'effraie de régler sa vie sur la sainteté. Être un bon *serviteur* est chose fatigante (toujours on vous parle de vos devoirs) ; aussi l'homme souhaiterait-il d'être plutôt un *favori*, parce que l'on serait très indulgent à son égard et que, s'il venait à manquer trop gravement à son devoir, l'intercession d'un autre en extrême faveur viendrait tout réparer, lui demeurant toujours le simple valet qu'il était. Mais pour s'assurer par quelque apparence de la possibilité de son intention (*wegen der Thunlichkeit dieser seiner Absicht*), il transporte à Dieu, comme d'ordinaire, le concept qu'il a des humains (sans en excepter leurs défauts) ; l'exemple des meilleurs des *chefs de notre espèce* lui montre que la sévérité législatrice, la grâce bienfaisante et la justice rigoureuse n'agissent pas (comme ce devrait être) chacune isolément et par elle-même sur la teneur morale des actes du sujet, mais qu'elles se *mêlent* dans la pensée du monarque humain, quand il prend ses résolutions et que l'on n'a, par suite, qu'à chercher à mettre de son parti l'un de ces attributs, la sagesse fragile de la volonté humaine, pour déterminer les autres à l'indulgence ; et cela étant, il espère pouvoir procéder de même avec Dieu, en se tournant simplement vers sa *grâce*. (C'est pour cela qu'il était important pour la religion elle aussi de séparer les attributs de Dieu, ou plutôt ses rapports avec l'humanité, en ayant recours à l'idée d'une personnalité triple, idée grâce à laquelle nous devons par analogie concevoir cette distinction et connaître chacun de ces attributs pris à part.) Dans ce but, il s'adonne à toutes les démonstrations cérémonieuses imaginables qu'il croit de nature à prouver le grand *respect* qu'il a pour les ordres divins, sans qu'il ait besoin de les *observer ;* et voulant que ses vœux inertes servent eux-mêmes à réparer ses transgressions de la loi, il appelle : « Seigneur ! Seigneur ! » uniquement pour n'avoir pas besoin « de faire la volonté de son Père céleste », arrivant ainsi à avoir, de cérémonies qui ne doivent être que des moyens destinés à vivifier des sentiments vraiment pratiques, l'idée qu'elles sont intrinsèquement des moyens de grâce ; il décide même qu'il faut le croire, et il fait de cette croyance un élément essentiel de la religion (qui, pour l'homme du peuple, consiste même en cela tout entière), abandonnant aux soins bienveillants de la Providence de faire de lui un homme meilleur, tandis qu'il se livre à la *dévotion* (manière passive de témoigner son respect pour la loi de Dieu) au lieu de s'appliquer à être *vertueux* (ce qui oblige à dépenser ses forces dans l'accomplissement du devoir qu'on vénère), alors que, cependant, la vertu et la dévotion peuvent seulement grâce à leur union former l'idée qu'exprime le mot de *piété* (*sentiment* véritable *de la religion*). — Quand, dans son délire croissant, cet homme, qui se dit le favori du ciel, s'imagine sentir en lui de particuliers effets de la grâce (et va jusqu'à prétendre à l'intimité d'un commerce donné pour mystérieux avec Dieu), la vertu alors le dégoûte et se change pour lui en objet de mépris ; aussi n'est-il pas surprenant d'entendre le monde se plaindre de voir que la religion contribue si peu encore de nos jours à l'amélioration des hommes et que la lumière intérieure (la lumière « sous le boisseau ») de ces favoris de la grâce ne se montre pas au dehors sous la forme de bonnes œuvres, — qu'on est en droit d'attendre de leur part (car les prétentions qu'ils affichent justifient bien cette exigence) *à meilleur titre* que des autres hommes, doués d'une honnêteté naturelle, et qui, sans finasser (*kurz und gut*) voient dans la religion qu'ils suivent non de quoi remplacer l'intention vertueuse, mais le moyen capable d'en favoriser les progrès. Pourtant le Docteur de l'Évangile nous a donné ces actions extérieures accomplies dans l'expérience comme étant la pierre de touche permettant à chacun de juger les hommes selon leurs fruits et de se connaître lui-même. Or on n'a pas vu, jusqu'ici, que ces hommes, qui se prétendent comblés de faveurs extraordinaires (objets d'une élection à part), l'emportent tant soit peu sur les hommes qui sont naturellement probes et sur qui l'on peut se fier dans les relations ordinaires, en affaires et dans les cas graves ; il serait plus juste de dire que, pris en bloc, ceux-là soutiendraient difficilement la comparaison avec les derniers ; ce qui prouve bien que la bonne voie n'est pas d'aller de la justification par la grâce (*Begnadigung*) à la vertu, mais de la vertu à la justification par la grâce.

INDEX DES NOMS PROPRES

Bahrdt (Charles-Frédéric). Né à Bischoffs-Werda, en 1741, pasteur et professeur de philosophie biblique à Leipzig, professeur de théologie et prédicateur à Erfuhrt (1769), ensuite à Giessen (1771), directeur de collège en Suisse (1775), surintendant-général à Durkheim (1777), sans cesse en butte aux tracasseries du clergé, voyage en Angleterre et en Hollande (1778) et s'installe enfin comme tavernier dans la banlieue de Halle (1779-1787); emprisonné dans cette ville, puis détenu à Magdebourg, il meurt en 1792. Bahrdt fut en Allemagne le représentant le plus populaire, mais aussi le moins digne du rationalisme vulgaire.

Ses principaux écrits sont : l'*Essai d'un système dogmatique biblique* (1770), condamné par la Faculté de Wittemberg, les *Considérations sur la religion pour les lecteurs pensants* (Halle, 1771), les *Nouvelles révélations de Dieu en lettres et récits* (Riga, 1773-1774), l'*Exposé des dogmes de la religion, fondé sur la doctrine pure et sans mélange de Jésus* (Berlin, 1787), le *Catéchisme de la religion naturelle*, œuvre posthume (Gœrlitz, 1795).

Charlevoix (Pierre-François-Xavier de), S. J. Né à Saint-Quentin en 1682, professeur de philosophie et d'humanités, missionnaire au Canada (1720-1722), puis rédacteur du *Journal de Trévoux*, mort à la Flèche en 1761. Il publia : l'*Histoire et description du Japon* (Rouen, 1715, 3 vol. in-12), l'*Histoire de l'île espagnole ou de Saint-Domingue* (Paris, 1730, 2 vol. in-4), l'*Histoire de la Nouvelle France* (Paris, 1744, 3 vol. in-4), l'*Histoire du Paraguay* (Paris, 1756, 3 vol. in-4), etc.

Galilée. Mathématicien, philosophe, astronome, né à Pise en 1564, mort à Arcetri en 1642. On peut le regarder comme le fondateur de la physique moderne.

Haller (Albert de). Physiologiste suisse, né et mort à Berne (1708-1777). Il se consacra à la médecine, qu'il professa à Berne, puis à Gœttingue, en même temps que les sciences naturelles (1736). Il était fort religieux; il défendit contre La Mettrie la religion naturelle et écrivit contre Voltaire en faveur de la révélation. Outre une édition de la Bible, il publia des ouvrages scientifiques, des discours en vers sur l'*Éternité*, l'*Origine du mal*, enfin trois romans politiques : *Uson* (1771), *Alfred* (1733), *Fabius Catus* (1774).

Hearne (capitaine Samuel). Voyageur anglais (1745-1792). Embarqué à onze ans sur les vaisseaux du roi, puis bientôt au service de la Compagnie de la baie d'Hudson, fit des expéditions nombreuses sur le continent nord-américain et nous en a laissé la relation dans un ouvrage publié à Londres (1 vol. in-4, avec figures et cartes) et traduit en français (Paris, 1795) sous ce titre : *Voyage du Fort du prince de Galles, dans la baie d'Hudson, à l'Océan septentrional, entrepris par l'ordre de la compagnie de la baie d'Hudson, dans les années 1769, 1770, 1771 et 1772, et exécuté par terre, pour la découverte de mines de cuivre, d'un passage au nord-ouest*, etc.

Hobbes (Thomas). Philosophe anglais, né à Malesbury en 1588, mort à Hardwick en 1679. Il fit ses études à l'Université d'Oxford, se consacra au préceptorat — se lia d'amitié avec le P. Mersenne, écrivit tout d'abord des ouvrages de philosophie politique : *Éléments de la loi naturelle et politique* (1640); *de Cive* (1642); *le Léviathan* (1654); puis le *De Corpore* (1655), *De Homine* (1656). Sur la fin de sa vie, il composa *Béhémoth*, qui est une histoire des causes de la guerre civile en Angleterre — une *Histoire ecclésiastique*, et son *Autobiographie* en vers latins. Hobbes est un disciple de Bacon.

Lavater (Jean-Gaspard). Célèbre phrénologue et philosophe suisse (1741-1801). A publié sur la religion des ouvrages en prose et en vers. Nous citerons ses *Cantiques sacrés* et la *Nouvelle Messiade*, et aussi les *Vues sur l'Éternité* ou *Considérations sur l'état de la vie future*.

Malebranche (Nicolas). Prêtre de l'Oratoire, philosophe français, disciple de Descartes. Né à Paris en 1638 et mort en 1715.

Mendelssohn (Moses). Philosophe allemand, né à Dessau en 1729, mort à Berlin en 1786. Ses principaux ouvrages sont : les *Entretiens philosophiques* (1755). *Lettres sur les Sensations* (1755). *Phédon ou l'immortalité de l'âme* (1767).

Michaelis (Jean-David). Célèbre orientaliste et théologien protestant, né à Halle en 1717, mort en 1791. Outre d'innombrables ouvrages sur la langue et le fond des livres de la Bible, surtout de l'Ancien Testament, il a écrit des livres de philosophie. Nous citerons le *Droit mosaïque* (Francfort, 1779, 6 vol.), l'*Introduction à la lecture des livres du Nouveau Testament* (Göttingue, 1782, 2 vol.), la *Morale philosophique* (éditée par Stäudlin, 2 vol., Göttingue, 1792).

Moore (Francis). Voyageur anglais qui séjourna en Afrique dans la Gambie (1730-1735), remonta le fleuve sur un parcours de deux cents lieues et observa les mœurs et les usages des nègres de cette contrée. A son retour, il publia à Londres (1738) son *Voyage dans les parties intérieures de l'Afrique, contenant une description de plusieurs nations qui habitent le long de la Gambie, dans une étendue de 600 milles*. Il augmenta ce livre dans la suite des *Voyages* de Stibbs et de Leach *dans la Gambie*. Traduit par Lallemand (Paris, 1804).

Newton (Isaac). Mathématicien, physicien, astronome et philosophe anglais, né à Woolsthorpe en 1642, mort à Londres en 1727. Il fut le créateur de la mécanique céleste. Les *Principes mathématiques de philosophie naturelle* (1687) sont, après les *Révolutions célestes* de Copernic, le monument le plus considérable de la Science moderne. Sa théorie de la gravitation universelle a exercé une influence incalculable.

PFENNIGER (Henri). Peintre et graveur suisse, né à Zurich en 1749, mort dans la même ville en 1815. Dessina les figures de la *Physiognomonie* de Lavater. On a de lui des paysages, des portraits gravés à la pointe : ceux de Calvin, Haller, Théodore de Bèze, etc., ainsi que son propre portrait.

RELAND (Adrien), savant orientaliste hollandais, né à Ryp en 1676, mort à Utrecht en 1718. Professeur d'antiquités ecclésiastiques et de langues orientales, il fit des travaux importants sur la Palestine, la langue et les antiquités des Hébreux. Il étudia dans les textes originaux la religion musulmane et fut le premier à la bien connaître ; son livre *De religione Muhamedica* (Utrecht, 1705, 2ᵉ éd., 1717) a servi de mine à tous les' auteurs qui ont traité depuis de l'islamisme). Autres ouvrages principaux : *Analecta rabbinica* (1702); *Antiquitates sacræ veterum Hebræorum* (1708); *Palestina ex monumentis veteribus illustrata* (1714); *Elenchus philosophicus* (1709).

SCHILLER (Johann-Christoph-Friedrich). Célèbre poète allemand, né à Marbach (Wurtemberg), le 10 novembre 1759, mort à Weimar, le 9 mai 1805. Admirateur de Kant; son disciple en philosophie.

STORR (Gottlob-Christian). Théologien protestant, né à Stuggard en 1746, mort dans la même ville, en 1805. Etudia les langues anciennes, la philosophie, les mathématiques, l'histoire et la théologie au séminaire de Tubingue. Professeur à la Faculté de Tubingue en 1775. Premier prédicateur de la Cour de Stuttgard, en 1797, et conseiller de consistoire. Il avait la réputation d'un sûr interprète des Écritures. Principaux ouvrages : *Opuscula academica ad interpretationem librorum sacrorum pertinentia* (Tubingue, 1796-1803, 3 vol.); *Authenticité de l'Apocalypse de saint Jean* (Tubingue, 1786); *Sur le but de l'Évangile et des Épîtres de saint Jean* (Tubingue, 1786); *Doctrinæ christianæ pars theoretica* (Stuttgard, 1793).

TABLE DES MATIÈRES

	Pages
Avant-Propos.	I
Préface de la première édition (1793)	1
Préface de la deuxième édition (1794)	13

PREMIÈRE PARTIE

De la coexistence du mauvais principe avec le bon, ou du mal radical dans la nature humaine. ... 17
   I. — De la disposition originaire au bien dans la nature humaine ... 23
   II. — Du penchant au mal dans la nature humaine ... 29
   III. — L'homme est mauvais par nature ... 34
   IV. — De l'origine du mal dans la nature humaine ... 44
Remarque générale. — Du rétablissement dans sa force de la disposition primitive au bien (Des effets de la grâce). ... 51

DEUXIÈME PARTIE

De la lutte du bon principe avec le mauvais pour la domination sur l'homme. ... 63
Première section. — Du droit du bon principe à la domination sur l'homme ... 68
   a) Idée personnifiée du bon principe. ... 68
   b) Réalité objective de cette idée ... 70
   c) Difficultés soulevées contre la réalité de cette idée et solution de ces difficultés ... 76
Deuxième section. — De la prétention du mauvais principe à la domination sur l'homme et de la lutte des deux principes l'un contre l'autre ... 92
Remarque générale. — (Des miracles) ... 99

TROISIÈME PARTIE

De la victoire du bon principe sur le mauvais et de l'établissement d'un règne de Dieu sur la terre. ... 107

PREMIÈRE SECTION. — Représentation philosophique de la victoire du bon principe, grâce à la fondation d'un règne de Dieu sur la terre. 110
    I. — De l'état de nature au point de vue moral. 110
    II. — L'homme doit sortir de l'état de nature moral pour devenir membre d'une république morale 112
    III. — Le concept d'une république morale est le concept d'un peuple de Dieu gouverné par des lois morales . . . 114
    IV. — L'idée d'un peuple de Dieu ne peut avoir (soumise à l'organisation humaine) son accomplissement que sous la forme d'une Église. 116
    V. — La constitution d'une Église a toujours à sa base une foi historique (croyance révélée) qu'on peut appeler ecclésiastique et qui trouve en des Livres saints ses meilleurs fondements. 119
    VI. — La croyance ecclésiastique a pour interprète suprême la croyance religieuse pure. 129
    VII. — La transition graduelle qui fait passer la croyance ecclésiastique à la souveraineté de la croyance religieuse pure est l'approche du règne de Dieu. 136
DEUXIÈME SECTION. — Représentation historique de la fondation progressive de la domination du bon principe sur la terre. . 148
Remarque générale. — (Des mystères). 165

QUATRIÈME PARTIE

DU VRAI CULTE ET DU FAUX CULTE SOUS L'EMPIRE DU BON PRINCIPE, OU DE LA RELIGION ET DU SACERDOCE. 179
PREMIÈRE SECTION. — Du culte de Dieu dans une religion en général 183
    I. — La religion chrétienne comme religion naturelle . . . 188
    II. — La religion chrétienne en tant que religion savante. . 196
DEUXIÈME SECTION. — Du faux culte de Dieu dans une religion statutaire. 203
    § 1. — Du principe subjectif universel de l'illusion religieuse. 204
    § 2. — Le principe moral de la religion opposé à cette illusion religieuse. 206
    § 3. — Du sacerdoce en tant que pouvoir consacré au faux culte du bon principe 213
    § 4. — Du fil conducteur de la conscience dans le domaine de la foi 225
Remarque générale. — (Des moyens de grâce) 233

LIBRAIRIE FÉLIX ALCAN

EXTRAIT DU CATALOGUE

HISTOIRE ET SYSTÈMES PHILOSOPHIQUES

ADAM (Ch.), recteur de l'Académie de Nancy. — **La philosophie en France** (*première moitié du XIXᵉ siècle*), 1 vol. in-8.. 7 fr. 50
ALAUX (V.). — **La philosophie de Victor Cousin**. 1 vol. in-18............... 2 fr. 50
ALLIER (Raoul), agrégé de philosophie. — **La philosophie d'Ernest Renan**. 2ᵉ édit., 1 vol. in-16.. 2 fr. 50
ARRÉAT (L.). — **Dix ans de philosophie** (1890-1900). 1 vol. in-16........ 2 fr. 50
BARZELLOTTI, professeur d'histoire de la philosophie à l'Université de Rome. — **La philosophie de Taine**. 1 vol. in-8... 7 fr. 50
BEAUSSIRE (Émile), de l'Institut. — **Antécédents de l'hégélianisme dans la philosophie française**. 1 vol. in-16.. 2 fr. 50
BERTHELOT (R.), membre de l'Académie de Belgique. — **Évolutionnisme et platonisme**. 1 vol. in-8... 5 fr. »
BLOCH (L.), docteur ès lettres. — **La philosophie de Newton**. 1 vol. in-8.. 10 fr. »
BOURDEAU (J.). — **Pragmatisme et modernisme**. 1 vol. in-16................ 2 fr. 50
BOUTROUX (E.), de l'Institut, professeur à la Sorbonne. — **Études d'histoire de la philosophie**. 3ᵉ édit., 1 vol. in-8.. 7 fr. 50
BROCHARD (V.), de l'Institut. — **Études de philosophie ancienne et de philosophie moderne**. Recueillies et précédées d'une introduction par V. Delbos, de l'Institut, professeur à la Sorbonne. 1 vol. in-8.. 10 fr. »
BRUNSCHVICG (L.), professeur au lycée Henri IV, docteur ès lettres. — **Spinoza**. 2ᵉ édition, 1 vol. in-8... 3 fr. 75
— **Les étapes de la philosophie mathématique**. 1 vol. in-8................... 10 fr. »
CHIDE (A.), agrégé de philosophie. — **Le mobilisme moderne**. 1 vol. in-8.. 5 fr. »
COLLINS (H.). — **Résumé de la philosophie de Herbert Spencer**, avec préface de HERBERT SPENCER, traduction H. DE VARIGNY, 4ᵉ édit., 1 vol. in-8........ 10 fr. »
CRESSON (A.), agrégé de philosophie, docteur ès lettres. — **Le malaise de la pensée philosophique**. 1 vol. in-16.. 2 fr. 50
DELACROIX (H.), professeur à l'Université de Caen. — **Études d'histoire et de psychologie du mysticisme. Les grands mystiques chrétiens**. 1 vol. in-8........ 10 fr. »
DELBOS (V.), de l'Institut, professeur adjoint à la Sorbonne. — **La philosophie pratique de Kant**. 1 vol. in-8.. 12 fr. 50
DELVOLVÉ (J.), docteur ès lettres, agrégé de philosophie. — **Religion, critique et philosophie positive chez Pierre Bayle**. 1 vol. in-8........................... 7 fr. 50
DUMAS (G.), professeur à la Sorbonne. — **Psychologie de deux Messies positivistes. Saint-Simon et Auguste Comte**. 1 vol. in-8................................... 5 fr. »
EUCKEN (R.), professeur à l'Université d'Iéna. — **Les grands courants de la pensée contemporaine**. Trad. H. BURIOT et G. H. LUQUET. Avant-propos de E. BOUTROUX, de l'Institut. 1 vol. in-8... 10 fr. »
FERRI (L.), professeur à l'Université de Rome. — **Histoire critique de la psychologie de l'association, depuis Hobbes jusqu'à nos jours**. 1 vol. in-8........ 7 fr. 50
FOUILLÉE (Alf.), de l'Institut. — **La morale, l'art et la religion d'après Guyau**. 7ᵉ édit. 1 vol. in-8... 3 fr. 75
— **Le mouvement idéaliste et la réaction contre la science positive**. 2ᵉ édit. 1 vol. in-8... 7 fr. 50
— **Le mouvement positiviste et la conception sociologique du monde**. 2ᵉ édit. 1 vol. in-8.. 7 fr. 50
— **Nietzsche et l'immoralisme**. 2ᵉ édit. 1 vol. in-8.................................. 5 fr. »
— **Le moralisme de Kant et l'amoralisme contemporain**. 2ᵉ éd. 1 vol. in-8. 7 fr. 50
HALÉVY (Élie), docteur ès lettres. — **La formation du radicalisme philosophique en Angleterre**. I. *La jeunesse de Bentham*. 1 vol. in-8........................ 7 fr. 50
   II. *L'évolution de la doctrine utilitaire (1789-1815)*. 1 vol. in-8... 7 fr. 50
   III. *La formation du radicalisme philosophique*. 1 vol. in-8.... 7 fr. 50
HAMELIN (O.), chargé de cours à la Sorbonne. — **Le système de Descartes**, publié par L. ROBIN, chargé de cours à l'Université de Caen. Préface de E. DURKHEIM, professeur à la Sorbonne. 1 vol. in-8... 7 fr. 50
HANNEQUIN, prof. à l'Univ. de Lyon. — **Études d'histoire des sciences et d'histoire de la philosophie**, préface de R. THAMIN, introd. de J. GROSJEAN. 2 vol. in-8. 15 fr. »
HÉMON (C.), agrégé de philosophie. — **La philosophie de Sully Prudhomme**. Préface de SULLY PRUDHOMME. 1 vol. in-8.. 7 fr. 50
HERBERT SPENCER. — **Une autobiographie**. Traduction et adaptation par H. DE VARIGNY. 1 vol. in-8... 10 fr. »
HOEFFDING (H.), profes. à l'Université de Copenhague. — **Histoire de la philosophie moderne**. Trad. par E. BORDIER, préf. de M. V. DELBOS. 2ᵉ éd. 2 vol. in-8. Chacun. 10 fr. »
— **Philosophes contemporains**. Trad. TRÉMESAYGUES. 2ᵉ éd. revue. 1 vol. in-8. 3 fr. 75
JANET (Paul), de l'Institut. — **La philosophie de Lamennais**. 1 vol. in-16... 2 fr. 50
— **Œuvres philosophiques de Leibniz**. 2ᵉ édit., 2 vol. in-8..................... 20 fr. »

KARPPE (S.), docteur ès lettres, professeur au lycée Charlemagne. — **Essais de critique et d'histoire de la philosophie**. 1 vol. in-8 .... 5 fr.
KEIM (A.), docteur ès-lettres. — **Helvétius, sa vie, son œuvre**. 1 vol. in-8 .... 10 fr.
LACOMBE (P.). — **Psychologie des individus et des sociétés chez Taine**. 1 vol. in-8 .... 7 fr. 50
LAUVRIÈRE (E.), docteur ès lettres, professeur au lycée Louis-le-Grand. — **Edgar Poë**. Sa vie et son œuvre. 1 vol. in-8 (Récompensé par l'Institut) .... 10 fr.
LECHARTIER (G.). — **David Hume, moraliste et sociologue**. 1 vol. in-8 .... 5 fr.
LÉON (Xavier), directeur de la Revue de métaphysique et de morale. — **La philosophie de Fichte. Ses rapports avec la conscience contemporaine**. 1 vol. in-8 (Couronné par l'Institut) .... 10 fr.
LÉVY (A.), professeur à l'Université de Nancy. — **La philosophie de Feuerbach. Son influence sur la littérature allemande**. 1 vol. in-8 .... 10 fr.
LÉVY-BRUHL (L.), professeur à la Sorbonne. — **La philosophie de Jacobi**. 1 vol. in-8 .... 5 fr.
— **La philosophie d'Auguste Comte**. 2ᵉ édit. 1 vol. in-8 .... 7 fr. 50
LIARD, de l'Institut, v.-rect. de l'Académie de Paris. — **Descartes**, 2ᵉ éd. 1 v. in-8 . 5 fr.
LICHTENBERGER (H.), maître de conférence à la Sorbonne. — **La philosophie de Nietzsche**. 13ᵉ édit. 1 vol. in-16 .... 3 fr. 50
— **Aphorismes et fragments choisis de Nietzsche**. 5ᵉ édit. 1 vol. in-16 ... 3 fr. 50
— **Henri Heine penseur**. 1 vol. in-8 .... 3 fr. 75
LYON (Georges), recteur de l'Académie de Lille. — **L'idéalisme en Angleterre au XVIIIᵉ siècle**. 1 vol. in-8 .... 7 fr. 50
— **La philosophie de Hobbes**. 1 vol. in-16 .... 2 fr. 50
MÉNARD (A.), docteur ès lettres. — **Analyse et critique des principes de la psychologie de W. James**. 1 vol. in-8 .... 7 fr. 50
NAVILLE (E.), corresp. de l'Institut. — **Les philosophies négatives**. 1 vol. in-8 . 5 fr.
OLDENBERG (H.), professeur à l'Université de Kiel. — **Le Bouddha, sa vie, sa doctrine, sa communauté**. Traduit par P. Foucher, chargé de cours à la Sorbonne, préface de Sylvain Lévi, professeur au Collège de France. 5ᵉ édit. 1 vol. in-8 .... 7 fr. 50
— **La religion du Véda**. Trad. par V. Henry, prof. à la Sorbonne. 1 vol. in-8 . 10 fr.
OSSIP-LOURIÉ, professeur à l'Université de Bruxelles. — **La philosophie de Tolstoï**. 3ᵉ édit. 1 vol. in-16 (Couronné par l'Institut) .... 3 fr. 50
— **La philosophie sociale dans le théâtre d'Ibsen**. 2ᵉ éd. 1 vol. in-16 ...... 3 fr. 50
— **Pensées de Tolstoï**. 2ᵉ édit. 1 vol. in-16 .... 3 fr. 50
— **Nouvelles pensées de Tolstoï**, d'après les textes russes. 1 vol. in-16 .... 3 fr. 50
— **La philosophie russe contemporaine**. 2ᵉ édit. 1 vol. in-8 .... 5 fr.
— **La psychologie des romanciers russes au XIXᵉ siècle**. Gogol, Tourguenief, Gontcharow, Dostoïevski, Tolstoï, Garchine, Tchékow, Korolenko, Divers, Gorki. 1 v. in-8 . 7 fr. 50
OUYRE, professeur à l'Université de Bordeaux. — **Les formes littéraires de la pensée grecque**. 1 vol. in-8 (Couronné par l'Académie française) .... 10 fr.
PÉLADAN. — **La philosophie de Léonard de Vinci**. 1 vol. in-16 .... 2 fr. 50
PICAVET, chargé de cours à la Sorbonne. — **Les idéologues**. 1 vol. in-8 ... 10 fr.
PILLON (F.). — **L'année philosophique**. 22 années parues (1890-1912), 1893 et 1894, épuisées (Publication couronnée par l'Institut). Vol. in-8, chaque année ...... 5 fr.
— **La philosophie de Charles Secrétan**. 1 vol. in-16 .... 2 fr. 50
RENOUVIER (Ch.), de l'Institut. — **Critique de la doctrine de Kant**. 1 vol. in-8 . 7 fr. 50
REY (A.), professeur à l'Université de Dijon. — **La théorie de la physique chez les physiciens contemporains**. 1 vol. in-8 .... 7 fr. 50
RIBOT (Th.), de l'Institut, professeur honoraire au Collège de France. — **La philosophie de Schopenhauer**. 12ᵉ édit. 1 vol. in-16 .... 2 fr. 50
— **La psychologie anglaise contemporaine**. 3ᵉ édit. 1 vol. in-8 .... 7 fr. 50
— **La psychologie allemande contemporaine** (école expérimentale). 7ᵉ édition. 1 vol. in-8 .... 7 fr. 50
RIVAUD (A.), chargé de cours à l'Université de Poitiers. — **Les notions d'essence et d'existence dans la philosophie de Spinoza**. 1 vol. in-8 .... 3 fr. 50
ROBERTY (E. de). — **L'ancienne et la nouvelle philosophie**. 1 vol. in-8 .... 7 fr. 50
— **Frédéric Nietzsche**, contribution à l'histoire des idées philosophiques et sociales de la fin du XIXᵉ siècle. 3ᵉ édit. 1 vol. in-16 .... 3 fr. 50
RUSSELL. — **La philosophie de Leibniz**. Trad. Ray. Préface de M. Lévy-Bruhl. 1 vol. in-8 .... 8 fr.
RZEWUSKI (S.). — **L'optimisme de Schopenhauer**. 1 vol. in-16 .... 2 fr.
SCHOPENHAUER. — **Philosophie et philosophes**, trad. Dietrich. 1 vol. in-16 . 2 fr.
— **Fragments sur l'histoire de la philosophie**. 1 vol. in-16 .... 2 fr.
SEAILLES (G.), professeur à la Sorbonne. — **La philosophie de Ch. Renouvier. Introduction à l'étude du néo-criticisme**. 1 vol. in-8 .... 5 fr.
STUART MILL. — **Mes mémoires**, histoire de ma vie et de mes idées, traduit de l'anglais par M. Cazelles. 5ᵉ édit. 1 vol. in-8 .... 9 fr.
— **Auguste Comte et la philosophie positive**. 3ᵉ édit. 1 vol. in-8 .... 5 fr.
— **Lettres inédites à Auguste Comte et réponses d'Auguste Comte**, publiées et précédées d'une introduction par L. Lévy-Bruhl. 1 vol. in-8 .... 10 fr.
THOMAS (P. F.), professeur agrégé de philosophie, docteur ès lettres. — **Pierre Leroux, sa vie, son œuvre, sa doctrine**. 1 vol. in-8 .... 5 fr.
ZELLER. — **Christian Baur et l'École de Tubingue**. Traduit par M. Ch. Ritter. 1 vol. in-16 .... 2 fr.

www.ingramcontent.com/pod-product-compliance
Lightning Source LLC
Chambersburg PA
CBHW050651170426
43200CB00008B/1252